亚洲国家和地区
社会保障制度研究

郭伟伟◎等著

RESEARCH ON THE SOCIAL SECURITY SYSTEM
IN ASIAN COUNTRIES AND REGIONS

全国百佳出版社
中央编译出版社
Central Compilation & Translation Press

目录 CONTENTS

序　言 /001

导　言 /001

第一章　新加坡社会保障制度

第一节　新加坡基本概况 /028

第二节　新加坡社会保障制度的建立与发展 /030

第三节　新加坡社会保障制度的主要内容、管理与运作 /036

第四节　新加坡中央公积金制度的主要特色 /062

第五节　中央公积金制度的显著功效及在社会经济发展中的作用 /070

第六节　问题与挑战 /075

第七节　对中国的启示与借鉴 /079

第二章　日本社会保障制度

第一节　日本社会保障制度的建立与发展 /100

第二节　日本的社会保险 /117

第三节　日本的生活救济与社会福利 /138

第四节　日本社会保障制度的特点 /153

第五节　日本社会保障制度面临的挑战　　　　　　　　　/159

第六节　日本社会保障制度对中国的启示　　　　　　　　/165

第三章　印度社会保障制度

第一节　印度基本概况　　　　　　　　　　　　　　　　/170

第二节　印度农村社会保障　　　　　　　　　　　　　　/173

第三节　印度城镇社会保障　　　　　　　　　　　　　　/179

第四节　印度的医疗保障制度　　　　　　　　　　　　　/200

第五节　印度的妇女儿童和残障人士保障制度　　　　　　/212

第六节　印度社会保障制度的特点　　　　　　　　　　　/229

第七节　对中国的启示与借鉴意义　　　　　　　　　　　/233

第四章　中国香港地区社会保障制度

第一节　香港地区社会保障制度的历史沿革　　　　　　　/244

第二节　香港地区社会保障制度的主要内容　　　　　　　/260

第三节　香港地区社会保障的制度管理　　　　　　　　　/270

第四节　香港地区社会保障制度的特点与理念　　　　　　/279

第五节　对中国内地的借鉴意义　　　　　　　　　　　　/288

第五章　中国台湾地区社会福利制度

第一节　台湾地区社会福利制度的概况　　　　　　　　　/293

第二节　台湾地区社会福利制度的建立与发展　　　　　　/312

第三节　台湾地区社会福利制度的特征　　　　　　　　　/332

第四节　台湾地区社会福利制度存在的问题和面临的挑战　/337

第五节　台湾地区社会福利制度对大陆的启示　　　　　　/348

主要参考文献　　　　　　　　　　　　　　　　　　　/357

后　记　　　　　　　　　　　　　　　　　　　　　　/369

序　言

　　社会保障是国家为公民抵御疾病、老弱、失业、残疾、灾难等基本风险而提供的物质救助和安全保证。它通过国民财富的再分配来调节社会的利益关系，保障公民的基本经济权益，促进社会的公平正义。在现代社会，社会保障已经成为公民权利不可或缺的要素，是与公民的"消极权利"（negative rights）相辅相成的一种"积极权利"（positive rights）。消极权利是因国家对公民的不作为（free from）而获得的权利；与此相反，积极权利则是公民因国家的作为（free to）而获得的权利。因而，社会保障事关公民的基本人权，既是社会安全和社会公正的重要基础，也是社会文明和社会进步的重要体现。

　　为国民提供更好的社会保障，一直是社会主义追求的重要目标。新中国60多年来，特别是改革开放30多年来，我们一直在努力建立和健全基本的社会保障制度。近年来，随着我国经济实力的增强和人民物质生活水平的提高，社会发展、社会建设、社会改革和社会管理的任务被党和国家提到前所未有的高度。无论是社会建设和社会发展，还是社会管理和社会改革，都离不开社会保障。尽快建立覆盖全体城乡居民的基本社会保障体系，提高社会保障的水平，是我国现阶段的紧迫任务。中共十七大报告明确指出："要以社会保险、社会救助、社会福利为基础，以基本养老、基本医疗、最低生活保障制度为重点，以慈善事业、商业保险为补充，加快完善社保障体系。"在这样一种背景下,系统地研究国外在社会保障方面的成功经验,吸取它们的教训,借鉴它们的有益做法,对于发展中国特色的社会保障事业,无疑有着重要的现实意义。

郭伟伟等同志著的这本《亚洲国家和地区社会保障制度研究》,比较系统地介绍和分析了日本、新加坡、印度三国和我国的香港、台湾地区的社会保障制度和政策。作者之所以选择这样几个亚洲国家和地区的社会保障案例,我想可能有这么两个原因:一是它们都属于亚洲地区,有着极其相似的历史文化传统,有着更大的可比较性。其中香港和台湾更同属中国,印度则是发展中国家,对我们的借鉴意义就更大。二是对欧美发达国家的社会保障研究,在国内学术界相对较多,而对亚太地区社会保障的研究则较少。这样的选择,无疑对改革完善我国的社会保障体制更有针对性,也无疑有助于推动对亚太地区社会保障体制的研究。

正如作者明确指出的,研究亚太地区的社会保障制度,最终是为了服务于我们正在建设的中国特色社会保障体制。我很赞同作者通过比较分析亚太地区社会保障体制后所概括的几点对我国社会保障事业的启示:第一,加快社会保障的相关立法,健全社会保障法律体系,这是发展和完善社会保障制度的保证;第二,立足国情,树立弘扬中国传统文化的社会保障理念,建立同经济发展水平相适应的渐进式社会保障体系;第三,坚持社会保障的公平正义原则,逐步扩大社会保障的覆盖面,重点向农民、弱势群体倾斜;第四,坚持政府主导与责任分担的原则,在国家、企业、社会与个人之间建立一种动态的责任分担平衡机制,开辟多元化的社会保障资金渠道。除这四点外,或许还可以增加其他几点:推进全体国民的社会保障事业,是执政党最重要的职责之一,直接关系到民众对执政党的支持率;在东方国家建立社会保障体制,既要弘扬传统儒家文化的优秀传统,但同时要大胆借鉴吸收西方发达国家的先进理念和制度。

  我对社会保障没有研究，但我清楚地知道社会保障的极端重要性。当我怀着很大的兴趣读完这部书稿后，我发现该书既有客观详细的叙述性介绍，又有深入细致的理论性分析；既肯定了日本、新加坡、印度等国和中国台湾、香港地区在社会保障方面的成就经验，也指出了它们存在的问题和面临的挑战；既有不同国家和地区的比较分析，又有直接针对我国的政策建议。我相信许多读者也会像我一样，读完这本书后不仅会丰富自己关于社会保障方面的最新知识，而且对如何推进我国的社会保障事业也会有更加清晰的认识。

俞可平
2011年6月18日深夜于太湖边

导 言

一、问题的提出

1. 社会保障的基本含义

界定社会保障的概念是社会保障理论研究中的首要任务。社会保障是现代国家一项基本的社会经济制度，是伴随着工业革命、市场经济的出现而出现，是工业革命和社会化大生产的产物，也是社会进步和文明的重要标志。现代社会保障制度起源于西方，德国是世界上第一个以社会立法实施社会保障制度的国家。1883年德国推出了世界上第一部《疾病社会保险法》，1884年颁布了《工伤事故保险法》，1889年颁布了《老年和残障社会保险法》。以上三部保险法律的颁布，标志着德国在世界上率先建立起了自己的社会保障制度，也标志着人类社会保障制度的正式诞生。因此，现代社会保障作为一种制度安排已经有了百余年的发展历史。

"社会保障"一词最早出现于20世纪30年代的美国。1935年美国颁布《社会保障法》，首次提出了"社会保障"这个概念。1938年社会保障一词再次在新西兰通过的一项法案中使用。1941年，二战时被称作《太平洋宪章》的文件中也曾使用过该词。随后，国际劳工组织使用了该词。在我国，直到1986年4月12日六届全国人大四次会议通过的《国民经济和社会发展第七个五年计划》首次在国家的法律文件中提出"社会保障"概念。社会保障一词译自英文

"Social Security"，又译作"社会安全"。由于各国之间的政治、经济、文化背景、民族传统的巨大差异和发展的不平衡，至今还没有国际公认的、世界统一的社会保障界定。

国际劳工组织（ILO）的权威定义是：社会保障就是社会通过采取一系列的公共措施向其成员提供的用以抵御因疾病、生育、工伤、失业、伤残、年老和死亡而丧失收入或收入锐减引起的经济和社会灾难的保护，提供医疗保险，以及为有子女家庭提供补助。而美国学者的界定是：社会保障是对于现代社会生活中偶然的而非个人能力所能预知的事件，如疾病、失业、工业灾害等，给予个人或家庭的保护，其方式为社会保险、公共救助、疾病预防等。在英国，著名的贝弗里奇报告《社会保险及社会服务》把社会保障界定为：以消除贫困、疾病、肮脏、愚昧、懒惰为目标，对全体居民实行普遍的、标准一致的、管理责任统一的福利措施，为国民在失业、疾病、伤害、老年及家庭收入锐减、生活贫困时给予生活保障。日本学者对社会保障的界定是：社会保障是指对于疾病、负伤、残废、死亡、失业、多子女及其他原因造成的贫困，从保险立法和直接的国家负担上，寻求经济保障途径，对陷入生活困境者，通过国家援助保障其最低限的生活，同时谋求公共卫生和社会福利的提高，以便使所有国民能过上真正有文化的社会成员的生活。目前我国比较权威的说法是：社会保障是指国家和社会通过立法对国民收入进行分配和再分配，对社会成员特别是生活有特殊困难的人们的基本生活权利给予保障的社会安全制度。社会保障的本质是维护社会公平进而促进社会稳定发展。尽管迄今为止对社会保障没有国际统一的界定，但社会保障在国际社会政策研究中有相对固定的、通行的含义，即指由国家或立法保证的、针对疾病、老年、妊娠、工伤、残疾、失业、丧偶和失怙8种主要风险而设计的收入安全保障制度。由此可见，社会保障的基本功能是国家从经济的角度对社会公民的生活提供安全性保护。

应当指出的是，社会保障权是人权的一项基本内容，它是社会发展到一定阶段公民应该享有的一项基本权利。实施社会保障被视为现代国家的一项义不容辞的责任。《世界人权宣言》第 22 条规定："每个人，作为社会的一员，有权享受社会保障。"第 25 条规定："人人有权享受为维持本人和家属的健康和福利所需的生活水准，包括食物、衣着、住房、医疗和必要的社会服务；在遭到失业、疾病、残废、守寡、衰老或在其他不能控制的情形下丧失谋生能力时，有权享受保障。"《经济、社会、文化权利国际公约》规定："承认人人有权为他自己和家庭获得相当的生活水准，包括足够的食物、衣着和住房，并能不断改善生活条件"，"确认人人有免于饥饿的基本权利"。《中华人民共和国宪法》也规定："中华人民共和国公民在年老、疾病、或者丧失劳动能力的情况下，有从国家和社会获得物质帮助的权利。"由此可见，社会保障是实现人的生存权和发展权的必要条件，而生存权和发展权是人权的基本内容。

2. 本课题研究意义、研究思路及研究方法

确定"亚洲国家和地区社会保障制度"这一选题的基本出发点是：我们的理论研究要围绕中央关注的重大理论和现实问题，努力使研究工作更贴近现实，更符合党和国家的实际需要。改革开放 30 年的发展，使中国经济持续高速增长，但发展中出现的社会问题也日益凸显。由于社会转型和体制转轨，积累了许多经济社会发展问题，对社会保障制度建设提出新的需求。正如著有《福利资本主义的三个世界》的丹麦著名学者考斯塔·艾斯平－安德森（Gosta Esping-Andersen）所指出的："与西方的情况一样，中国正在经历一场大规模的迅速变革，反过来，它也带来了新的风险和新的需求，这就为昔日建立的服务于不同风险结构的社会保障体系提出了一个直接的挑战。因此可以说这个挑战是对社会福利这个'建筑艺术'的

重塑（redesign）。"① 2006年10月，中共十六届六中全会通过的《中共中央关于构建社会主义和谐社会若干重大问题的决定》强调指出，"社会和谐是中国特色社会主义的本质属性"，促进社会和谐要以"解决人民群众最关心、最直接、最现实的利益问题为重点"。并明确提出，到2020年基本建立覆盖城乡居民的社会保障体系的战略目标，明确了当前及今后一个时期社会保障发展的方向，标志着我国社会保障事业进入了一个新的发展阶段。中共"十七大"报告强调指出："必须在经济发展的基础上，更加注重社会建设，着力保障和改善民生，推进社会体制改革，扩大公共服务，完善社会管理，促进社会公平正义，努力使全体人民学有所教、劳有所得、病有所医、老有所养、住有所居，推动建设和谐社会。""十七大"报告还对社会保障做出周密部署，第一次在党的重要文献中提出了"三个基础"、"三个重点"和"两个补充"的发展新思路："要以社会保险、社会救助、社会福利为基础，以基本养老、基本医疗、最低生活保障制度为重点，以慈善事业、商业保险为补充，加快完善社会保障体系。"党和国家将以民生为重点的社会建设摆在了更加突出的位置，关注民生、重视民生、保障民生、改善民生，成为贯彻落实科学发展观的核心内容。社会保障问题越来越成为全社会关注的焦点。

我国目前正处于经济转型时期，社会保障制度的改革也正处于关键阶段。近年来，我国对社会保障采取了一系列改革措施，在制度建设上进行了一系列探索。2004年9月7日，《中国的社会保障状况和政策》白皮书发表。这是中国政府首次发表的专门阐述社会保障现状和社会保障政策的白皮书，充分体现了中国政府对社会保障问题的高度重视，同时也说明了中国为建立和完善与经济发展水平

---

① ［丹麦］考斯塔·艾斯平-安德森（Gosta Esping-Andersen）著：《福利资本主义的三个世界》，郑秉文译，法律出版社2003年版，中文版序言第1页。

相适应的社会保障体系所做的不懈努力。但中国现行的社会政策、社会保障体系落后于改革与发展的实际，社会保障制度没有随着经济增长而得到相应的发展和完善，制度建设和改革的任务十分繁重。"他山之石可以攻玉"，亚洲周边国家和地区社会文化、历史传统和经济发展水平与我国相似或接近，与西方发达国家的经验相比，它们的某些成功经验和做法，对于我们的"吸收"和"借鉴"也许更有直接现实性。认真研究它们的社会政策与社会保障制度，研究其在社会发展与转型中遇到的新问题及解决办法，在此基础上深入分析对完善我国社会保障制度的借鉴与启迪意义，可以为我国的社会政策研究和改革实践提供更广阔的视角和平台，这对健全完善我国的社会保障体系，保障民生、促进社会主义和谐社会的建设意义重大。因此，本课题研究有着突出的现实意义，实际应用价值较大。

本课题研究是在"借鉴亚洲国家和地区经验，构建中国特色社会保障体系"这样一个主旨下展开的，以"社会政策与社会保障制度"为切入点，通过对亚洲主要国家和地区社会保障制度发展演变的研究，探求其内在的规律性和可借鉴性。尽管亚洲绝大多数都是典型的发展中国家，但各国之间社会经济发展水平悬殊，相应的社会保障发展水平也参差不齐。有的国家已经达到全民高福利水平，如日本，而有的国家社会保障制度还仅是初具规模。因此，将亚洲国家和地区社会保障制度视为一个整体来加以考察是十分困难的。同时，研究对象之间的差异和多样性为我们考察与比较不同发展水平和不同制度国家的社会保障制度提供了可能。为此，我们的思路是采取个案研究，选取亚洲有代表性的国家和地区：发达国家的代表——日本；新兴工业化国家和地区的代表——新加坡、中国香港、中国台湾；发展中国家同时与中国国情十分相似的国家代表——印度。在个案研究基础上，在考察它们颇具特色的社会保障制度模式的基础上，对这些国家和地区的社会保障制度的一般性特点进行归纳和概括。最后，本课题研究的落脚点在中国，把中国的发展放到亚洲地区范围内，探讨亚洲其他国家和地区社会保障体系对我国的启示与借鉴。各章节的写作大致按照以下框架结构来展开：

1）关于该国家（地区）的一般性介绍，及其特点。

2）重点分析阐述该国家（地区）社会保障制度的形成演进、建立发展和改革的整体进程，如什么时候建立社会保障制度，每个阶段都有哪些代表性的社会政策法律出台，各险种建立和发展过程，管理机构的建立和发展等。深入考察经济发展的不同时期与水平对不同群体利益的影响，这些国家（地区）是如何协调不同阶层的利益需求的。

3）在此基础上分析该国家（地区）社会保障制度的特点。

4）分析评价该国家（地区）社会保障制度的功效及在社会经济发展中的作用。

5）分析存在的问题与面临的挑战。

6）深入分析对完善中国社会保障制度的借鉴与启示。

总之，该课题从中国社会的现实问题出发，从跨文化比较研究入手，全面、系统地考察亚洲具有典型代表意义的国家和地区构建社会保障制度的来龙去脉、形成演进、建立发展和改革的整体进程；深刻揭示该国家（地区）社会保障制度的发展与政治、经济、文化价值观念等因素之间的相互关系；系统阐述社会保障制度的内容构成、国别特色以及理念原则；客观评价社会保障制度的功效作用与存在问题、经验与教训，用具体、翔实的史实验证亚洲国家和地区如何重视与改善民生，不断加强社会保障制度建设的历程，寻找富有启迪意义的方法论原则，以期对同处亚洲地区的中国社会保障制度建设及和谐社会建设提供有益的启迪。

研究的课题确定之后，重要的是研究的方法。"事实上，社会保险及其运行机制乃是涉及经济、政治、社会、法律、人口、历史、文化及社会心理等诸多学科的边缘研究领域，由此决定了任何单一的视角和方法研究社会保险问题的局限性。而跨学科、跨文化的研究视角和方法对于揭示社会保险的制度基础、制度条件和制度安排的若干重要制约因素无疑具有重要意义。"① 社会保障制度不只是经济学问题，它涉及社会发展的许多领域，社会保障制度研究也必然涉及许多学科，是一项综合性跨学科研究。因此，在研究方法上，我们努力坚持以马克思主义的立场、观点和方法为指导，综合运用社会学、经济学、政治学、历史学、伦理学等多学科研究方法，运用"个案研究"、"比较研究"、"专门分类研究"以及"微观和宏观、历史与现实、学理与实务相结合"等方法，同时在研究意识上注重追本溯源，梳理社会保障制度的历史发展脉络。即运用纵向历史的研究方法，不仅研究社会保障制度的现状，而且研究其产生的历史以及在不同的历史阶段上社会保障制度的内容和特点。历史的方法是解决任何社会科学问题最基本的方法。研究任何一种制度，如果不了解它在历史上是怎样产生的，经历了哪些发展阶段，就不可能深入揭示其内在的发展规律。总之，该课题把横向跨学科研究方法与纵向历史的方法相结合，力图对亚洲国家和地区的社会政策及社会保障制度进行尽可能全方位、多角度、系统深入的分析、考察和研究，勾画出该地区社会保障制度的基本面貌及发展轨迹，寻找社会保障制度发展的一般规律及在中国的适用范围。

二、亚洲国家和地区社会保障制度的比较与分析

众所周知，任何国家的社会保障都是建立在本国特定的社会政治制度、经济发展水平以及传统文化背景基础之上并受一定的理论

---

① 林义：《社会保险制度分析引论》，西南财经大学出版社1997年版，第17页。

指导的。也就是说，社会保障制度模式选择受到多种因素制约，主要受三个因素制约：首先是各国的社会政治条件和经济发展水平，其次是各国不同的文化背景，三是各国不同的思想理论原则和治国理念。正如马克思所指出的："权利决不能超出社会的经济结构以及由经济结构制约的社会的文化发展。"① 因此，亚洲国家和地区社会保障制度无疑与其政治、经济、社会、文化等"本土"因素有着许多内在的逻辑联系，在长期的发展进程中，逐步形成了有别于欧美传统社会保障模式的一些重要特点，在自己的社会保障发展实践中不同程度地打上了亚洲的烙印。

1. 社会保障模式呈多元化特征

自20世纪六、七十年代以来，新加坡、日本、印度和中国香港地区、中国台湾地区的社会保障制度获得了长足的发展。在社会保障制度形成和发展过程中，由于不同国家和地区的政治体制、经济发展水平、历史文化传统、社会价值观念乃至治国理念等多种因素的差异性的存在，在各自政治、经济、社会、历史、文化等因素的综合影响下，导致在社会保障的政策理念、制度设计、实施方式及运行管理方面的差异，因而形成了具有各自不同特色的制度模式，可谓特色纷呈。

新加坡选择了独特的公积金模式。早在1955年，新加坡实施了中央公积金制度。它是政府立法强制个人储蓄，采取完全积累模式和集中管理模式的社会保障制度，是一种自助性的社会保障模式，因不具有收入再分配功能而受到国际社会的质疑。中央公积金制度自创立到现在已逾半个多世纪，不断充实和完善，成为具有多种制度相配套的一项行之有效、独具特色的社会保障体系，成功解决了新加坡国民养老、住房、医疗等社会难题，是发展中国家在不断探

---

① 《马克思恩格斯选集》第三卷，人民出版社1995年第2版，第305页。

索中所形成的迥异于福利国家模式和传统社会保险模式的另一种社会保障模式。

日本是一种亚洲型的福利国家。日本社会保障制度虽然起步较晚，但发展较快，其社会保障制度伴随经济发展而日臻完善，已经建立起了比较完善的多层次的社会保障制度。一般意义上的日本社会保障包括社会保险、社会福祉、公共扶助和医疗公共卫生等四个部分，而这涉及诸如年金保险、医疗健康保险、护理保险、雇佣失业保险、劳动者灾害保险、儿童福祉、障碍者福祉、母子福祉、老人福祉、传染病预防、精神卫生事业等40多项制度。这些制度几乎覆盖了所有国民，涉及日本国民生活的各个领域，日本也因此成为亚洲国家中保障制度比较完备、保障水平较高的国家。

秉承英国治下的法律传统，印度早在1923年就有了第一部社会保障法，应当说是在亚洲国家和地区中起步最早的。印度在长期探索和发展过程中，逐步形成了独具特色的社会保障制度。主要表现在：从自身国情出发，重视对农民等贫困人口的社会保障，以农村为重点建设社会保障体系，逐步扩大社会保障的覆盖面；关注对妇女、儿童及残障人士等社会弱势群体的社会保障；实行以全民免费医疗为基础的医疗保障制度，逐年加大对农民和城市贫民群体医疗保障的力度，走出了一条发展中国家人人享有基本医疗保障的成功之路。

中国香港地区社会保障制度的发展比较特殊。直到20世纪五、六十年代，香港社会保障制度带有浓厚的社会慈善性质，港英政府在社会保障体系构建中基本上处于缺位状态，直到60年代后期才逐步介入。同时由于港英政府奉行"大市场、小政府"的自由放任经济政策，对于社会保障始终强调低供给的原则，强调保障的贫困救助性质，主张向不能自助者提供经济援助，因此社会救助制度在香港长期发挥着非常重要的社会保障功能，而以社会保险为核心的社会保障制度安排，在香港发展非常有限。

中国台湾地区的社会保障制度产生于20世纪50年代，与其他国家和地区有所不同的是，走的是一条反福利国家的道路。最初只侧重于"军、公、教"等特定阶层，而忽略了社会上的弱势群体——残疾人、老人、儿童以及失业人员。因此，高水平福利保障、低水平福利保障与缺乏福利保障的群体现象在台湾并存，福利资源分配不平等与阶层化倾向比较明显。20世纪80年代末以来，台湾进入政治转型期，开始由原来的威权政治转向民主政治。由于政治向民主化的转型和民间力量施加的压力，台湾当局开始实施普遍性福利，如1995年的全民健康保险，台湾的社会福利模式也开始了从选择式到全民式的转型。

此外，上述国家和地区还从各自的历史和现实条件出发，建立了各具特色的社会保障项目类型，例如：新加坡和中国香港地区旨在改善低收入者住房状况的住房保障制度；日本双层次模式的养老保险制度，即：第一层次是覆盖所有公民的国民年金制度，又称基础年金，第二层次是与就业收入相关联的雇员年金制度；日本的含有失业预防和增进劳动者福利功能的雇佣保险制度；印度的全民免费医疗制度和面向农村贫困人口的社会保障措施，以及中国台湾地区的全民健康保险制度；等等。它们构成了亚洲国家和地区内容丰富的社会保障制度"资料库"。

上述亚洲国家和地区社会保障模式的多元化特征，一方面表明了它们在建设自己的社会保障制度时走自己的路，没有盲从；另一方面也表明了不同的国情条件对社会保障制度的客观制约作用。

2. 社会保障制度起步较晚，历史较短，保障标准和水平不高

与欧洲社会保障体系一百多年的历史相比，亚洲国家和地区社会保障制度普遍在二战以后才逐步建立发展起来，起步较晚，历史较短，总体水平不高。此外，与欧洲发达国家社会保障水平通常伴

随着经济发展而同步提高不同,亚洲国家和地区除日本外,社会保障制度发展普遍滞后于经济的发展,社会保障水平的提高速度低于经济增长速度。其中既有历史文化传统原因,也有优先发展经济等方面原因。

二战后,亚洲国家和地区把经济增长作为第一要务,不约而同地选择了经济增长优先的低福利政策取向。它们把社会福利看成是经济增长的负担,认为高福利的政策制度会增加企业的负担和生产成本,削弱国际竞争力,进而影响经济发展。这在新加坡、中国香港和中国台湾等新兴工业化国家和地区表现尤为突出。于是出现这样一个现象:这些国家和地区的经济在持续快速增长,人均GDP已接近或达到发达国家的水平,但社会保障水平没有伴随经济增长而同步提高,社会保障支出在政府财政支出总额中的比重大大低于发达国家,人均社会保障支出占国内生产总值的比率仍然比较低,社会保障标准和水平不高。

以中国香港为例。香港地方政府一直认为,香港的社会保障制度建设应以保障基本生活为主,不盲目追求高福利的目标,以免对经济发展造成沉重负担。因此,从一开始,香港的社会保障体系就保持了一个低水平的保障水准。20世纪70年代,香港社会保障开支仅占其政府财政开支的1.5%。经过80年代的发展,也仅上升到政府财政开支的5%左右。又经过90年代的大发展,才上升到1996—1997年度财政开支的8.4%。而同一时期,世界发达国家和地区的社会保障开支在本国财政开支中所占的比例早已超过30%,如英国为32.5%,美国为31.7%。就连一些中等收入国家的社会保障开支也占到财政开支的20%左右。香港的社会保障水平仅相当于一些低收入国家的标准。[①] 特区政府成立后,香港的这种保障模式也未起根

---

① 王继:《试论香港社会保障模式选择的客观基础》,载于《复旦学报》1999年第5期。

本的变化。有数据显示，2001年，香港社会保障开支占财政开支的比例也不过区区的10.5%。高经济增长与不完善、低水准的社会福利形成鲜明反差，并成为香港社会发展的显著特征。

另据亚洲开发银行在2008年5月14日发布的一份对亚洲各国政府社会福利开支的比较研究报告《社会保护指数》显示，亚洲各国用于社会福利的平均开支低于GDP的5%，给予失业人口、老人、穷人和残疾人的财政资助平均水平仅达到联合国规定的35%，社会福利支出严重偏低。

3. 重视社会保障立法，立法先行，社会保障制度运行法制化

社会保障作为通过国家立法强制实施的社会经济制度，必须有完善的法律法规作为保证。只有通过法制化，才能使社会保障主体的权利、义务和职责明确；才能确保国民应享受的社会保障权益；才能提高社会保障制度的严肃性、稳定性与可操作性，避免在执行和操作过程中的主观性和随意性，确保该制度依法有序运行。因此，社会保障立法是确保社会保障制度按照既定目标实施的前提和基础。

早在1998年12月，江泽民在中共中央社会保障与法制建设讲座上强调指出："世界上许多国家的实践表明，基本的社会保险活动，都是以国家制定相关法律、法规和政策为手段来实施的。"① 这一论断也是对亚洲国家和地区社会保障制度发展的高度概括。综观新加坡、日本、印度、中国香港和台湾地区社会保障制度的发展历程，它们在社会保障发展的初期都十分重视立法，在严明的法律体系保障下，才能保证社会保障措施的顺利实施。

在新加坡，立法先行、制度运行法制化是其中央公积金制度成功实施的重要保证。新加坡政府首先立法，制定了《中央公积金法

---

① 劳动和社会保障部、中共中央文献研究室编：《新时期劳动和社会保障重要文献选编》，中国劳动社会保障出版社、中央文献出版社2002年版，第354页。

令》，以此为依据来实施社会保障制度。整个公积金制度在《中央公积金法令》的规范下有条不紊地施行，表现出高度的自觉性和规范性。此外，新加坡住房保障制度的成功之处也在于立法明确、法制健全。在组屋建设的各个发展阶段，都通过立法的形式以确保住房保障政策和"居者有其屋"计划的贯彻实施。

  在日本，从开始推行社会保障伊始就非常重视立法。从1946年到1953年，日本政府围绕国民生存权制定并实施了相关法律，如《生活保护法》、《儿童福祉法》、《身体障碍者福祉法》、《新生活保护法》等。而随后制定的新《国民健康保险法》、《国民年金保险法》则使日本在1961年实现了"国民皆保险"、"国民皆年金"的目标。而在生活福祉领域，日本所依据的是"福祉六法"①。在实施这些法律的过程中，日本政府还根据相关法律的实施情况、时代的变迁对一些法律进行修改，以适应不断变化的形势和发展。可以这样说，日本社会保障制度的形成、发展和完善过程，也就是相关法律的不断制定、修改和完善的过程。

  秉承英国统治时期遗留下的法律体系和管理体系，早在19世纪中期，印度就开始陆续出台保护工人权益的法案，如1850年的《学徒法案》等。虽然这些早期的法律并没有从真正意义上给工人带来多少保护，但从司法角度来看，印度已经把对工人利益的保护纳入了立法议程。1923年，印度有了第一部社会保障法——《工人赔偿法案》（Workmen's Compensation Act）。它是印度政府面对国际劳工组织的压力而通过立法出台的一项强制性法律，其主要内容是对工人在工作中受到的伤害包括职业病作出赔偿。而关于妇女儿童的保护法律也出现较早，这说明印度在立法上对劳动者以及弱势群体权益

---

  ① "福祉六法"是指日本政府20世纪50年代制定的"福祉三法"，即《儿童福祉法》、《身体障碍者福祉法》、《社会保护法》和20世纪60年代制定的《精神障碍者福祉法》、《老人福祉法》和《母子及寡妇福祉法》。

的足够重视。通过一个多世纪的不懈努力，印度已建立了健全有效的社会保障法律体系。

中国香港是个法治社会，虽然地方政府没有出台系统的《社会保障法》，但对每个社会保障项目制定了细致、严密的法律法规。各相关机构还根据这些法律法规制定实施细则，使操作过程细化，不易引起歧义与纠纷，实现了有法可依。

从中国台湾地区社会福利制度的发展来看，它一开始建立社会福利制度就采用了立法的形式，并且在长期的发展过程中，社会福利制度经过多次改革，几乎都是通过法制化的形式来确立最终方案，使得社会福利的每一项内容都有相应的法律依据。社会福利快速发展的时期，也是台湾"立法"不断增多的时期。如从20世纪90年代开始，台湾地方当局进行了一系列有针对性的"社会福利立法与修法"。除对《老人福利法》、《身心障碍者保护法》、《社会救助法》和《农民健康保险条例》等进一步修订完善外，还颁布实施了10余部"法律"，从而逐步建立起覆盖全民并且比较规范的社会福利制度。

4. 受儒家思想影响较深，重视家庭在社会保障中的作用

儒家的家庭文化观对亚洲社会保障模式产生了重大而深远的影响。经济因素在对社会保障制度产生重要影响的同时，文化传统以及伦理道德等因素对社会保障也产生了深远的影响。因此，亚洲国家和地区社会保障制度呈现出受历史文化传统和伦理道德影响的一些共同的文化特色和发展路径，突出表现在重视家庭保障，家庭在社会保障中占据重要角色，家庭保障成为亚洲地区社会保障中极为重要的组成部分。

儒家传统文化具有"家国同构"的特点，注重家庭的道德责任以及对国家、社会稳定的积极影响。家庭内家长有教育抚养子女的责任，子女有赡养父母的义务，以家为单位实行家庭成员之间的互助。这种文化深刻影响着亚洲福利制度安排及其政策取向，在国家

发展与福利制度的建构中发挥着两面影响：其积极影响是可以进一步发挥家庭内部的保障功能并在一定程度上促进了社会稳定，但它也降低了公众对社会的公共需求程度，制约着福利制度的社会化。正如有学者指出的："东亚大部分地区已把个人必须具备的减震能力扔给了家庭以及与家庭相关的社区和邻居关系网，而不是扔给公共机构。"①

新加坡、日本、中国香港和中国台湾地区社会保障制度的发展历程都不同程度地受传统儒家文化思想的影响。在新加坡，占主体地位的大多数华人信仰佛教和儒家思想，儒家文化在新加坡不仅是一个观念问题，更成为人们日常行为所公认的准则，衍化成为具有更加广泛意义的社会公共道德。新加坡的《共同价值观念白皮书》提出"家族为根，社会为本"。家庭是社会良性发展的"根"，家庭成员之间的爱、敬、孝、忠、和，使得家庭成员之间相互珍爱关怀、相互尊重、相互信任、和睦相处。有了家庭作为社会的基本单位，社会结构将会更加牢固，国家和社会的团结稳定才有保障。因此，新加坡十分注重发挥家庭的社会功能，要求国民充分履行对家庭和社会应尽的义务，鼓励家庭成员集合资源照顾子女和奉养父母，互助共济。这一理念充分反映在中央公积金制度中。"保健储蓄计划"、"健保双全计划"是会员储蓄以保障个人、配偶、子女以及父母的医疗费用。会员不但可以保障自己，而且惠及配偶、父母和子女，尽到孝道与责任。"最低存款填补计划"和"家庭保障计划"、"家属保障计划"的推行，强化了家庭保障功能，使家庭成员之间的社会保障利益相连，增强了子女对父母、国民对家庭及社会的责任意识。

日本既是一个发达资本主义国家，同时也是一个深受儒家思想文化影响的亚洲国家。《日本国宪法》和《日本民法典》都明确规

---

① ［美］吉姆·罗沃：《亚洲的崛起》，上海人民出版社1997年版，第365页。

定,直系血统、兄弟姐妹、夫妻之间有相互抚养的义务。这一思想和原则也体现在社会保障制度之中。如日本的年金制度是以家庭为单位而不是以个人为投保计算单位的。根据日本年金制度,第二号被保险者的配偶作为第三号被保险者无须交纳保险费。如需缴纳保险费的,由其丈夫和丈夫就职单位来承担。此外,在对老人、儿童、障碍者等弱势群体提供生活福利时,日本政府也注意充分发挥家庭的功能和作用,力图使这些特殊人群不脱离家庭,并在家中实现自立的目标。这种将家庭功能与社会福利结合起来的举措既可以维系家庭的情感,又可以充分发挥家庭在社会保障中的特殊作用。

受儒家文化思想影响,中国香港的社会保障制度特别重视扶持家庭,甚至把家庭看做是社会保障的最基本单位。"我们的社会一向重视家庭。在融洽的家庭中,家人互相照顾和关怀,这种关系是难以取代的。"香港特区政府对家庭保障给予了高度关注,为此,还规定了提供家庭经济资助、住屋、职业、医疗、照顾老人、教育儿童等14项服务内容。并在综合社会保障援助计划中专门设立了家庭津贴项目。政府每年为支持家庭所投入的经费,在社会保障总支出中高达60%左右。长期以来,家庭保障成为香港社会保障的重要基础和组成部分。

台湾与大陆有着相近的历史文化,相同的民俗民情,受中华传统影响较深。因此,在中国台湾社会保障制度中明显偏向家庭保障,注重家庭的保障功能,至今还在法律上确认家庭系统仍然是赡养老人的主要来源。

三、对中国的启示与借鉴意义

当前,中国正在进行社会保障制度的改革。亚洲国家和地区社会保障制度发展的经验教训,必将会对中国社会保障制度的改革起到很好的借鉴作用。新加坡中央公积金制度被认为是亚洲乃至世界范围内社会保障制度成功运行的典范，其成功发展的经验为许多国家进行社会保障制度改革提供了很好的思路和富有价值的借鉴。对同属于东方文化的中国，尤其具有重要的启示与借鉴意义。日本是亚洲最大、最早的发达资本主义国家，相对于其他亚洲国家而言，其社会保障体系发展是比较成熟的，即使日本本身也在进行社会保障制度的相关改革。无论是从日本社会保障发展的几十年经验，还是其在社会保障制度发展过程遇到的相关问题，都值得作为其最大邻国的中国学习和借鉴。印度与中国同属发展中国家，两国的国情具有许多类似之处：都是有着悠久历史的世界文明古国，都是世界上人口众多的国家，且农村人口都占绝大多数。半个多世纪以来，印度致力于社会保障制度的建设和改革，为维护社会的和谐与稳定发挥了重要作用，其成功做法和经验对中国的社会保障制度建设极具启示与借鉴意义。长期以来，中国香港的社会保障和社会福利政策取得了巨大的成效，但也有一些教训。作为深受西方文化影响，又始终坚守中国传统文化的香港地区，其在社会保障和社会福利制度建设方面的这些经验教训，无疑对中国内地的社会保障制度建设提供了重要的借鉴。中国台湾与大陆有着一脉相承的历史与文化，台湾的经济起飞先于大陆，台湾社会福利的发展也早于大陆，台湾地区过去在社会福利方面所面临的问题是目前中国大陆正急需解决的问题，而现在台湾地区所面临的问题也有可能是中国大陆未来所需面对的问题。因此，它将给大陆社会保障制度的发展提供一定的启示。对台湾社会福利制度的研究意义正是如此。

1. 加强社会保障的相关立法，健全社会保障法律体系，这是发展和完善社会保障制度的保证

亚洲国家和地区社会保障立法经验启示我们，法律以其公正性和强制性而成为社会保障制度的支撑点，完善的法律法规体系是稳步有序推进社会保障的根本保证。因此，社会保障的立法工作应该

先行一步。应当承认,改革开放以来,我国的社会保障立法取得了一定进展。如在20世纪90年代制定了《残疾人保障法》、《未成年人保护法》、《妇女权益保障法》、《老年人权益保障法》、《劳动法》等一些法律规范。近年来,全国人大常委会审议通过了《劳动合同法》、《就业促进法》和《劳动争议调解仲裁法》。但从总体上看,我国社会保障法制建设还很不成熟,目前我国社会保障立法现状是立法工作滞后、立法分散、体系不健全、尚未形成统一的社会保障法律制度体系,立法层次偏低。通过全国人大和国务院立法的项目很少,更多的项目还停留在行政命令、部门规章以及地方法规的层次上,不具备国家法律的形态,其刚性和约束力较弱。当前,我国社会保障体系建设中遇到的许多矛盾和问题,都与法律不够健全、监察执法手段不足、管理漏洞多、缺乏可操作性有关。总之,中国社会保障制度建设缺乏相应的立法支持,缺少法律来"保驾护航"。

因此,随着我国改革开放事业的不断发展以及日益深化的社会保障制度实践,加快社会保障的立法工作已成为社会保障制度改革进程中一项紧迫而严峻的任务。应改变目前我国社会保障立法比较缓慢的状况,加快立法步伐,抓紧把成熟的经验做法上升为法律,增强社会保障的强制性、权威性和稳定性,确保这一制度沿着法制化的轨道健康有序地发展。当务之急是抓紧制定一部系统的、适应中国国情的社会保障基本法典,涵盖各项社会保障活动的准则,用更高级别、更全面系统的法律法规来规范整个社会保障体系,让社会保障这个关系民生的重大问题在实施过程中能做到有法可依。与此同时,还要制定一部完备的《社会保障基金管理法》,明确规定社会保障管理的性质、具体内容以及社会保障管理机构的设置及其职责权限,对社会保障资金的筹集、运营、支付以及投资运作等做出明确的法律规定,从而确保社保基金的保值增值。同时完善社保基金监管相关法律法规,以保证基金的正常运行。

2. 立足国情，树立弘扬中国传统文化的社会保障理念，建立同经济发展水平相适应的、渐进式的社会保障体系

实践证明，一个国家社会保障制度的选择，取决于多方面的因素，受价值观念、文化传统和经济发展水平等因素的影响和制约。这是因为，每一种社会制度的实施都有一套理论体系和价值观念作为支撑，什么样的社会保障理念产生什么样的社会保障制度。亚洲国家和地区社会保障制度的建立都基于各具特色的设计理念。新加坡倡导"自强自立、自力更生、立足于依靠自己和自己的家庭来解决自己保障问题"，按照"效率优先，兼顾公平"的价值理念来设计社会保障制度，恰当地处理了社会发展中公平与效率之间的关系。既保证了国民享受到基本的社会福利保障，又避免了政府沉重的财政负担。中国香港地区从自由主义的"小政府、大社会"的经济理念出发，实行了向低收入者提供经济援助的"满足基本人类需要"的保障模式，建立起以社会救济为核心的社会保障制度，同时尽可能避免政府在社会保障中承担过多的责任。中国台湾地区则是基于"官重民轻"的理念来发展社会保障制度，并且其社会福利发展经历了从选择式到全民式的转型。根据亚洲国家和地区社会保障制度的实践，中国社会保障的理念应该兼收东西方社会保障理念之长，既不可对西方的理念照单全收，也不可固守传统理念，而是兼收并蓄。也就是说，既要重视西方社会保障的社会性和多元化，也要弘扬中国传统社会的家庭伦理观、自力更生意识以及"老吾老以及人之老，幼吾幼以及人之幼"、"一方有难，八方支援"等理念。

此外，以国情为基点构建本国的社会保障制度模式已经成为亚洲各国普遍遵循的原则。从新加坡、日本、印度、中国香港和台湾地区社会保障发展的规律来看，它们均是依据本国（地区）具体国情（区情）来选择社会保障的制度模式和政策架构。以新加坡为例，新加坡在建立和发展本国社会保障制度时，特别注重根据本国的条

件。这一制度受到新加坡特定的社会政治条件、经济发展水平以及历史文化传统、社会价值观念的制约，与本国国情息息相关。从中我们得到两点启示：

其一，中国应在遵循社会保障制度客观规律的基础上，寻求适合自身国情的社会保障发展之路。

社会保障体系的发展是一个渐进过程，其发展必须与国家的经济发展水平、经济实力、国情特点以及各方面的承受能力相适应。也就是说，在建立社会保障制度过程中，应当根据本国经济发展水平和各方面的承受能力恰当地确定社会保障的标准和水平，社会保障水平应当是适度的。社会保障标准太低，难以维持被保障人的基本生活，容易引发社会问题，导致社会的不稳定；保障标准太高，社会保障支出过分增长，也会导致政府财政不堪重负，势必会影响国家经济发展和竞争力。

按照这个规律，中国在设计自己的社会保障制度时，应当理性保持一个与经济增长速度相适应的水平，而不应该简单模仿、盲目追求西方福利国家的模式。中国是一个发展中国家，虽然经过30年的改革开放，国民经济得到了快速持续的增长，经济实力得到增强。但必须清醒地看到，我国目前正处于社会主义初级阶段，经济实力、综合国力都还不够雄厚，同时正处于社会经济转型的关键时期，这样的现实要求必须慎重选择适合自己的社会保障制度模式。因此，社会保障标准不能过高，必须坚持低水平、广覆盖的原则。从低水平起步，保障人民群众的基本需求，随着经济发展逐步提高人民的保障水平。同时在制度建设上，必须兼顾公平与效率，注重形成激励机制，绝不能形成新的"大锅饭"。此外，中国特色社会保障制度的建设还需要根据经济发展的变化及时加以调整，随着经济发展不断提高社会保障标准和水平，使其保持与整个社会经济的发展相适应。

其二，社会保障要有合理的制度安排，积极建立和完善多层次而非统一的社会保障体系。

合理的制度安排是社会保障制度成功运行的前提和保证。就中国目前的经济发展水平而言，我们还不具备建立全国统一的社会保障体系的实力。因此，中国社会保障模式应该是分层次而非统一的。即根据城乡居民不同的社会保障需求和经济承受能力，建立健全以城镇居民、农民工、农民三个层次的基本社会保险为重点的覆盖城乡的社会保障体系。对于少数高收入阶层可以通过购买额外的商业保险来进一步提高自身的社会保障水平。

此外，在住房保障方面，也要立足国情发展住房保障，注意住房保障的渐进性、层次性。我国作为一个发展中国家，总体经济发展水平不高，中央和地方政府能用于住房保障的财力、物力有限，不可能在短期内大范围地解决居民的住房问题。因此，要坚持"适宜保障"的原则，有步骤、分层次地解决中低收入家庭的住房问题。要认真界定住房保障的范围，认定住房保障对象，只为那些没有能力解决住房问题的最低收入和低收入家庭提供住房保障。要适应不同保障对象的具体需求，从住房供应结构和供应方式方面建立适应不同收入水平居民住房支付能力的、分层次的住房保障体系，对不同收入家庭实行不同标准的住房保障政策。此外，还应按照"动态调节"的原则，随着经济发展逐步扩大保障范围，保障重点从最低收入者逐步扩大到中低收入群体。

总之，中国社会保障制度建设需要在保持理性的条件下，走循序渐进的发展道路。而立足国情与尊重社会保障制度的客观发展规律，将构成中国社会保障制度选择的两大现实影响因素。

3. 坚持社会保障的公平正义原则，逐步扩大社会保障的覆盖面，重点向农民、弱势群体倾斜

社会保障天然具有追求公平的特质。从亚洲国家和地区社会保

障发展趋势来看，公平、正义、共享将成为它们共同追求的核心价值；逐步扩大社会保障的覆盖面，保证每个公民享有平等的社会保障权，是它们努力追寻的目标。日本在建立和发展社会保障制度中基本照顾了所有层面的国民，如1961年正式实施的"国民皆保险"、"国民皆年金"就将大部分日本国民纳入其中。此外，还非常注重保障特殊社会群体如残疾人、老人、妇女儿童的权益。针对这些特殊群体，日本分别出台了许多相关的社会保障法律。为了保证儿童的健康发育和成长，《儿童福祉法》以及《母子及寡妇福祉法》将儿童津贴制度化；为了保障老人退休后安享天年，日本《老人福祉法》和《护理保险法》对老人年金和医疗实行特殊化（曾经一度对70岁以上的老人实行医疗免费）；为了使障碍者实现自立和有尊严的生活，《障碍者福祉法》充分保障了障碍者的权益。这些法律不仅使特殊群体得到相应的利益，更重要的是，保证了他们作为人的尊严。印度与中国的国情十分相似，农民占人口大多数，农村和农业在经济社会发展中占据重要位置。印度在社会保障制度建设中，重视对农民等贫困人口的社会保障，以保障农民的基本生存需求为目标，采取向贫困农民倾斜的政策。同时重视对妇女、儿童及残障人士等社会弱势群体的社会保障，逐步扩大社会保障的覆盖面。中国香港社会保障政策以"救济不能自助者"、"保赤安民"为宗旨，这种理念导致在实践中，香港地方政府在实施社会保障和社会福利时不撒胡椒面，不搞平均主义，而是重点面向一些贫困和低收入群体。而中国台湾社会福利制度正好与之相反，福利资源分配不平等与阶层化倾向比较明显。1995年以前，中国台湾地区实行特定职业社会福利政策，军人、公教人员、一般劳工、国营事业劳工、农民有不同的社会保险体系，所获得的社会福利也就不尽相同。从而导致军人、公务员和教师等公职人员与劳工之间的保障水平存在很大的差距，出现了社会保障制度为特定社会阶层服务、部分人过度保障与多数人保障不足的问题。同时还忽略了社会上的弱势群体——残疾人、老人、儿童以及失业人员。近年来，中国台湾地区开始着手进行改革并建设各类全民社会保险项目，但改革并不彻底，福利资源的分配依然不平等。上述经验或教训，都是我们应当吸取借鉴、引以为戒的。

一直以来，"城乡分治"是我国的基本社会格局，社会保障也存在着显著的城乡二元结构差别：城市社会保障制度在保险的项目、覆盖率以及保障水平等方面均大大高于农村，城市已经建立了相对较为完整的社会保障体系，尽管这一体系还有待于进一步完善和健全。而在农村，受财力所限，广大农民的社会保障一直处于低水平状态，仍然主要依赖传统的家庭保障，城乡社会保障之间差距很大。这种城乡分割的"二元社会保障"格局使社会保障制度的收入再分配功能严重扭曲，形成了市民与农民事实上享有的社会保障权不平等，社会保障的公平性问题突出，社会保障的公平正义性引起社会的广泛关注。

为此，近年来，我国不断扩大社会保障的覆盖面，加大对农民以及农民工的社会保障。目前中国已经在医疗保障方面做出了有益的努力和尝试，即通过建立新型农村合作医疗的方式将农民纳入医疗保障的范围。而在其他如社会养老等方面，中国也在进行有益的尝试。① 这些尝试就是试图打破城乡二元结构和地区经济发展不平衡的差别，实现社会保障的公平、正义、共享。今后，在社会保障制度的改革与完善过程中，应将重点放在农村社会保障体系的建立上，确立农村优先发展的战略，公共资源投入应当优先考虑农民的社会保障需求。

---

① 2009年6月24日，国务院总理温家宝主持召开国务院常务会议，研究部署开展新型农村社会养老保险试点。会议决定，2009年在全国10%的县（市、区）开展新型农村社会养老保险试点。

此外，还要注意通过社会保障和社会福利，给最需要的人包括残疾人、老人、妇女儿童等社会弱势群体提供最起码的生存和生活条件，要通过社会保障加大对于全体公民社会保障权的保护。特别要注意的是，不要通过不公正的社会保障和社会福利政策加大社会生活中已经存在的收入分配不公和贫富不均。社会保障和社会福利应该向弱势群体倾斜而不是相反。

4. 坚持政府主导与责任分担的原则，在国家、企业、社会与个人之间建立一种动态的责任分担平衡机制，开辟多元化的社会保障资金渠道

社会保障中政府责任的合理界定是社会保障制度健康、可持续发展的前提和基础。社会保障改革的实质和核心就是社会保障责任在各方责任主体之间的划分。应当承认，政府在社会保障中担负着不可推卸的责任包括财政责任，但如果在制度设计时不重视让企业、社会、个人承担相应的义务或责任，即使是经济发达国家的社会保障制度也会走向崩溃。西方国家依赖赤字财政、高税收等构建的社会保障制度虽发挥过积极作用，但无法步入良性循环。高额福利费用使政府财政不堪重负，为挽救财政危机被迫加大赤字预算，财政危机更趋恶性循环。有效的社会保障制度不仅是实现公平正义的制度，同时也是一种可持续发展的、有生命力的制度。

综观新加坡、日本、印度、中国香港和台湾地区社会保障制度的发展，政府主导与责任分担是其始终坚持的原则。新加坡政府主张"人民的事由人民自己掏钱"，从保障资金的来源上强调个人对自己的福利保障要承担足够的责任，通过强制储蓄而使人民积攒足够资金，以解决自己的住房、医疗及养老等切身问题。因此，新加坡社会保障制度的一个突出特点是国民的自保性，强调个人责任，建立分担机制。从发挥政府、个人和社会三者的积极性出发，政府有所为有所不为，积极介入，但不包办代替，在以政府责任为主的传

统社会保障中强调更多的个人责任。目前，新加坡的中央公积金制度步入了良性循环，日趋成熟、完善，显示出很强的生命力。日本政府在其社会保障发展过程中发挥了积极的主导作用，这不仅体现在政府主导和制定了相关社会保障的法律，并积极实施和操作了各项社会保障措施，而且体现在政府承担了相当的社会保障费用。当然，日本企业和个人也承担了各自在社会保障体系中应该支出的部分。以日本社会保险为例，它既强调政府的社会责任，又突出企业的社会责任和个人的自我保障责任。如日本政府负担每年 1/3 的年金支付额，免除生活困难者的保险费缴付等，而由劳资双方共同负担保险费用。印度在推行社会保障制度过程中，政府发挥了十分重要的作用，所需资金主要由政府提供，但同时也注意拓宽渠道，积极吸纳各种社会资金用于发展社会保障。如印度除了推行强制性社会保险外，保险公司、信托公司等在医疗保险、失业保险领域非常活跃。印度政府曾一度设立保险公司准入门槛，但随着市场经济的不断发展，政府认识到这类保险公司在社会保障领域发挥着重要的作用，逐渐开始与它们展开合作。由这些公司提供符合社会经济现状、能够被人们接受的保险项目，必要的时候，政府负担补贴一定的保费。这种由政府承担部分支出，以商业保险为主的各类医疗、养老保险，补充了政府在医疗和养老等方面的资金不足，对于急需保障的人群来说，无疑是一个重要的补充手段。中国香港社会保障制度的一个最大特点，也是优点，就是充分发挥民间组织的作用，官民合作办福利。在香港，社会保障工作不仅是地方政府的职责，而且也日益引起社会各界的重视和参与。各种不同政治派别和社会团体、各社区发展机构、各种宗教教会组织都热心支持和积极参与，形成了既有官办又有民办，既有商业性又有非牟利性，既有私人机构又有志愿组织介入的多形式、多层次、多渠道的社会服务网络。由非政府机构承包的福利服务涵盖全港社会福利服务的近九成。目前中国台湾地区的社会福利供给部门正朝着多元化的方向发展,虽然地方当局供给仍然处于主要地位,但长期以来社会资源的整合和利用也在台湾地区社会福利发展中起着十分重要的作用。可以预测,亚洲地区将来不会发展起西方那种政府全包式的社会保障和福利制度,因为这既给国家经济带来极大负担,也不利于促进个人的自立精神和对家庭的责任感,同时也不符合东亚文化传统,适度福利和国民自保是这个地区社会保障制度的特点。

借鉴上述经验,中国应当明确政府、企业、社会及个人在社会保障体系中各自承担的责任,包括财政责任,通过多种方式拓宽社会保障资金筹集渠道,为我国社会保障体系的可持续发展提供较充足的后备基金。社会保障基金是社会保障制度运行的物质基础,是社会保障制度建设的基础和命脉。但我国目前这个基础十分脆弱,部分地区社保基金入不敷出,基金缺口越来越大。为此,首先应强调政府责任。承担社会保障责任是政府历史的、本源的职责。要加大政府对社会保障的资金投入,提高社会保障支出的比重。国家可以采取其他政策措施补充社会保障资金,如建立国家社会保障预算、加强基金预算管理、发行社会保障长期债券、开征社会保障税等。其次要强调个人责任。按照权利与义务相对应、公平与效率相结合的原则,建立参保缴费与社会保障待遇挂钩的激励约束机制,鼓励个人参保缴费。三是充分调动社会资源,发挥民间组织和企业在社会保障中的作用,大大调动民间力量、广大社会成员的投入和积极参与。我国现有的社会资源还是相当丰厚的,这些资源应该很好地挖掘和利用。如可以帮助保险公司有序地参与到社会保障中来,由政府监督,在一些保险项目设计上向贫困人口倾斜,发挥保险公司商业保险作用,以补充政府的不足。还可以发挥慈善机构在社会保障中的作用,大力支持民间社会性筹资,建立社会保障捐赠基金等等。这样不仅可以补充社会保障公共资源的不足,扩张社会保障制度的福利性，而且能够增强公共道德与互助意识。

  总之，中国社会保障制度建设应坚持政府主导与责任分担的原则，在国家、企业、社会与个人之间建立一种动态的责任分担平衡机制。改变目前主要依靠国家基本保险、保障形式单一的局面，建立多形式的社会保障模式。推进企业年金和补充医疗保险，积极发展商业保险和民间救助，建立包括国家基本社会保险制度、企业补充社会保险制度和个人储蓄社会保险制度的多形式的社会保障体系。唯有如此，才能建设一个可持续发展的、有生命力的社会保障制度。

第一章 新加坡社会保障制度

第一节 新加坡基本概况

新加坡共和国（The Republic of Singapore）位于亚洲东南部，马来半岛的东南端、马六甲海峡出入口。北隔柔佛海峡与马来西亚相邻，南隔新加坡海峡与印度尼西亚相望。由新加坡岛及附近63个小岛组成，面积699.4平方公里，其中新加坡岛占全国面积的88.5%。

1965年8月9日，新加坡正式脱离马来西亚成为一个独立国家。新加坡属热带海洋性气候，常年高温多雨，年平均气温24—27℃，年平均降水量2345毫米，年平均湿度84.3%，因此岛上绿树成荫，素以整洁和美丽著称，风光绮丽，终年常绿。全国耕地无几，人口多居住在城市，因此被称为"城市国家"。新加坡公民和永久居民360.8万，常住人口448万（2006年）。新加坡是一个多种族的移民国家，其中华人占75.2%，马来人13.6%，印度人8.8%，其他种族2.4%。马来语为国语，英语、华语、马来语、泰米尔语为官方语言，英语为行政用语。主要宗教为佛教、道教、伊斯兰教、基督教和印度教。

新加坡实行议会共和制。总统为国家元首，由全民选举产生，任期6年。总统委任议会多数党领袖为总理。总统和议会共同行使立法权。议会称国会，实行一院制。议员由公民投票选举产生，任期5年，占国会议席多数的政党组建政府。已注册的政党共24个，主要有人民行动党（The People's Action Party）、工人党（The Worker's Party）、新加坡民主联盟（Singapore Democratic Alliance）等。执政党是人民行动党，意即为人民而行动的党。1954年11月21日由现任内阁资政李光耀等人发起成立。党的纲领是维护种族和谐，树立国民归属感；建立健全的民主制度，确保国会拥有多元种族代表，努力建立一个多元种族、多元文化和多元宗教的社会。人民行动党从1959年大选获胜后上台执政，一直保持执政党地位，是世界上实行多党制国家中对国家掌控能力最强、执政时间最长的执政党。

新加坡自然资源贫乏，经济属外贸驱动型，以电子、石油化工、金融、航运、服务业为主，高度依赖美国、日本、欧洲和周边国家市场。新加坡长期实行对外开放的政策，"国家虽小，兼容乃大"，通过对外开放，学习和借鉴其他国家的先进经验，其发展成就和影响力备受世人瞩目。新加坡经济曾长期高速增长，按1995年不变价格计算，国内生产总值从1960年的68亿新元增加到2004年的1800亿新元（注：目前1新元约合5元人民币），在长达45年的时间里年平均增长率高达7.6%。人均国内生产总值从1960年的430美元增加到2004年的25200美元，进入经济发达和高收入国家行列。创造了亚洲经济奇迹，成为亚洲经济"四小龙"之一。

新加坡交通发达，设施便利。是全球最大集装箱港和航空枢纽，是世界重要的转口港及联系亚、欧、非、大洋洲的航空中心。为世界最繁忙的港口和亚洲主要转口枢纽之一，是世界最大燃油供应港口，有200多条航线连接世界600多个港口。①

---

① 部分数据转引自中华人民共和国外交部网站。

从1965年立国至今，经过40多年的发展和治理，新加坡从一个贫困的小岛发展成为一个经济发达、秩序井然、廉洁高效、环境优美、生活富裕、人民安居乐业、民族和谐相处的花园城市国家。今天，新加坡已成为市场经济发展最完备、工业化程度最高的"东盟"国家。据联合国开发计划署2001年公布的数字，按综合反映一国社会经济发展水平的人类发展指数来衡量，新加坡属于高人类发展水平国家。这一切得益于前新加坡总理李光耀倡导的新加坡生存之道——"必须比其他国家更有条理、更有效率和更具有竞争力"。同时也得益于其独具特色的社会保障制度，为新加坡经济的持续快速发展提供了稳定的社会环境。

第二节 新加坡社会保障制度的建立与发展

发端于西欧国家的社会保障制度已有一百多年的历史了，由于它在促进社会经济发展和维护社会稳定方面发挥了重要作用，因而被人们形象地称作是社会的"安全网"和"稳定器"。目前，世界上绝大多数国家都已经建立了不同形式的社会保障制度。新加坡作为一个战后新兴工业化国家，在借鉴世界各国社会保障制度的基础上，紧密结合自身国情，建立了一套体现公平正义、独具特色、较为完善的社会保障体系。

众所周知，任何国家的社会保障都是建立在本国特定的社会政治制度、经济发展水平以及传统文化背景基础之上并受一定的理论指导的。也就是说，社会保障制度模式选择主要受三个因素制约：首先是各国的社会政治条件和经济发展水平，其次是各国不同的文化背景，三是各国不同的思想理论原则和治国理念。正如马克思所指出的："权利决不能超出社会的经济结构以及由经济结构制约的社会的文化发展。"①

　　20世纪50年代，新加坡还是英国的殖民地，正处于经济发展初期，经济发展水平仍较落后，国家没有雄厚的经济实力提供高水平的社会保障。同时面临着严重的社会问题：大批工人失业，住房紧缺，居住条件很差，缺乏必要的社会保障体系，绝大部分国民没有养老保障，种族纷争和冲突不断，这些都直接影响到社会的稳定。根据社会现状制定与之相符合的政策和制度，采取适当的措施，是新加坡政治精英及其政府一贯的治国理念和作风。为摆脱新加坡弱小落后的被动局面，同时为广大公民寻求"一个幸福、美满和有保障的生活"，新加坡政府实行了发展经济及工业化政策，同时认为必须配套以合适的社会保障制度。

　　以李光耀为首的新加坡第一代政治精英，始终把改善民生作为执政的重要理念和目标。在人民行动党的宗旨中，既有"确保、维护及保卫新加坡的独立、主权及国土完整"、"通过民选代表和民主政治，保障及促进人民自由和福利"、"建设一个公正、公平、宽容的多元种族社会"等长期目标，也有诸如"按功酬赏、敬老扶弱、体恤病残"、"为国民提供教育与训练的平等机会，使他们发挥所长，各得其所"等具体目标。新加坡政府确定自己的使命就是："建立一个成功的、充满活力、安全稳定、欣欣向荣的卓越国家；为新加坡人达到更高的生活水平创造最好的条件；致力于造就一个人人相互尊重与关怀、充满爱心与凝聚力的和谐社会。"② 李光耀强调指出："政府的责任，是确保经济成长和全体人民都享有良好安定的生活，你们的子女，应得到更好的教育和更高的技能，更好的社会和医药设施。我们应朝向一个更公平和更平等的社会迈进，使每一个人照

---

① 《马克思恩格斯选集》第三卷，人民出版社1995年第2版，第305页。
② 据新加坡总理公署《公共服务宣言》。

自己对社会的贡献，取得一份公平和应有的酬劳。"①

与此同时，新加坡政府还认为，过分的社会福利不利于竞争，会使国民产生对政府的过分依赖性。西方的福利主义滋长了人们对政府的依赖，缺乏激励机制，是不可取的。因此，应当倡导"自强自立、自力更生、立足于依靠自己和自己的家庭来解决自己保障问题"。正是基于这一理念，新加坡政府在大量考察欧美以及中国香港地区社会保障制度的基础上，结合自身国情，对这一特定条件下的社会保障问题做出比较全面的考虑，实行自我保障的政策，政府立法建立了自助性的保障模式。这种取向是由新加坡的社会现实所决定，由政治精英深刻认识，并按照这种现实而做出的明智选择。这样既不增加政府负担，又能起到稳定社会的作用，以保证、促进经济的迅速发展。

新加坡社会保障制度由社会保险和社会福利两部分组成。其中社会保险是由国家强制实施个人储蓄的中央公积金制度构成，是新加坡社会保障体系的主体部分，也是新加坡社会保障制度最具特色之处。社会福利是指政府对无法维持最低生活水平的成员给予救助，它是社会保障制度的辅助部分。新加坡政府实施了各种社会福利计划，其中包括1982年开始实施的老人和残疾人保障计划，1990年实施的儿童津贴，1991年实施的医疗保健基金、教育储蓄基金和公共援助基金，1994年对低收入家庭发放住房补贴等等。新加坡的社会保障制度，是以公积金制度为核心并逐渐扩展其内容而发展起来的。

新加坡的中央公积金制度从倡议至今，大体经历了四个发展阶段：

第一阶段：从1950年到1955年7月为初创时期。为改变处于英国殖民统治之下、人民生活条件恶劣、缺乏必要的社会保障状况，

---

① 新加坡《联合早报》编：《李光耀40年政论选》，现代出版社1996年版，第526页。

1950年，两位立法议员倡议设立公积金制度。1951年5月17日，该法案正式提交议会讨论。为此，政府设立了一个退休福利委员会，"以提出保障受薪人士退休福利的合意措施与可行性报告"。1952年2月，退休福利委员会建议对雇员实行强制养老金制度。在这个制度下，雇员每周只需缴纳6角钱，退休后可在有生之年获得每月30元的养老金。1953年10月，该委员会向议会提呈有关的报告，建议设立新公积金制度，并对公积金的性质、用途、缴纳率以及管理等问题提出了具体意见。1953年12月11日，公积金法令终于获得通过，实行强制性的、以个人储蓄为主的中央公积金制度，强制雇主和雇员按雇员薪金的一定比例缴纳退休养老储蓄金，以立法形式确立了完全积累的筹资模式。1955年7月，政府成立了专门负责管理公积金的中央公积金局（Central Provident Fund Board），并颁布了《中央公积金法》。至此，中央公积金制度正式建立并开始实施。应当指出的是，早期的中央公积金制度并不是一种社会保障制度，而只是一种通过强制性储蓄来实行的职工退休养老的自我保障制度。

第二阶段：从1955年到1965年为磨合时期。这一时期主要是理顺各方面的关系，通过多种形式统一各界人士对公积金制度的认识，从心理上增强公民对新制度的适应性。

第三阶段：从1965年8月到1994年7月，随着国内经济的发展和国民收入的不断提高，公积金的使用领域日益增加，公积金制度的规模迅速扩大。

1965年8月9日新加坡独立后，新加坡政府继承了这一制度模式。为适应社会和经济发展的变化，新加坡政府在公积金的使用范围和用途上进行了积极的探索，对该制度进行多次修订与扩展，扩大了公积金的社会保障功能。1968年9月，新加坡政府推出了"居者有其屋"的"公共住屋计划"，允许会员退休前支取公积金存款购买政府建造的公共住房，标志着中央公积金的使用范围开始放宽。

此后，随着中央公积金会员人数的增加，储蓄缴纳率的提高和存款额的猛增，新加坡政府根据社会发展的实际需要，几次修改中央公积金条文，陆续推出了医疗保健、家庭保障、教育和增进资产等一系列计划，使一项简单的养老储蓄制度发展成为一个具有综合功能的社会保障体系。今天，公积金局会员可以在各种批准计划下动用他们的公积金存款，以及自行决定应用公积金作投资。尽管如此，公积金局仍然以保留公积金存款作为会员养老用途为首要目标，并制订各种管制措施以确保会员有足够的储蓄安享晚年。

第四阶段：从1994年底至今为改革完善时期。重点对未来30年内国民年龄构成、生活水平状况、公积金积累以及与社会保障体系的适应程度等诸多方面情况的变化走向进行超前预测，分步采取改进完善措施。关于中央公积金制度的完善进程，详见下表：

中央公积金制度的完善进程（中央公积金各项保障计划的导入时间）

保障项目	计划名称	最初导入年份
退休保障	养老储蓄计划	1955年
	最低存款计划和最低存款填补计划	1987年
住房保障	公共住屋计划	1968年
	私人住宅产业计划	1981年
医疗保障	保健储蓄计划	1984年
	自雇人士保健储蓄计划	1992年
	健保双全计划	1990年
	增值健保双全计划	1994年
	保健基金计划	1993年
家庭保障	家庭保障计划（房屋抵押递减保险）	1982年
	家属保障计划（定期人寿保险）	1989年

资产增值	新加坡巴士有限公司股票计划	1978 年
	非住宅产业计划	1986 年
	投资计划	1986 年
	基本投资和增进投资计划	1993 年
	填补购股计划	1993 年
教育保障	教育计划	1989 年

（资料来源：新加坡中央公积金历年年报）

如今，中央公积金制度的保障范围和覆盖范围都得到明显扩大。建立中央公积金制度的最初目的，是通过公积金这种强制储蓄制度，预先筹集个人养老资金以解决职工的养老问题，为雇员退休后或不能继续工作时提供一定的经济保障。保障的范围只涉及公积金会员退休或因伤残丧失工作能力后的基本生活。所覆盖的劳动者是指受雇于同一雇主、时间在一个月以上的工人，不包括临时工及独立劳动者。经过 50 多年的发展、完善和充实，中央公积金制度已从最初的仅提供退休养老保障，逐步扩展到退休养老、购买住房、医疗保健、家庭保险、教育以及投资等社会生活的各个方面，发展成为一项保障范围广泛、综合性的社会福利保障体系。中央公积金制度的社会保障功能愈益显现出来，不仅能满足公积金会员在养老、住房、医疗、教育等多方面的需求，还通过保险计划向会员及家庭提供经济方面的保障，资产增值。其覆盖范围也从公共和私人部门的雇员扩大到了自雇者。在实践和探索中，随着市场经济的发展和社会政策的推进，新加坡政府把建立与完善中央公积金制度作为战略重点，为社会保障的发展创造了良好的外部环境。

中央公积金制度历经 50 多年的曲折发展，新加坡国民对这一制度已从不理解到逐渐接受再到积极参与，呈现出健康发展的良好势头。据中央公积金局统计，1955 年，中央公积金的会员仅 18 万人。

而到1990年6月底,公积金会员达到200万人,公积金存款总额达到300亿新元,相当于214.5亿美元。到1994年底,共有252万人加入了这一行列,是1955年的14倍。"从1983年到1999年期间,中央公积金会员从180万人增至280万人,以年均2.94%的增长率递增。"① 截至2006年,新加坡中央公积金个人账户拥有者(公积金会员)达到近310万人,占总人口的比例约86%,中央公积金存款金额达1258多亿新元(约合500多亿美元)。

新加坡中央公积金会员数和公积金金额

年份	1997	1998	1999	2000	2002	2003	2004	2005	2006
会员(百万)	2.78	2.80	2.83	2.90	2.96	2.98	3.02	3.05	3.10
存款余额(10亿新元)	79.7	85.3	88.4	90.3	95.4	103.5	111.8	119.8	125.8

(资料来源:新加坡中央公积金历年年报)

第三节 新加坡社会保障制度的主要内容、管理与运作

新加坡实行的社会保障制度,是以1955年建立的中央公积金制度为主体的。因此,中央公积金制度是新加坡整个社会保障体系的基础。中央公积金制度(CPF)是政府立法强制个人储蓄,采取完全积累模式和集中管理模式的社会保障制度,是一种自助性的社会保障模式,一种政府可以避免沉重财政负担、强制性的、由雇主和

---

① Mukul G. Asher, Wasana Karunarathne, "Social Security Arrangement in Singpore: An Assessment", *International Seminar on Pensions*, 5 – 7 March, 2001, Sanoshoin Hall, Hitotsubashi University, Tokyo, Japan.

雇员共同缴费储蓄、向社会成员提供养老、医疗、住房等保障项目的准社会保险制度。

一、中央公积金制度的管理

社会保障管理体制是社会保障有效实施的关键。严格规范、富有成效的基金管理是新加坡中央公积金制度成功运行的重要保障。新加坡政府对中央公积金实行严格的管理制度，并做到立法先行。

1. 中央公积金的管理体制

公积金的规模庞大并且所提供的利益和服务众多，因此，如何有效地管理公积金以使机构顺畅运作至关重要。为此，新加坡政府建立了一整套较成熟的法律规范，对整个制度的运行过程实施严格周密的法律监督与管理。公积金制度运作的法律依据是1953年通过的《中央公积金法令》，对中央公积金的缴纳率、公积金会员的责任和义务、公积金的提取与使用等均做出明确的法律规定。对于违反公积金条例者，中央公积金局依法追究其责任。依据该法令，1955年，新加坡政府设立了中央公积金管理局，作为公积金制度的管理机构，中央公积金局以国家立法为前提，并在劳工部制定基本方针政策的基础上，负责整个公积金的管理运行，对公积金实行规范化、制度化和企业化管理。中央公积金局虽然隶属于劳工部，但是一个独立的具有半官方性质的机构，依法独立工作，其他部门不得干预其日常事务。中央公积金局采用现代公司结构——董事会领导下的总经理负责制。董事会为最高管理机构，下设财金委员会和规划决策会，负责制定重要的保障政策，其中比较重大的保障计划需经劳工部批准。董事会由董事会主席、总经理和其他10名董事会成员组成。其中董事会主席和总经理由劳工部任命，任期3年，日常工作由总经理负责。董事会成员由政府代表、雇主代表、雇员代表和专家等所谓的"中性人士"四方组成,从而确保其制定的有关政策能够比较广泛地反映各方的利益和意志。他们对公积金的各种计划进行审核和监督,确保公积金的合理使用。

中央公积金管理局本身是一个准金融机构,下设内务审计部、会员服务部、信息技术服务部、政策与公司发展部、人事部等部门,在这些部门下还有许多分支机构,主要负责公积金的汇集、结算、使用和储存等。① 公积金管理局是一个独立的系统,对公积金的管理独立于新加坡政府的财政之外,单独核算,自负盈亏,不受政府财政收支丰歉的影响。政府财政无权动用公积金款项,只能以政府债券的形式有偿借用并如期归还,但却负有担保公积金价值、偿付公积金贬值损失的义务。

新加坡的中央公积金制度是典型的个人积累模式,是一个完全积累的强制储蓄计划。它是通过国家立法,强制所有雇主、雇员依法按工资收入的一定比例,向中央公积金局缴纳公积金,由中央公积金局加上每月应得利息,一并记入每个公积金会员的账户,专户专储。公积金会员的存款采用个人账户集中管理的办法,其账户每年都经过国家审计局审计并对外公开,使这一制度的透明度大,监督和约束机制强。与此同时,政府公积金各项费用的收支、管理、运营的情况透明度也很高,有利于监督、管理和宏观调控。此外,在会员人数和公积金存款不断增加的情况下,公积金局还采取了多种措施,为会员提供精确和有效率的服务:如定期给会员寄存款报告;会员能够通过电话查询自己账户的相关信息,并管理他们户头里的存款;提高办事效率,会员来局办事,一般在10分钟内完成办事手续;会员要求提款时,很快把钱款付给他,一般不超过一个星期,等等。

---

① 详见新加坡中央公积金局网站:http://mycpf.cpf.gov.sg/。

因此，尽管新加坡中央公积金规模庞大，提供的服务众多，管理难度很大，但中央公积金管理局却以其健全的职能、科学的管理以及高效优质的服务，赢得了信誉与成功。基金管理规范，运作良好。

从上述新加坡中央公积金管理体制与运作看，其特点与优势主要体现在以下几点：

（1）集中管理模式简便、高效，降低了管理成本

新加坡对公积金采取相对集中的管理体制。在社会保障制度实施过程中，政府只是充当了一般政策指导与监督，由半官方性质的公积金局具体负责，社会保障管理机构精简统一。避免了"多头管理，各自为政"的局面，提高了管理效率，降低了社会保障的管理成本，其管理成本比英美等采取分散化管理体制的国家低得多。公积金的管理费用不是出自会员的缴费，而是出自公积金积累余额的利息及其下属的产业。1999年财政年度的公积金营运成本仅为其资产总额的0.07%和年度缴费总额的0.5%。

（2）有利于形成社会保障监督机制

新加坡社会保障管理体制由于劳工部制定政策并进行监督而不参与具体事务，相对独立的中央公积金管理局制定具体政策并承担一些日常事务，但把大量的投资管理职能交给了货币管理局和政府投资管理公司并对其进行监督，所以能够形成一个多方相互制约、相互监督机制。既有效地遏制了腐败行为，又保证了制度的运作高效。[1]

2. 中央公积金的缴纳与分配

新加坡的公积金制度实行会员制，即所有受雇的新加坡公民和永久居民都是公积金局的会员，无论是雇主和雇员都必须按雇员月

---

[1] 李珍、孙永勇：《新加坡中央公积金管理模式及其投资政策分析》，载于《东北财经大学学报》2004年第4期。

薪收入的一定比例缴交强制性的公积金。雇员缴付的公积金是从雇员的薪金中扣除，雇主则以相等于雇员薪金某个百分比的数额给雇员缴交公积金，而政府只给予让利、让税的优惠（在新加坡，中央公积金存款和利息免税）。公积金局每月收缴的公积金经过计算记入每个会员的个人账户中。公积金的缴交率是根据会员付清住屋贷款和为未来储存一笔医药费后，还有足够的退休金来确定的。"1955年开始建立公积金制度时，公积金缴交率为雇主按雇员工资的5%缴纳，雇员缴交5%，总起来为10%。最高月缴存额度为50新元。直到1968年9月中央公积金被允许用于购买公共组屋前，该缴交率一直未变。此后，公积金缴交率逐渐提高，1984年7月达到50%（雇主和雇员各按雇员工资的25%缴纳），最高月缴存额度达到2500新元。1986年4月缴费率降至35%，以应对1985年的经济衰退。但随后逐渐提高，1992年7月达到40%，最高月缴存额度为2400新元。1999年1月，缴费率曾经再次降至30%，以应对1997年的经济危机，最高月缴存额度为1800新元。2001年1月起，公积金缴费率为36%（其中雇员缴纳20%，雇主缴纳16%），最高月缴存额度是2160新元。"① 到2004年，缴费率又略降至33%（其中雇员缴纳20%，雇主缴纳13%）。由此可以看出，公积金的缴费率并不是一成不变的，而是根据国家经济发展的变化情况不断予以调整，进而促进了新加坡国民经济的稳定和持续发展。与此同时，政府还针对不同年龄的雇员制定了不同的缴费率，随着雇员年龄增长，公积金的缴交率会相应地降低（详见下表）。

---

① Mukul G. Asher, Wasana Karunarathne, "Social Security Arrangement in Singpore: An Assessment", *International Seminar on Pensions*, 5 – 7 March, 2001, Sano-shoin Hall, Hitotsubashi University, Tokyo, Japan.

新加坡中央公积金缴费率（单位：%）

缴交数额的多少是根据工资来计算	年龄	雇主缴交率	雇员缴交率	总缴交率
■主要用途	35 岁及以下	13	20	33
◆退休	35 到 45 岁	13	20	33
◆购屋	45 到 50 岁	13	20	33
◆保健	50 到 55 岁	11	19	30
◆投资	55 到 60 岁	6	12.5	18.5
◆教育	60 到 65 岁	3.5	7.5	11
	65 岁以上	3.5	5	8.5

（资料来源：新加坡中央公积金局 2004）

在资金分配上，雇主和雇员缴纳的所有公积金款项都存入政府依照《中央公积金法令》为每位会员设立的"个人账户"中。根据中央公积金条例，55 岁以下的会员拥有的个人账户分为三部分：一是普通账户（ordinary account），占公积金的 72.5%，可用于购置政府组屋、支付获准情况下的投资、保险和教育支出以及转拨款项填补父母或配偶的退休户头；二是保健储蓄账户（medisave account），占公积金的 17.5%，主要用于支付本人及直系亲属住院医疗费用和获准情况下的医疗项目支出；三是特别账户（special account），占公积金的 10%，只限于养老和特殊情况下的应急支出，一般在退休前不能动用，达到退休年龄时方能领取。在正常情况下，会员公积金的 40% 中，有 30 个百分点存入普通账户，6 个百分点存入保健储蓄账户，4 个百分点存入特别账户。随着会员年龄的增长，存入保健储蓄户头的比例将逐渐提高，缴交的公积金款在三个户头中的分配比例会发生变化。

会员年满 55 岁时，普通账户和特别账户向退休账户转换，此时的个人账户就由两个账户组成，即退休账户和保健储蓄账户。会员除保留一笔最低存款留在退休账户以备晚年之用外,其余普通账户和特别账户中的存款可全部提出。① 会员如果终身残废或永久离开新加坡,可以提前提取公积金存款。如果会员在规定年龄前不幸逝世,那么他的公积金存款可移交指定受益人继承。②

公积金存款可获得利息收入。按照公积金法令规定,普通账户和保健储蓄账户的存款利率,是新加坡四家主要的国内银行即新加坡发展银行、华侨银行、华联银行和大华银行的一年期定期存款利率的平均值。每6个月修订一次,但必须保证会员获得的利率不低于2.5%。但特别账户和退休账户上的存款利率则稍高于这个名义利率。原因是这两个账户上的存款的期限较长。其中特别账户存款的利率可比普通账户利率高出1.25个百分点,而且这部分利息收入按月计算,并入公积金中,免交所得税。2007年国庆期间,李显龙总理宣布提高公积金回报率,并且制定了一套新的利率制度,让公积金会员享有更高回报。新的利率措施颠覆了中央公积金局过去50年所采用的固定利率格式,将部分存款利率同金融市场债券利率挂钩,并与同等风险和期限的金融产品挂钩。

二、中央公积金制度的主要内容

如上所述,中央公积金制度是一个综合性的社会保障计划,包括养老保障、医疗保健、"居者有其屋"、教育、家庭保障以及资产增值等方面的内容。目前,中央公积金制度已推行以下公积金计划,它们是:养老储蓄计划(1955年7月)、公共住屋计划(1968年9月)、新加坡巴士有限公司股票计划(1978年4月)、私人住宅产业计划(1981年6月)、家庭保障计划(1982年1月)、保健储蓄计划

---

① 2007年,新加坡对中央公积金制度进行改革,将提取公积金的年龄由最初1955年规定的55岁延长到2012年的62岁,并将延长到2018年的65岁。

② 详见新加坡中央公积金局网站:http://mycpf.cpf.gov.sg/。

(1984年4月)、非住宅产业计划(1986年5月)、投资计划(1986年5月)、最低存款计划和最低存款填补计划(1987年1月)、家属保障计划(1989年5月)、教育计划(1989年6月)、健保双全计划(1990年7月)、自雇人士保健储蓄计划(1992年7月)、保健基金计划(1993年)、基本投资和增进投资计划(1993年10月)、填补购股计划(1993年)、增值健保双全计划(1994年7月)、修订最低存款计划(1995年7月)。[①] 公积金制度已演变成为包含多种计划、使用款项逐年增加、会员可以从多种渠道受惠的内容丰富的社会保障制度。

对于公积金会员来说，上述计划可以确保其公积金储蓄在许可范围内灵活使用。主要包括：①用于退休或失去工作能力后的生活保障；②购买政府建造的组屋或私人住宅产业；③支付本人或家庭成员住院治疗的费用；④购买房屋抵押递减保险；⑤购买公积金定期人寿保险；⑥购买非住宅产业；⑦投资于获批准的股票、单位信托基金、黄金和债券，以及资助子女在国内大专学府的教育费用等等。从而构筑了广泛的社会保障安全网，解决了民众的后顾之忧，基本实现了"老有所养，病有所医，居者有其屋，人人有保障"，在新加坡社会经济发展中发挥了重要作用。

1. 解决老有所养——独具特色的新加坡养老保障制度

在当今世界社会保障各种项目类型中，养老保障是世界各国或地区出现最早、受重视程度最高、分布最为普遍的社会保障项目，因而能够比较完整地反映一国或地区社会保障模式及其结构

---

① 新加坡中央公积金局：《公积金局40周年特刊》，载于新加坡《联合早报》1995年7月6日。

特征。①

退休养老是中央公积金制度设立的最先动因,也是这一制度最基本的功能。早在1955年7月,中央公积金局便推出了养老储蓄计划。新加坡的养老保险采取全部缴纳的制度,即雇主和雇员分别按一定比例为雇员存储退休金。当公积金会员年龄达到55岁②,同时其退休账户达到最低存款额时,可一次性提取公积金。若会员年满55岁而退休账户内的最低存款没有达到规定的数额,可选择推迟退休以继续增加公积金账户积累,或用现金填补差额,或由其配偶、子女从各自的公积金账户中转拨填补。政府鼓励已达退休年龄但身体健康的会员继续工作,以使他们积蓄更多的公积金存款。

随着中央公积金使用范围的逐步放宽,为避免公积金过多用于住房、医疗、教育、投资等其他项目支付而影响养老金的积累,确保会员有足够的存款保障晚年生活,1987年,中央公积金局推出"最低存款计划"。规定公积金会员在年满55岁提取公积金存款时,必须在其退休账户中保留一笔存款作为最低存款,最低存款额为3万新元。1995年7月1日,公积金局对最低存款计划进行修订,将最低存款额提高至4万新元,即在特别账户上需有不少于4万新元的存款作基本养老费用,并且最低存款额将逐年提高5000元,到2003年达到8万新元。最低存款额的半数必须是现金存款,另外半数可以用抵押产业的方式来代替。已婚夫妇可以选择保留联合最低存款数额,但是他们必须指定对方为这笔相等于最低存款额1.5倍

---

① 根据美国社会保障署编写的《全球社会保障—1999》(英文版)(Social Security Programs Throughout the World – 1999) 统计,在172个已经建立不同社会保障制度的国家或地区中,建立了养老社会保障制度的有167个,占统计总数的97.1%。参见郑秉文、史寒冰:《东亚国家或地区养老社会保障模式比较》,载于《世界经济与政治》2001年第8期。

② 2007年,新加坡对中央公积金制度进行改革,将提取公积金的年龄由最初1955年规定的55岁延到2012年的62岁,并将延长到2018年的65岁。

的存款的受益人。此外，会员也可用退休时提取的公积金存款，向公积金局核准的保险公司购买年金保险，然后每月领取一笔生活费。

此外，新加坡政府还利用东方人孝文化的传统道德，在养老保障方面注重家庭养老，并将其写入法律，使之从道德层面上升到法律层面。这是新加坡政府采取以家庭为中心处理社会问题的具体表现。1987年，中央公积金局同时推出了"最低存款填补计划"。规定会员可在父母年龄超过55岁而其公积金存款少于最低存款额的情况下，自愿填补父母的退休户头，填补金额是最低存款额和他的父母年龄达55岁时退休账户结存额之差。会员可用现款或从自己的公积金户头拨出存款填补。从1995年7月起，会员也可以为配偶填补，以保障其晚年生活。然而，为确保会员本身有足够的存款安享晚年，会员在为家属填补公积金之前，他自己户头内的存款额必须比"最低存款额"多出一倍。

2. 解决病有所医——独具特色的新加坡医疗保障制度

在中央公积金制度中，医疗保健储蓄是另一项重要的公积金计划。20世纪80年代以来，中央公积金局制定了多项医疗保障计划，主要包括保健储蓄计划（Medisave）、健保双全计划（Medisheild）和保健基金计划（Medifund）以及其他协助贫病、残障人士的计划，称之为"3M"计划。其中保健储蓄计划属于一项全国性、强制性的储蓄计划，在医疗保障体系中起主导作用，健保双全计划和保健基金计划起辅助作用。

（1）保健储蓄计划（Medisave）

1984年4月，公积金局推出保健储蓄计划，并因此设立了会员的保健储蓄账户。在该计划下，公积金会员每月须把部分公积金存进保健储蓄账户，以用于解决本人或其亲属的住院费用、部分花费巨大的门诊检查、治疗开销，尤其是老年退休后的医疗费用。缴费比例因投保年龄不同而不同。年龄在35岁以下的会员，每月拨至保健储蓄账户的公积金是其月薪的6%；35—44岁的会员按其月薪的7%缴纳，45岁及以上会员按8%缴纳。公积金会员可以动用保健储蓄账户的存款，为本人或是任何一个直系亲属如配偶、子女、父母和祖父母支付在当地的医疗费用，主要支付公立医院和获准私人医院的住院费和某些门诊费。其中祖父母必须是新加坡公民或是永久居民，才有资格使用孙儿的保健储蓄。使用保健储蓄支付住院开销的顶限是：治疗费300新元/天，各种不同手术费为150—500新元/天。据统计，每年都有超过22万名会员动用其保健储蓄账户的存款来支付医疗费。

此外，为杜绝由于保健储蓄账户上存款过多，造成会员不必要的提取和小病大治的道德风险，公积金局对医疗储蓄账户的总金额也作了限定。55岁以下的会员，保健储蓄存款顶限是2.2万新元，超出这一顶限的存款将自动转移到其公积金普通账户上。为确保会员退休后能继续获得医疗保障，年满55岁的会员提取公积金存款时，必须在其保健储蓄账户中保留一定数额的存款。

1992年7月，公积金局还推出自雇人士保健储蓄计划，以保障自雇人士在急需时有能力支付其医疗费用。该计划规定，凡年收入在2400新元以上的自雇人士，必须缴纳其净收入中的一定比例的款项作为保健储蓄。

（2）健保双全计划（Medisheild）

保健储蓄计划对发生一般医疗费用的会员来说已经能保障，但对因患重病或慢性病而花费多的会员来说，账户资金可能不够。为此，从1990年7月开始，公积金局又实施了"健保双全计划"。这是一项大病医疗保险计划，它允许公积金会员以保健储蓄账户的存款投保，以确保会员有能力支付本人和直系亲属重病治疗和长期住院而保健储蓄不足的费用，如手术、器官移植、洗肾、放射性治疗以及特别护理病房的开支等等。1990年开始，所有75岁以下的新加坡公民或永久居民均可受保于健保双全计划。除非选择不参加这项医疗保险，否则都被自动纳入该保险计划内。由于参加大病保险的会员同时已是保健储蓄计划的会员，因此这一计划被称为"健保双全计划"。

该计划的保费缴纳保持在较低水平，而且会员可以动用保健储蓄支付。从会员保健储蓄账户中按照不同的年龄段提取少量费用，实行社会统筹，调剂使用。与其他医疗保险不同，健保双全基于精算原则而非社会原则，因此保费和金额由当事人的实际健康因素决定。缴纳的保费依据年龄从年轻到年老逐步递增，年度应缴保费额分8档，最低为30岁以下者，最高是74到75岁之间的老者。处于高危险状态的人需要支付高额保费，这样就减少了健康与非健康人群之间在享受津贴方面的隐性差别。

此外，为尽可能减少因全额赔付而导致的道德风险，体现投保者的责任性，避免过度利用和滥用医疗服务，健保双全计划设立了"可扣额"（起付线）①、比例共付和赔付封顶即最高补偿额等措施。这样有助于压缩频繁多发的门诊疾病的开销，维持小成本和低保费，符合其保大病、保慢性病的初衷。按照所缴费率的高低和病种的不同，其每年赔付的金额由2万新元到7万新元不等，一生最多可获得8万新元至20万新元的赔付。

在此基础上，1994年7月，公积金局又推出了增值健保双全计划。与健保双全计划相比，增值健保双全计划须缴付的保费稍高，相应支付待遇也较高。如健保双全计划可为会员支付120新元/天的医疗费，而增值健保双全计划可支付高达300—500新元/天的医疗

---

① 费用支付设立"可扣额"（起付线），也就是说，只有在医疗费超过某个基本数目时才获得赔付，这个基本数目叫做"可扣额"。超过的部分，健保双全计划赔付其中的80%，个人自付20%，但这20%和起付线以下的费用可动用保健储蓄金支付。

费，可让投保者住进收费较贵、比较舒适的病房。

增值健保双全分 A 计划和 B 计划。在增值健保双全 A 计划下，会员一年可索偿高达 7 万新元，终生最高补偿额为 20 万新元；在 B 计划下，会员一年可索偿高达 5 万新元，终生最高补偿额为 15 万新元。

（3）保健基金计划（Medifund）——穷人医疗救济计划

尽管保健储蓄计划和健保双全计划覆盖了绝大多数新加坡人口，但仍有少部分贫困国民无力支付医疗费。为此，1991 年，新加坡提出了由政府拨款建立专项基金的设想。1992 年 1 月，《医疗基金法案》获议会批准。1993 年 4 月，负有医疗救助职责的医疗保健基金正式设立，以援助在保险储蓄计划和健保双全计划外仍无法支付医药费用的贫病者，实际上是对他们实施医疗救济。医疗基金的启动捐款为 2 亿新元，政府每年再从预算盈余里拨出 1 亿新元不断加以补充，但只能使用该基金的利息进行赔付，不得动用本金。基金的利息收入每年分派给公立医院，每个公立医院都有一个由政府任命的保健基金委员会，专门协助贫病者支付在医院的医疗费用。需要此项医疗救助的患者可以通过其接受治疗的医院的医务社会工作者提出救济申请，委员会将根据援助准则和申请者的经济状况来确定救济款额。

此外，新加坡政府还向公立医院提供医疗津贴。这种医疗津贴大致分为两类：一类是基本的门诊费用。由政府综合诊所提供，每名患者平均获得 50% 的医药津贴，18 岁以下和 65 岁以上患者还可享有医药费的半价折扣。患者若由政府综合诊所推荐到专科诊所求医，同样也能享有政府津贴。另一类是住院费用。政府对公立医院按病房等级提供经费补助，床房分为 A 级、B1 级、B2 级和 C 级四等。病房等级越低，医疗津贴越高。政府对 A 级病房不给予补贴，B1 级补贴 20%，B2 级补贴 65%，C 级补贴 80%。新加坡卫生部长向公众许诺，保证每个新加坡公民都能获得基本医疗。

上述三重医疗保障安全网，确保了新加坡国民获得基本的医疗保障。需要说明的是，新加坡医疗保障制度的原则是要确立国民必须对自己的健康负起责任的意识，而不是让国家和社会无条件地承担医疗费用。政府的职责是提供基本及足够的医疗服务，保证合理的医疗费用，让收入所得最低的病人也负担得起。但是个人也必须负担自己的医疗费用，而不能过度依赖国家福利或政府津贴。即在不使政府承受沉重的经济负担情况下，确保新加坡人民获得足够的医疗保障。上述"3M"计划正是按照这一原则而设计的。保健储蓄计划是个人每月储蓄为自己和家庭的医疗需求做好准备；健保双全计划是通过保险方式让个人与社会共同分担重病医疗的风险；保健基金计划则是由政府设立而专门为贫穷和需要帮助的人提供医疗救济，由此形成了政府、个人和社会共同承担医疗费用的模式。为此，新加坡的医疗保障制度曾被一些国际机构和学者誉为"公私兼顾和公平有效"的制度，成为世界上最为完善、最具特色的医疗保障制度之一。

3. "居者有其屋"——富有成效的新加坡低收入者住房保障制度①

在社会保障的目标设定方面，与世界上大多数国家首先关注和解决收入性保障问题不同，新加坡政府将其对国民的社会保障较先定位在"居者有其屋"上，这是由新加坡的国情所决定的。新加坡1959年自治时面临着严重的房荒，住房形势十分严峻：当时200万人口中有40%的人居住在贫民窟和窝棚内，大多数居民只能栖身于

---

① 住房保障制度是政府通过行政手段为低收入家庭提供满足其基本生活所需住房的若干制度安排，是国家社会政策与社会保障制度的重要组成部分。它既是社会保障制度在住房领域的延伸，也是住房制度对社会保障的体现。完善的公共住房保障制度是社会发展与进步的标志。

用木板和铁皮搭建的棚屋之中,能够住上像样住房的人口仅占居民总数的9%。人均住房面积只有3.3平方米。恶劣的住房条件导致公共卫生状况恶化和一系列社会问题,成为社会不稳定的重要因素,以至于政府将解决住房问题作为一项基本国策,在立国之初就提出了"居者有其屋"的口号:"我们的新社会,居者有其屋是关键"。时任新加坡总理李光耀明确指出:"我们将全力以赴去达致我们的目标:使每一个公民的家庭都拥有自己的家。"①

面对严重的屋荒,为解决居住及其引发的社会问题,1960年,新加坡政府宣布成立建屋发展局(Housing & Development Board,简称HDB)。1964年又推出"居者有其屋"的政府组屋②计划,正式开启新加坡的组屋年代。该计划主要是由政府拨出国有土地和适当征用私有土地作为建房之用,同时由银行和中央公积金局提供建房所需资金。在政府组屋计划的实施中,建屋发展局、中央公积金局和银行部门相互配合、协同运作、相得益彰。其具体做法是:

(1) 政府主导组屋的开发与建设,由建屋发展局具体实施

新加坡是市场经济国家,但住房的开发与建设并不完全通过市场来实现,而是由政府主导。在住房保障方面,新加坡政府一直都是其国人出色的管家和掌舵人,政府干预和介入很有本国特色。新加坡政府十分明确自身在解决住房问题上的责任,制定了符合其国情特点的住房政策和分阶段建房计划(每五年制定一个计划),采取了一系列行政、法律、金融和财政手段,大规模兴建公共住房。

---

① 新加坡《联合早报》编:《李光耀40年政论选》,现代出版社1996年版,第168页。

② 新加坡组屋(Public Housing),在澳门称经济房屋,香港称公屋、居屋,类似于我国的廉租房和经济适用房,是在政府主导之下,由建屋发展局建设的公共住房。组屋的供应对象是广大的雇员阶层。

新加坡建屋发展局直属国家发展部，是一个独立的、非营利机构，其财政预算纳入国家计划。"安得广厦千万间，大庇天下寒士俱欢颜，风雨不动安如山？"该局将杜甫的诗句作为局训，其目标一开始就非常明确，就是为低收入人群提供廉价房屋。在发展公共住宅方面，建屋发展局是起主导作用的组织者。新加坡政府赋予其广泛的合法权力，它既代表政府行使权力，负责制定组屋发展规划及房屋管理，实现"居者有其屋"的目标；同时又作为最大的房地产经营管理者，负责组屋施工建设工程、房屋出售和出租，因此肩负着多重职能。多年来，建屋发展局一直都是新加坡唯一获授权的公共住屋机构，直到最近才有为数不多的私人发展商被允许参与公共房屋开发。

（2）政府严格控制土地资源，为组屋建设提供了强有力的土地、资金保障

土地是国家财富之源，也是组屋建设的基础和命脉所在。新加坡土地分国家所有和个人所有两种，其中国有土地占土地总数的80%左右。新加坡政府将土地资源牢牢地掌握在手里，确保土地供应。1966年，政府颁布了《土地征用法令》（Land Acquisition Act），规定政府有权征用私人土地用于国家建设，可在任何地方征用土地建造公共组屋；政府有权调整被征用土地的价格，价格规定后，任何人不得随意抬价，也不受市场影响。根据该项法令，新加坡政府协助建屋发展局以远低于市场价格的价格获得开发土地，保证了大规模建设公共住屋所需的土地。

与此同时，为保证"居者有其屋"计划的真正落实，新加坡政府还以提供低息贷款的形式给予建屋发展局资金支持。政府每年都为建屋发展局提供建屋发展贷款，此贷款是挂账形式，政府不追索还债，而且其利率明显低于市场利率。此外，政府对组屋的出售实行优惠，补贴亏损。为了保障普通老百姓能够买得起组屋，其售价

是由政府根据中低收入阶层的承受能力来确定，而不是靠成本来定价，其远远低于市场价格，由此造成建屋发展局的收支亏损。这部分损失，政府核准后每年都从财政预算中给予补贴。据统计，政府用于公共住房建设方面的年度投资总额从1987年的14亿美元增加到1990年的77亿美元，相当于1987年、1990年当年全部资本总额的21%和28%，GDP的7%和9%。① 而从政府开始拨款计算，至今累积的政府补助金总额已达159亿新元。② 政府财政支持是组屋政策得以顺利实施的重要保障。

（3）实行良性循环的公积金制度和住房公积金保障制度

在新加坡，中央公积金制度与公共住房建设有着十分密切的关系。新加坡政府率先实行住房公积金制度，开创住房保障制度特色化的先河。带强制性的公积金制度为保证"居者有其屋"计划的实现发挥了重大作用，在兴建政府组屋、解决住房问题方面成绩最为显著。

中央公积金制度在"组屋"建设中发挥着双重作用。首先，完备的公积金制度成功地运用了人们的储蓄积累，为国家提供了取之不尽的住宅建设资金，政府每年维持组屋制度运行所需的大笔资金就来源于此。雇主和雇员按照一定缴纳比率将公积金储蓄存放在中央公积金局，中央公积金局把公积金归集起来后，除留足会员提款外，其余全部用于购买政府债券；而公积金会员动用公积金储蓄购买建屋发展局的政府组屋，以现金支付或抵押支付房款，这又促使更多的款项转入国家手中，为政府建立了强大的资金储备。政府利用部分公积金储备，以贷款和补贴的形式注入建屋发展局的组屋建设，从而使建屋发展局有能力大规模地进行

---

① M. Ramesh, *Social Policy in East and Southeast Asia*, Routledge Curzon, 2004, p. 137.

② 转引自《广州日报》2008年2月28日A7版。

公共住房建设。这样，中央公积金局实际上就为公共住宅建设提供了源源不断的大量资金来源，由此形成了会员、建屋发展局和政府三者之间的良性循环。

不仅如此，住房公积金保障制度还有效地解决了老百姓无力购房的难题，进一步加速了公共住宅的开发建设。为鼓励低收入阶层购买住房，1968年9月，中央公积金局推出了"公共住屋计划"，规定公积金会员可动用公积金存款购买新的或是转售的建屋发展局组屋。会员购买新组屋，能动用公积金普通户头的存款支付20%的按柜金以及其余的购屋价。至于购买转售组屋，会员则可在建屋发展局委任的估价师决定的情况下，利用公积金存款来支付组屋购价或是市场价，视何者为低。同家属联名购屋者，则可联合动用各自的公积金存款购买组屋。在这一计划下，低收入会员可以动用其公积金普通账户的存款作为首期付款之用，不足之数可在5—20年内由每月交纳的公积金分期支付。如果普通账户的存款不足支付，可向建屋发展局贷款，用将来的公积金来偿还。这项规定使低收入者既能购房又不影响生活，极大地促进了低收入者购房的积极性。该项规定最初只针对最低收入家庭，1975年后政府对中等收入家庭放开了限制，允许中等收入会员申请购买政府组屋。1981年6月，中央公积金局又出台实施了"私人住宅产业计划"，允许会员使用公积金存款在新加坡购买私人住宅，"会员普通户头现有的存款和未来每月存入这一户口的公积金，都可用以购买住宅产业，或是摊还产业贷款"，这样就使公积金储蓄在"居者有其屋"方面对不同收入阶层发挥越来越重要的作用。

总之，中央公积金制度在新加坡组屋建设中扮演了重要角色，使"国家建得起房，老百姓买得起房"，加速了"居者有其屋"计划的实现。

(4) 以家庭收入水平为依据，实行公有住宅的合理配售政策

自 1968 年新加坡大力推行公共住宅出售政策以来，购房者日益增多。如何搞好公房合理配售，保障低收入家庭的合法权益，实现公平、有序的市场分配原则，成为建屋发展局的重要课题。为此，新加坡政府制定了缜密而严格的法律法规，对购房人条件、购买程序、住宅补贴等均做出严格规定，按照公平原则进行合理分配。① 政府制定了不同收入水平居民的购屋准入政策，并随着生活水平的提高不断调整收入顶限。在 20 世纪 70 年代，规定只有家庭月收入在1500 新元（1 新元约合 5 元人民币）以下者才可申请购买组屋；80年代提高到 2500 新元，随后到 3500 新元，目前放宽至 8000 新元，以接纳更多人购买，这样基本保证了 80% 以上中等收入的家庭能够购买到廉价的组屋。而对高收入水平的家庭（家庭月总收入超过8000 新元）建屋发展局不负责提供组屋，而是通过住房商品化方式解决，从房地产市场直接购买私宅。

此外，政府依据购房者的经济收入水平区分层次，严格按照家庭收入情况来确定享受住房保障补贴的级别。其首付款和还款额以及还款方式都有所不同，设计出高收入者的住房福利少、低收入者的住房福利多的分配方案，体现了国家对低收入国民的社会福利性政策，体现出国家富裕了，老百姓也能分享利益的理念。1994 年，新加坡推出"住房特别援助计划"。政府拨出住房专项补助金，资助家庭月收入低于 1500 新元的家庭购买三房式组屋。在该计划实施的 3 年内，约有 1 万 6 千个低收入家庭受益。②

特别值得提及的是，为鼓励已婚子女与父母同住或靠近父母居

---

① 详见新加坡建屋发展局（Housing & Development Board）网站：http: // www.hdb.gov.sg。

② Belinda Yuen, "Squatters No More: Singapore Social Housing", *in Global Urban Development* Vol. 3, Issue1, November 2007.

住,以便和父母相互照顾,增强家庭凝聚力,"居者有其屋"计划还特别规定,想靠近父母居住的已婚夫妇在预购组屋时有优先权。此外,考虑到首次购屋者有更迫切的住屋需要,为鼓励年轻人早日成家,政府还推行首期付款分阶段摊还计划(Staggered Downpayment Scheme),让首次购屋者分两期支付新组屋的20%首付:在签署购屋合约时先付10%,拿到钥匙时再付10%。根据这项计划,申请人必须是首次购买组屋的夫妇,而其中一人年龄不超过30岁。①

(5)出台法律严格限制炒卖组屋,确保组屋政策的顺利实施

新加坡于20世纪60年代制定并实施了《新加坡建屋与发展法》,明确了政府发展公共住房的方针、目标。同时还颁布了《建屋局法》和《特别物产法》等,从而逐步完善了住房法律体系。不仅解决了建房问题,而且有效地解决了公共住房的转售转租问题。

政府采取了一系列措施严格限制炒卖组屋的行为。建屋发展局的政策定位是"以自住为主",对国民购买组屋的次数有严格的限制。规定新的组屋在购买5年之内不得转售,也不能用于商业性经营。如果实在需要在5年内出售,必须到政府机构登记,不得自行在市场上出售。一个家庭不允许购买两套组屋,如果要再购买新房子,旧组屋必须退出来,以防有人投机多占,更不允许以投资为目的买房。居民在获得组屋后5年之内不可以出租,5年后允许腾出半套出租,但不能将整套住房出租。所有申请租住组屋的人都需要持有效期内的新加坡工作许可证或相关签证,等等。由于严格执行了上述一系列措施,新加坡政府有效地抑制了"炒房"行为,确保了组屋建设健康、有序地进行。

---

① 新加坡《联合早报》2004年5月29日。

(6) 因地制宜，精心设计与管理，制定科学合理的住宅建设发展规划

公共住房的选址和布局关系到城市总体规划的和谐。为此，建屋发展局的住宅发展规划建立在综合研究与分析的基础上。首先要详细分析历年住宅建设的数量和销售情况，核实申请购买组屋的家庭数量及其对户型、地点的要求，以及各不同地区城市基础设施状况、社会服务设施状况和就业机会，并预测今后 5 年的需求量，选择最佳开发地点。1989 年 7 月，建屋发展局实行了预购组屋制度（Build-to-order）。在这个新制度下，申请者可以在组屋还未建造前，事先选择想要的组屋类型与地点。建屋发展局只有在认购率达到 70% 才会兴建有关组屋。①

根据新加坡人多地少的国情特点，建屋发展局在城市住宅建设的整体规划上，始终坚持"避开大道，直取两厢"的建设方针，即避开市中心区，选择城市边缘地带起步。这样规划不仅有利于居民的疏散，而且由于这些地区拆迁量少，地价与基地处理费用比较便宜，从而大大降低了组屋建设的开发成本。只有在市区人口减少到一定程度、新区住宅充足的情况下，建屋局才会考虑集中力量进行旧城改造。在规划设计小区和新建组屋时，既考虑建筑体形的高低错落、色彩变化，又能充分利用室内面积合理布局，同时尽可能保存城市中的绿地。组屋小区内绿树成荫，布局相对合理。新加坡政府规定，不同规模的居住区要配套建设不同规模的福利设施。在建屋局进行土地开发后，由各职能部门负责建设。因此，几乎所有的居住小区都建有完善的配套设施，包括商业中心、银行、学校、图书馆、剧院、诊所等，在小区的周边还设有地铁站、公交站等。

新加坡政府秉承改善民生、促进人民福利、社会和谐共处的理

---

① 新加坡《联合早报》2004 年 5 月 29 日。

念，面向广大中低收入国民实行的"居者有其屋"政策获得成功，经过长期不懈的努力，最终使住房问题得到根本解决。其组屋建设的发展过程经历了一个由解决住房困难到增加住房面积、再到提高住房质量的发展阶段，成功完成了由量到质的提升，跨越了"有房住"，开始进入"住得更好"的阶段。1960年—1970年，建屋发展局为居民提供了35.6万套住房。在建设初期，政府兴建的是一房或二房式的组屋，主要采取租赁方式。1970年以后，随着房屋短缺问题逐渐解决以及居民收入水平的提高，建屋发展局开始兴建更宽敞、舒适的组屋（三房式和四房式）。主要以购买组屋为主，租赁组屋则主要供给月收入800新元以下低收入者。1978年—1988年，开始建设综合性小区，提供全面的、高质量的居住环境。1989年以后，政府根据居民改善居住环境、扩大住房面积的要求，实行大规模的"组屋更新计划"，开展老城改造。目前，新加坡组屋主要以四房式和五房式为主，设施齐全，功能结构合理，居住环境幽雅。据统计，自1960年以来，建屋发展局共兴建组屋990320套。① 居住在公共组屋的新加坡人口所占比重从1965年的23%上升到1980年的68%和1990年的85%，并在整个20世纪90年代期间保持在大约86%。② 而据建屋发展局最新统计，2007年至2008年，约有82%的新加坡人口居住在政府组屋中，③ 组屋政策真正成为"普惠性的政策"，实现了每个家庭都有一套住房，妥善解决了全体国民的住房问题。

现在新加坡的居住条件无论从质还是从量都大为改善，已经是举世公认的"花园城市"国家，被联合国评为最适合人类居住的国

---

① "HDB Annual Report 2007/2008" p. 57，新加坡建屋发展局网站：http://www.hdb.gov.sg/.

② M. Ramesh, *Social Policy in East and Southeast Asia*, Routledge Curzon, 2004, p. 131.

③ "HDB Annual Report 2007/2008" p. 58，新加坡建屋发展局网站：http://www.hdb.gov.sg/.

家之一。成为居民理想安居之所，有力地增进了多种族安居乐业、和谐相处，促进了和谐社会的建设，对维护社会稳定起到了积极的作用。不仅如此，新加坡房地产业的日趋兴旺，成为国民经济的重要支柱和强有力的增长点，也带动了整个国民经济的良性循环。

4. 解决学有所教——新加坡教育计划

1989年6月，中央公积金局推出教育计划。在该计划下，会员可动用其公积金普通户头里的存款，为自己或子女支付新加坡大学和理工学院的全日制大学学位或专业文凭课程的学费。可动用的款项是扣除最低存款额之后总公积金存款的40%。1994年，这个限额提高至80%。学习毕业后一年开始连本带利偿还，可以一次也可分期付清。分期付款的最长年限为10年。该计划使公积金功能扩大到教育保障，有助于促进会员及家庭的智力投资，有利于国民教育水平的提高，促进了新加坡教育事业的发展。

此外，为使每个新加坡人都能得到平等的受教育机会，新加坡政府还实行了教育津贴制度。政府对各级各类学校的学生每人每年都给予一定的补贴，补贴金额由小学生的每年一千多新元到大学生的一万多新元不等。①

5. 家庭保障制度

1982年1月和1989年5月，中央公积金局分别推出了家庭保障计划和家属保障计划。这两项公积金计划实际上属于社会保险，是对公积金保障制度的补充和完善。

家庭保障计划旨在保障公积金会员和他们的家庭在遭遇意外或永久丧失工作能力时，不至于因为没付清住房贷款而失去住宅。在家庭保障计划中规定，凡会员动用公积金存款购买政府组屋、中等入息公寓，均须购买抵押递减保险，以确保当会员遭遇意外时公积

---

① 贺圣达、王文良、何平著：《战后东南亚历史发展（1945—1994）》，云南大学出版社1995年版，第214页。

金局代其付清剩余的房屋贷款。参加家庭保障计划只需利用公积金普通户头里的存款交付一次性保费,保费的多少是根据未付清住房贷款、需偿还年限、利息以及会员年龄等计算出。如果投保会员在60岁以前逝世或是终身残废,公积金局将会依据所投保的数额,替他们支付尚未付清的住房贷款。

家属保障计划实际上是一项为60岁以下会员而设的定期人寿保险计划,旨在使会员和他们的家属在发生不幸事件时能有一定的经济保障。如果会员在保障期间逝世或是终生残废,他们的家属就会获得相应赔偿,以协助他们渡过难关。这笔保费可从会员的普通账户中扣除,并根据投保会员的年龄而定。35岁以下者,每年只需缴付36元,而那些年龄在55岁至59岁者,则需缴付360元。如果会员户头的存款不足,可以投保数额较低的保险或是以现款垫付不足的保费,以便取得全额保险。除了那些选择不参加者之外,所有年龄在60岁以下并且还继续存入公积金的会员都自动被纳入这项计划内。

三、中央公积金的投资与运作

如上所述,新加坡对社会保障基金实行集中管理体制,公积金集中于中央公积金局统一管理。中央公积金局将归集的公积金除用于支付公积金费用开支和利息外,其结存款项的大部分用于购买政府债券、投资公共住宅、股票以及基础设施建设,并开始用作对国外的投资,千方百计使其保值增值。

中央公积金的具体投资运营是由新加坡货币管理局(the Monetary Authority of Singapore,简称 MAS)和新加坡政府投资管理公司(the Government of Singapore Investment Corporation,简称 GSIC)负责。其中,新加坡货币管理局负责中央公积金对国债和银行存款的投资管理。而新加坡政府投资管理公司则负责把积累的公积金投资于国内的住房和基础设施建设，也把大量资金投资于外国资产以获取较高的收益，成为新加坡庞大的外汇储备的一个重要来源。这就使得公积金能够以一个恰当的身份进入资本市场，从而确保公积金的保值增值。政府注重公积金投资安全，并以实际持有的资产储备作担保，政府财政负有担保偿还公积金的义务。这就保证了公积金存款的良好信誉，其稳妥程度超过新加坡的私人银行，成为独立稳定而信誉高的储金。

中央公积金局还实施了一系列投资计划以促进公积金资产的保值增值，主要包括：新加坡巴士有限公司股票计划、非住宅产业计划、基本投资和增进投资计划、填补购股计划等。此外，从20世纪70年代起，公积金局鼓励会员自己选择投资，给予会员一定程度上的投资选择权。会员可以根据自己的公积金储蓄情况自主选择投资于各种类型的金融工具，包括股票、基金、政府债券、房地产、保险等，也可委托政府进行管理获取稳定的收益。这样不仅分散了风险，而且也避免了中央公积金局的直接投资责任。

1. 基本投资计划和增进投资计划

在该计划下，会员可动用扣除了最低存款之后的80%总公积金存款进行投资。可用于购买股票、单位信托、黄金、政府公债、银行定期存款、资金管理户头、储蓄人寿保险等，以实现资产的保值增值。从而使进行小投资的会员，有机会利用存款赚取比公积金所给予利率还要高的利润。1993年，时任财政部长胡赐道在发表财政预算声明时说，使全民拥股的一个原因是"增加人民所拥有的资产和鼓励人们广泛长期拥有蓝筹股，从而使人民对国家的成长与繁荣有直接的利害关系。"

参加投资计划的会员，必须满足下列三个条件：①年龄在21岁以上，②不是未偿清债务的破产人，③公积金账户有足够的存款。他们可以独立选择投资工具实现投资增值，但为此必须承担可能出现的投资收益率达不到中央公积金管理局所提供的无风险收益的风险，甚至出现负收益。只有投资收益中超过无风险收益的那部分，投资人才有权提取。会员也可以不进行自主投资，而交由中央公积金管理局负责。这样他将获得稳定的无风险的收益，这些收益必须留存在公积金账户中，不得提取。

2. 新加坡巴士有限公司股票计划

该计划规定，凡年龄超过21周岁且没有破产的会员，都可动用其公积金存款来购买新加坡巴士股份有限公司的股票，并成为新加坡主要公共交通服务公司的股东。购买上限为5000股。该股票可以委托股票经纪人出售，股票一旦售出，动用公积金购买股票的款项就会退还到该会员的公积金账户上。除按股分红外，1000股以上的股票持有者，乘坐该公司的巴士可以享受优惠票价。

3. 填补购股计划

该项计划旨在推动新加坡人更多地长期持有政府控股的上市公司的蓝筹股，从而增加政府控股公司的长期投资。该计划的参加者必须是中央公积金局规定的年满21周岁且拥有公积金账户的新加坡公民。参加者只要在自己的公积金账户上额外缴纳500新元就可得到公积金局发给的一笔填补性奖金。有了这笔钱，他们就可以折扣价购买新加坡电信公司的股票。在每次拨款计划展开之时，政府都会宣布，如果会员在某一特定日期之前在其公积金账户存入所规定的款项，它就会把一笔定额款项存入会员的户头。每次宣布进行拨款计划，当局都给予会员充分准备，以便使会员能在截止日期之前存入足够的款项。没有职业的新加坡公民可自行开设公积金户头和存入现款。会员也可为子女和父母开设公积金户头，并给予填补公积金，以协助他们取得政府拨款的资格。

4. 非住宅产业计划

该计划于1986年5月开始实施。该计划允许会员使用公积金储蓄投资写字楼、商店、工厂和仓库等非住宅产业（这些产业必须是在永久地契或至少拥有60年租期的非永久性地契的土地）。会员可以单独或合伙购买这类房地产。在该计划下，凡不是破产者而其公积金户头中又有足够存款的会员，都可动用公积金存款，用于直接付款给产业发展商或卖主以购买一套非住宅产业；偿还全部或部分非住宅产业贷款；摊还非住宅产业的每月分期贷款。会员可动用的款项为普通账户中的现有100%公积金存款以及将来每月存入公积金户头的存款。

综观新加坡中央公积金制度的管理与运作，可以看到公积金局对资金管理全面周到，兼顾多方利益：一是在指导思想上，既考虑到公积金使用范围的广泛性和综合效益，以使公积金发挥更大的作用；又通过最低存款计划、最低存款填补计划等措施，保障国民安享退休生活，以确保中央公积金制度的基本宗旨不变。二是在具体措施上，既作为社会保障体系由政府来宏观运作，又发挥每位会员的能动作用，实施个人户头的具体操作；既鼓励会员积极参加国家建设投资，又采取了降低风险的一些措施，在每一个核准投资计划里订立保护措施，确保会员在投资失利的情况下不至于变得身无分文，以防会员的辛苦积蓄付之东流。

第四节　新加坡中央公积金制度的主要特色

新加坡中央公积金制度自创立到现在已逾半个多世纪，不断充实和完善，成为具有多种制度相配套的一项行之有效、独具特色的社会保障体系。与世界其他发达国家的社会保障制度相比，新加坡的中央公积金制度是发展中国家在不断探索中所形成的迥异于福利国家模式和传统社会保险模式的另一种社会保障模式。其独到之处主要表现在以下四个方面：

一、公积金的缴纳具有强制性，带有强制性色彩

新加坡的中央公积金制度是一个强制性程度很高的社会保障制度，实际上是以强制性储蓄的形式进行社会保障资金的积累，称得上是一种强制储蓄、完全积累型社会保险模式。

新加坡实行威权主义的政治体制，政府利用其高度的社会控制能力，制定《中央公积金法》使公积金制度规范化且得以强制实施。按照《中央公积金法》规定，所有受薪人员在新加坡参加工作时，就自动成为公积金会员，必须缴纳公积金。雇主和雇员双方均须缴纳一定比例的款项作为雇员的公积金，计入雇员个人账户，公民自我储蓄、自我保障，为自己的种种保障之需进行预防性储蓄和投资。这是一项强制性制度，以雇主和雇员为责任主体，尤其对雇主有极大的约束力。如其不能按时如数为雇员缴交公积金，将被处以警告、停业、罚款，严重者将被诉诸公堂，追究其法律责任。

二、国民社会保障水平取决于个人的工作收入而非社会的再分配——在以政府责任为主的传统社会保障中强调更多的个人责任

在建立和完善社会保障制度的过程中，新加坡政府在体察国情的基础上，本着务实精神做出自存自用、自我保障的政府决策。新加坡政府主张"人民的事由人民自己掏钱"，从保障资金的来源上强调个人对自己的福利保障要承担足够的责任，通过强制储蓄而使人民积攒足够资金，以解决自己的住房、医疗及养老等切身问题。因此，新加坡社会保障制度的一个突出特点是国民的自保性，强调个人责任，建立分担机制。立足于社会成员自我保障，减轻政府的财政负担，从发挥政府、个人和社会三者的积极性出发，政府有所为

有所不为，积极介入，但不包办代替，在以政府责任为主的传统社会保障中强调更多的个人责任。这一点与西方国家盛行的福利型社会保障，每年政府要提供大量补贴和拨款相比截然不同。

与此同时，与西方福利社会保障模式中，国民的社会保障水平来自社会的再分配不同，新加坡国民社会保障水平取决于个人的工作收入。中央公积金制度属于个人账户储存基金制度模式。每个人的公积金存款与他本人的劳动贡献及工作收入紧密相连，而享受到的保障待遇又与其个人账户上的存款直接挂钩，并非来自社会的再分配。也就是说，会员的薪金收入越高，其公积金存款就越多，相应的社会保障待遇水平越高，年老时的保障就越好。因此，会员为了获得更稳妥可靠的社会保障，享受到更优厚的保障待遇，只有加倍努力工作，争取更高的工资收入。而且随着公积金制度的完善趋向多元化，公积金可供使用的款项逐年增加，更激发会员们为积累更多的公积金储蓄而发奋工作。正如马克思所指出的："人们为之奋斗的一切，都同他们的利益有关。"①

由于中央公积金制度把个人努力程度与其本人存款多少和他所享受的保障待遇紧密地联系在一起，这就大大激发了会员的工作积极性，促使他们更加努力地工作，通过个人的积极储蓄来提高社会保障的份额，为自己和家人担负起基本的义务；同时弱化了对政府依赖的意识，弘扬了自强自立、自力更生、艰苦创业的优良精神，有利于建立新的国民意识。在新加坡，人们已自觉地接受了这样的观念：即政府不养老，企业不养老，靠自己勤奋工作增加收入才是最可靠的保证，要在自己精力旺盛的工作年龄积累储备金。他们更清楚地意识到自己应努力工作，每一代人都要对自己的未来和家庭肩负起责任。与西方高福利制度下，国民福利主要来自社会的再分

---

① 《马克思恩格斯全集》第一卷，人民出版社1995年第2版，第187页。

配，与个人工作收入无紧密关系，国民不努力工作，靠领取失业金度日相比，新加坡中央公积金制度更深刻地把握住了人性的优劣，从而避免了福利主义的诸多弊端，有利于形成"工作—积累—受益"之良性循环。

也正因为此，新加坡的中央公积金制度曾一度被国际劳工组织否认具有社会保险性质。而现在国际社会公认它是社会保险典型模式，盛赞它是一种"自我保障融入社会保障机制中"的很好的模式。

三、"效率优先，机会平等"的价值取向——在以关注公平为主的传统社会保障模式中加入更多的效率机制

新加坡的社会保障制度是按照"效率优先，机会平等"的价值理念而设计的，在以关注公平为主的传统社会保障模式中加入更多的效率机制。

公平与效率是社会保障制度设计中两个既相互区别又相互关联的目标。如何兼顾公平与效率，在两者之间找到一个平衡点，是任何国家建立社会保障制度都必须面临的一个重要问题。在这里，公平不只是收入分配的公平，更是分享社会进步成果机会的公平，是强者与弱者间的公平，也是代际之间的公平；而效率则不仅指刺激人们努力工作与创新的积极性，不仅指企业不断提高经营效率的积极性，而且指社会资源的有效配置与整个经济的有效运行。

新加坡政府高度重视协调社会发展的公平和效率之间的关系。对于两者的关系，李光耀有自己的独到见解："企业关心的是利润，政府关心的是社会公平和平等。只重视利润，社会会失去平衡，导致金钱至上，并渗透到政治领域，使整个社会失去发展的动力；只重视公平，必然会产生平均主义，社会将走向贫困。两者结合，才

是健康的经济发展道路。"① 作为一方行政长官，李光耀关注社会的公平问题，他强调指出："必须建立架构和机制，让每个公民有平等的机会受教育、能够找到工作或者经商，或者从事一种行业或专业，为社会创造财富，并且得到应得的报酬。"② "如果从工作和进步中所取得的成就和利益，没有公平地让全体人民分享，我们就不会得到他们全心全意的合作和参与。"③ "不能听任自由竞争造成社会不公引致局势紧张"④，但同时又谨记效率是社会发展的根本，"重新分配不能过头，以致造成浪费和滥用，卓越者不再奋发图强"。⑤ 正是抱着这一理念，有着强烈务实精神的新加坡政府，在建立社会保障问题上非常明确而坚定，那就是"我们不搞施舍"，不设"免费的午餐"。

新加坡政府认为，应当在充分激发国民的劳动积极性的基础上，通过创造尽可能多的财富来达到消除贫困的目的。如果仅在财富分配方面走得太远，就会抑制竞争和主动性。基于这样的理念，新加坡政府虽然主张通过国家的力量向低收入阶层以及老弱病残者提供必要的救助，扶弱济困，以缩小社会的贫富差距，但却反对实行欧洲福利国家的社会福利制度，避免"泛福利"现象的发生。它认为，过分的社会福利不利于竞争，会使国民产生对政府的过分依赖性；政府的主要责任是授人以"渔"，而不是送人以"鱼"。这一点，即使在后来新加坡的国力得到极大增强，以其经济实力完全有能力像其他发达国家那样，大幅增加政府在社会福利方面的开支时，也丝

---

① 谢永亮：《智谋大师李光耀》，中原农民出版社1997年版，第366页。
② 新加坡《联合早报》编：《李光耀40年政论选》，现代出版社1996年版，第101页。
③ 同上，第154页。
④ 《经济腾飞路：李光耀回忆录（1965—2000）》，北京外文出版社2001年版，第102页。
⑤ 同上。

毫不曾动摇和改变。因此,政府始终把重点放在为所有人创造公平的竞争机会上,通过创造更多就业机会、提供技能培训等,鼓励人们自力更生、勤劳致富。

  这一价值理念在新加坡的医疗保障和住房保障制度中得到了鲜明的印证和体现。医疗保障制度通过实施"3M"计划,实行个人医疗储蓄账户、社会医疗保险和政府医疗津贴相结合的办法,不论公务员或私人企业雇员,不论富有者还是贫困者都有能力负担自己和家庭的医疗保健费用,从而得到最基本的医疗保障,保证了社会公平。同时,划入个人医疗保健储蓄账户的资金是以会员的工资为基数,这使得医疗保健储蓄与个人工作收入紧密相连。会员越是努力工作,医疗保健储蓄存款就越多,他所享受到的医疗服务就更好,这又体现了效率原则。此外,政府还依靠竞争和市场力量促使医院和诊所高效运转,改善医疗服务,提高效率和质量。而住房保障制度和政府"组屋"计划在对社会低收入阶层给予补贴,满足了中低收入人群的基本居住需求,实现了"居者有其屋"的同时,也不是人人享受同样的福利、买到同样的房子,而是根据自己的能力来选择购买大小、档次、舒适程度不同因而造价也不同的住房。

  总之,新加坡政府在社会保障政策制定上,有意在各个环节上安排有差别的待遇,医疗、住房等都有不同的档次待遇,多赚钱、多存钱才能多受益,体现了讲求效率,奖励勤勉者的政策原则。因此,新加坡中央公积金制度不但切实保障了社会公平,更卓有成效地维护了社会效率,避免了西方发达国家在经济强劲增长时期所陷入的社会福利陷阱,为增强其经济发展的国际竞争力发挥了不可低估的作用。这正是新加坡政府的高明之处。

  四、家庭本位——强调家庭互助共济,具有浓厚的儒家文化色彩

  新加坡政府强调:"在拟订经济和财政政策时,必须考虑到一个

民族的社会习惯和文化价值"。由于历史原因，新加坡深受传统儒家文化思想的影响，占主体地位的大多数华人信仰佛教和儒家思想，儒家文化中的宗族家庭本位主义、"孝悌"观念打上了深刻的烙印，对新加坡社会保障制度的发展也产生了深刻影响。

儒家传统文化具有"家国同构"的特点，注重家庭的道德责任以及对国家、社会稳定的积极影响。家庭内家长有教育抚养子女的责任，子女有赡养父母的义务。在新加坡，儒家文化不仅是一个观念问题，更成为人们日常行为所公认的准则，衍化成为具有更加广泛意义的社会公共道德。新加坡的《共同价值观念白皮书》提出"家族为根，社会为本"。注重的是家庭的和谐和整个社会的稳定。新加坡强调，家庭是社会良性发展的"根"，家庭成员之间的爱、敬、孝、忠、和，使得家庭成员之间相互珍爱、互相关怀、相互尊重、相互信任、和睦相处。有了家庭作为社会的基本单位，社会结构将会更加牢固，国家和社会的团结稳定才有保障。李光耀一直就是儒家思想的坚定支持者和实践者，并十分推崇三代同堂这种传统的家庭模式。1982年2月，在总统府举行的元宵联欢会上，李光耀这样强调指出："在这种改变或现代化的过程中，我们必须不惜任何代价加以避免的，就是决不能让三代同堂的家庭分裂。这种三代同堂的家庭在西欧和美国现在已经是绝无仅有了。在日本、韩国、中国台湾或香港地区，尽管它们实行工业化和现代化，这种三代同堂的家庭还是十分普遍。这是一个家庭结构、社会结构、把家庭单位连成一体的伦理关系和结合力的问题。我国的家庭结构坚固，具有抚育下一代、继往开来的巨大潜力。""如果我们社会要在不失去它的文化冲劲、同情心和智慧的情形底下自力更生，我们就必须保存这种珍贵的家庭结构。"① 因此，新加坡十分注重发挥家庭的社会功

---

① 新加坡《联合早报》编：《李光耀40年政论选》，现代出版社1996年版，第407—408页。

能，强调以家庭为中心维护社会稳定，要求国民充分履行对家庭和社会应尽的义务，鼓励家庭成员集合资源照顾子女和奉养父母，互助共济，以增强家庭的凝聚力，为社会的稳定奠定牢固的基础。新加坡政府认为，西方"福利国家"的社会保障制度削弱了家庭功能，使个人失去了家庭责任感，忽视了社会传统道德。

这一理念充分反映在中央公积金制度中。多数公积金计划都涉及一家三代人，鼓励全家人守望相助、互相支持。其中，"保健储蓄计划"、"健保双全计划"是会员储蓄以保障个人、配偶、子女以及父母的医疗费用。会员不但可以保障自己，而且惠及配偶、父母和子女，尽到孝道与责任。"最低存款填补计划"和"家庭保障计划"、"家属保障计划"的推行，强化了家庭保障功能，使家庭成员之间的社会保障利益相连，增强了子女对父母、国民对家庭及社会的责任意识，从而密切了家庭成员之间的关系，增强了家庭凝聚力，提高了社会稳定性。此外，"教育计划"中也设有资助子女接受教育的条例。

总之，新加坡推行的中央公积金制度是一种政府可以避免沉重财政负担、强制性的、由雇主和雇员共同缴费储蓄、向社会成员提供养老、医疗、住房等保障项目的准社会保险制度。由于具有以上主要特点而优于西方式的社会福利制度。西方国家依赖赤字财政、高税收等构建的社会福利保障制度虽发挥过积极作用，但无法步入良性循环。相反，高额福利费用使财政不堪重负，为挽救财政危机被迫加大赤字预算，致使债台高筑，财政危机更趋恶性循环。面临着要么砍福利开支，要么提高税收的两难困境。当西方福利国家制度处于进退两难的时候，新加坡的中央公积金制度却步入了良性循环，日趋成熟、完善，显示出很强的生命力。不仅成为人民行动党和新加坡政府控制社会生活的一个重要手段，而且成为社会保障制度方面举世关注的典范。

第五节　中央公积金制度的显著功效及在社会经济发展中的作用

中央公积金制度是一种行之有效的社会保障制度，它适应了新加坡在经济起飞时期的经济发展和社会特点，在其 50 多年的运作过程中日趋成熟、完善，已由最初的退休养老储蓄计划逐渐发展成为集养老、医疗、住房、家庭保障、教育与资产增值等多种功能为一体的综合性社会福利保障体系。正因为此，它给新加坡社会经济发展带来了全方位的深刻影响，带来了良好的社会效益和经济效益。对于提高国民福利，协助国家应对日渐复杂的社会挑战，维护社会稳定和促进经济发展发挥了重要作用，被认为是东亚乃至世界范围内社会保障制度成功运行的典范。同时，新加坡实行中央公积金制度，不是把它当作一种负担、包袱，仅仅是社会福利部门的事情，而是与整个国家的经济和社会发展的总体战略紧密配合，相互促进，实现了为人民谋福利同时又促进经济发展、国富民亦富的双重目标。

一、为国民提供了全方位的社会保障，维护了社会稳定，有利于建立良好的社会秩序

中央公积金制度推行之初，作为一项简单的养老储蓄制度，目的是给予低收入雇员晚年生活保障。50 多年来，新加坡政府在坚持这一基本宗旨的前提下，较好地适应了国民不断增加的需求与期望，推行了一系列改革公积金制度的新举措，不断调整放宽对公积金用途的限制，为国民提供了多层次、多样化的社会保障。说其**多层次**，主要是从覆盖范围来说的。是指会员不仅可以利用公积金保障好自己，还可通过有关公积金计划，相应照顾配偶、子女和父母。它不

单使会员获益,在很多方面也使会员的配偶、儿女和父母深受其惠;此外,还通过实施全国保障计划的方式,使不同收入层次的人都得到统筹的保障。因此,公积金制度覆盖了所有受雇的新加坡公民和永久居民,包括公共和私人部门内的雇员以及自雇者,它是面向全体民众的社会保障制度。说其**多样化**,是指中央公积金制度的社会保障功能涵盖退休养老、购买住房、医疗保健、家庭保险、教育以及投资理财等社会生活的各个领域,为国民提供了多样化的社会保障:养老保障制度使会员在退休时有一笔可观的公积金存款,确保其退休后能有较高的收入安享晚年;中央公积金制度面向中低收入者的住房保障制度,使广大中低收入阶层能拥有自己的住房,且居住条件不断提高,人们可以安居乐业;医疗保障的"3M"计划为会员及其家人提供了所需医疗费用,使国民享受到良好的医疗保障。因此,新加坡的医疗卫生系统被国际卫生组织评为亚洲最有效的医疗卫生系统;中央公积金的"家庭保障计划"和"家属保障计划"为会员的意外事故提供家庭保险,保证了家庭和社会的安定。此外,中央公积金的用途扩大到教育支出,有助于促进会员及家庭的智力投资,提高国民整体文化素质。如今,公积金已成为新加坡人民生活中一个不可或缺的部分。对许多新加坡人来说,没有公积金储蓄生活是难以想象的。

总之,中央公积金制度满足了国民多样化的社会保障需求,能够给予会员及其家人"老有所养、病有所医、居者有其屋"等较为全面的社会保障,大大改善了国民的生活水平,提高了生活质量,促进了国民健康与福利,有效地解决了医疗、养老、住房等危及稳定的重大社会问题,分散了社会风险,对维护多种族和谐相处、保持社会稳定、建立良好的社会秩序起到了积极的促进作用,进而为新加坡经济的快速发展提供了优越的制度环境。正如李光耀所指出的:"政治稳定是未来经济和社会发展的必须条件,就如经济成功是达到更高生活水平的必须条件一样,对新加坡来说,情形更是这样。在 21 世纪,我们必须继续保持我们多元种族社会中各族之间的和谐关系。"①

二、降低了政府的社会福利开支,减轻了政府的财政负担

在西方国家,社会保障制度多属于福利型或保险型,主要通过政府财政税收或保险机构来提供资助。为此,政府必须支付巨额的社会福利费用,由此带来了沉重的财政负担。

新加坡政府从本国实际出发,建立和发展了适合本国国情的社会保障体系,对社会保障制度的设计在总体上遵循"低供给"的原则。政府用于社会保障的支出占财政支出的比重很小,主要用于保健基金和社会救济金,只有真正的贫困者才由国家发放津贴和救济金。另外,政府作为雇主只承担占全国人口较少比例的公务员公积金的一半,绝大多数国民属于私人企业雇员、个体经营者和自由职业者,公积金主要来自企业主和国民个人。因此,较之高福利国家全包式的福利制度,新加坡的中央公积金制度使政府不必支付巨额的社会保障费用,最大限度地降低了政府的社会福利开支,减轻了政府的财政负担,节省了大量的财政支出用于经济建设。不失为一种符合新加坡国情的、有效的社会保障制度。

三、中央公积金制度的运行为国家经济建设提供了重要的资金来源,有力地推动了新加坡经济的快速发展

公积金是一项强制性的长期储蓄。中央公积金制度成功地动员了居民储蓄,使新加坡政府获得了巨额的储蓄基金。长期以来,新加坡保持较高的储蓄水平,其国民储蓄率在世界各国中处于领先地

---

① 新加坡《联合早报》编:《李光耀 40 年政论选》,现代出版社 1996 年版,第 230 页。

位。1995年，新加坡国民储蓄总额占国内生产总值的51%，其中公积金占储蓄总额的93%以上，充分表明公积金储蓄已经成为国民储蓄的重要资金来源。

中央公积金制度所带来和带动的国民储蓄有力地推动了新加坡经济的持续发展。如上所述，新加坡对社会保障基金实行集中管理体制，中央公积金集中于中央公积金局统一管理。中央公积金局将归集的公积金除用于支付公积金费用开支和利息外，其结存款项的大部分用于购买政府的有价证券。因此，公积金局成为新加坡政府多种有价证券的最大持有者。而公积金储蓄也通过购买政府债券成为资助国家建设和发展的重要资金来源。正是运用这笔可观的资金，政府大力投资兴建公共住房、港口、道路、通信、能源、学校等国家基础设施和城市公共设施。汇集民间财力为政府所用，解决了许多困扰国家发展的突出矛盾，发展了经济。

正因为此，推行中央公积金制度，不仅使新加坡国民社会保障水平有了大幅度的提高，还为国家经济建设筹集了大量资金，有效地解决了资金短缺问题，保证了国家有大量资本投资基础设施建设。使新加坡政府在经济起飞的年代无需大量依靠国外贷款，减轻了国家的负担，从而对新加坡经济的长期持续快速发展起到了积极的推动作用。

因此，分析新加坡中央公积金的运作过程，可以总结为"高储蓄—高积累—高增长—高收入—高积累"这样一个周而复始的资金良性循环。一方面，新加坡政府通过中央公积金制度获得了巨额的强制储蓄基金，高储蓄率为社会经济的发展提供了庞大的资本积累，从而带来了经济的高速增长。而经济高速增长的结果，反转过来，使国民获得更高的工资收入回报，公积金缴纳率也随之提高，从而进一步丰厚了中央公积金，成为国家发展经济所需资本的新的来源。正是在这样一种良性循环中，新加坡的社会经济不断前进、迅速发展,实现了社会保障与经济发展、国富民亦富的双重目标。正如李光耀所指出的:"我们可将公积金存款转作其他的投资用途,我们可以让私人企业的经营者去从事投资,并且让公积金存户自行决定如何使用他们的资产,重要的是:我们必须维持一个高度储蓄和高度投资的社会,这样我们的财富便能每年增加,从而使我们在紧急时期更有安全感。我国从来未曾负债,我们也没有外汇短缺以致不能偿还利息和资本回付的难题。同时,由于有高度的投资,也使我们享受到更高的增长率。"[①]

四、有利于政府搞好宏观经济调控,控制高消费,抑制通货膨胀

中央公积金制度的运行,大大加强了新加坡政府调控宏观经济的能力。

公积金是一项强制性的长期储蓄,新加坡政府根据经济发展的变化情况,通过调整公积金缴费率以及公积金投资,引导个人消费,影响有效需求,进而抑制通货膨胀,促进国民经济的稳定和持续发展。新加坡中央公积金的缴费率是随着经济景气程度的不同而变化的,通过调整公积金缴费率可以有效调节经济周期。20世纪70—80年代,新加坡经济快速增长,国民收入增加,会员工资提高,但同时也带来了巨大的通货膨胀压力。为了抗衡国内通货膨胀,新加坡政府逐年提高公积金的缴费率。从70年代初的占会员收入的8%上升到25%,使会员个人所得的增加部分以公积金的形式强制储蓄起来,并扩大住房消费,把可能影响通货膨胀的社会支出引导到住宅消费上,进而促进货币回笼。使社会购买力得到了有效的控制,从而节制个人消费,抑制了通货膨胀。终于使新加坡的通货膨胀率从

---

① 新加坡《联合早报》编:《李光耀40年政论选》,现代出版社1996年版,第213—214页。

70年代的平均5.1%，下降到80年代前期平均3.8%，1985年到1995年为2.5%，1997年是2.0%。多年来通货膨胀率一直保持在较低水平。80年代中期，新加坡的经济遇到困难，增长速度明显放慢，企业收益下降。为使企业摆脱困境，减轻企业负担，提高企业活力，同时又避免削弱职工工资，防止会员工资收入下降，政府大幅下调了企业承担的公积金，缴纳率由25%下降到10%。从而降低了企业成本，增强了它们在国际市场上的竞争力，同时刺激了消费需求，有助于国家渡过经济危机，推动经济复苏。因此，中央公积金制度成为新加坡政府对国民经济进行宏观调控的有效手段。

第六节 问题与挑战

尽管新加坡中央公积金制度取得了上述显著的成效，但也并非尽善尽美、完美无缺，存在着一些不容忽视的问题和弊端与不足，面临着巨大的挑战。

一、无收入再分配的互济性，缺乏社会互助共济的功能，拉大了收入差距

中央公积金制度是政府将储蓄这种传统的个人保障方式上升为国家行为的产物，是一种强制性储蓄计划，实质上是同一个人不同年龄、不同时间段的强制性收入再分配制度，没有社会资源再分配功能。从保障资金来源上看，公积金不过是劳动者抑制现期需求以应付未来需求而节省下的血汗钱，而雇主为雇员缴纳的那部分公积金不过是雇员应得收入的转换形式。虽然通过"最低存款填补计划"、"家庭保障计划"、"家属保障计划"以及"保健储蓄计划"等，该制度在一定程度上实现了家庭成员间的内部互济。但主要限

于家庭内部互济,与社会统筹的社会互助共济尚有很大差距,而社会成员责任共担、互助共济恰恰是社会保障的本来意义和应当具有的重要功能之一。这也正是中央公积金制度长期受到非议的重要原因,国际上有人提出该制度并不完全符合社会保障的社会意义,甚至把它等同于一种强制性的"个人储蓄存款"。同时由于公积金制度内部并没有一个转移支付机制,无法提高低收入人口的福利效应水平,因此不能有效地起到缓解社会分配不公的作用。① 而国民个人收入的差别,很容易导致会员之间在公积金存款上差距悬殊,致使他们在退休后养老待遇极不平衡,很难为每一个会员提供公平有效的社会保障。此外,还是由于中央公积金制度缺乏社会互助共济的功能,使得年轻雇员和低收入者的生活难以保障。一个年轻工人若不幸遇到意外,丧失了工作能力,往往由于工龄太短而出现个人账户积累不足,此后的生活很难有保障。低收入者也会遇到同样的问题,退休后并不能达到养老保障。

不仅如此,中央公积金制度还使社会收入差距拉大。这是因为,"雇主和雇员的缴费都是以雇员的工资收入为基数计算的,雇主和雇员要交纳大致相等的比例。这样,雇员的工资基数越高,那么雇主为他支付的公积金缴费的绝对水平也就越多。也就是说,在这样的一种缴费方式下,工资越高的雇员,从雇主缴费当中所获得的福利的增加值将会越大于工资较低的雇员。再加上政府不断用各种资产增值计划来开拓投资渠道,赚取更高的利润,于是收入水平越高的人,从中积累的个人财产也就会越高。相反,低收入者事实上则难以从这个制度当中积累财产。"②

---

① 这个公积金制度不具备的是帕累托效率意义上的收入再分配,即在一些人的福利得以提高的同时,不会是另外一些人的福利变得更坏。

② 杨伟、吕元礼:《新加坡中央公积金制度改革分析》,载于《东南亚纵横》2008年第8期。

二、相对较高的缴费率，使新加坡社会消费和资金流动率低，对经济发展也有一定的负面影响

在新加坡，中央公积金制度缴费率太高，最高时达到工资的50%，现在也有40%。与此同时，雇主为雇员所缴纳的公积金比例不断提高。1985年，雇主的公积金缴纳比例高达25%，比公积金制度初创时期的1955年高出20个百分点，企业负担很重。由于雇主所缴纳的公积金计入产品成本内，使得新加坡产品的生产成本和营业成本随之提高，企业赢利锐减，导致新加坡产品和企业在国际市场上的竞争力下降。

另一方面，中央公积金作为一种长期储蓄替代了社会福利的保障费用，它是不允许被随便动用的。公积金缴纳比例的提高带来国民储蓄过度，致使大量国民财富被强制储蓄在公积金账户内，使得国民用于社会消费的资金减少，必然导致国民消费及有效需求不足，整个社会的总需求不断减缩，从而影响了经济的发展，成为新加坡经济持续、健康发展的掣肘。

三、中央公积金投资收益率较低

中央公积金制度形成数额巨大的基金积累。新加坡货币管理局和新加坡政府投资管理公司将大部分公积金存款投资于政府债券、公共住宅以及基础设施建设，安全性较高，但收益率较低。新加坡公积金由国家统一管理，形成垄断经营，缺少竞争，又容易受到行政的干预。因此，新加坡中央公积金收益率一直维持在较低水平。1960—1990年30年间年平均实际收益率仅为2%左右，投资效果不是很理想。从1989年到1998年，中央公积金的平均名义收益率为3.51%，扣除通货膨胀因素，实际的无风险收益率为1.28%。总体上来看，其收益率处于相对较低的水平。（详见下表）

中央公积金历年存款的名义收益率（1961—2001）

年月	收益率（%）	年月	收益率（%）
1961 年	2.50	1987 年	4.34
1963 年	5.00	1988 年	3.19
1964 年	5.25	1989 年	3.10
1967 年	5.50	1990 年	3.77
1970 年	5.75	1991 年	4.85
1974 年	6.50	1992 年	4.59
1986 年 3 月	5.78	2001 年	2.50
1986 年 7 月	5.38	2002 年	2.50

（资料来源：新加坡中央公积金各年年报）

面对上述问题与不足，近年来，新加坡政府也在不断修改调整中央公积金制度，使其更好地发挥作用。2007 年，新加坡总理李显龙在国庆演讲中提到了修改中央公积金制度。当前，中央公积金制度面临的最大挑战是，随着人口平均寿命的延长和家庭规模缩小而带来的人口与劳动队伍老化问题。① 随着劳动力的老化，一次领取公积金结存总额的会员将越来越多。而新加坡在 1955 年设计公积金制度时，预测人们的年龄平均只有 61 岁。如果仍按照以前规定，从 55 岁开始领取公积金算起，随着高寿人群的增加，老年人将在不久面临着过早提取完公积金账户中存款的问题。这个问题将危害中央公积金制度保障老年人福利的功能。"面对新挑战，新加坡中央公积金制度实施了'三管齐下'的改革措施，如实行更高的回报率和利息，

---

① 新加坡老龄化人口（指 65 岁以上的人）数目急增。1980 年老龄人口 11.2 万人，老龄人口与劳动人口的比例是 1:14；到 2005 年老龄人口 29.1 万人，老龄人口与劳动人口的比例是 1:9；预计到 2020 年老龄人口达到 57.5 万人，老龄人口与劳动人口比例为 1:5。

延后提取最低存款额的'D红利'和'V红利';年长员工推迟退休;以及年长员工的就业入息补贴等等措施,为有50年历史的中央公积金制度注入了年轻化的元素。"①

第七节　对中国的启示与借鉴

2006年10月,中共十六届六中全会通过的《中共中央关于构建社会主义和谐社会若干重大问题的决定》强调指出,"社会和谐是中国特色社会主义的本质属性",促进社会和谐要以"解决人民群众最关心、最直接、最现实的利益问题为重点"。并明确提出,到2020年基本建立覆盖城乡居民的社会保障体系的战略目标,明确了当前及今后一个时期社会保障发展的方向,标志着我国社会保障事业进入了一个新的发展阶段。中共十七大报告强调指出:"必须在经济发展的基础上,更加注重社会建设,着力保障和改善民生,推进社会体制改革,扩大公共服务,完善社会管理,促进社会公平正义,努力使全体人民学有所教、劳有所得、病有所医、老有所养、住有所居,推动建设和谐社会。"十七大报告还对社会保障做出周密部署,第一次在党的重要文献中提出了"三个基础"、"三个重点"和"两个补充"的发展新思路:"要以社会保险、社会救助、社会福利为基础,以基本养老、基本医疗、最低生活保障制度为重点,以慈善事业、商业保险为补充,加快完善社会保障体系。"

健全社会保障体系是构建社会主义和谐社会的必然要求。我国目前正处于经济转型时期,社会保障制度的改革也正处于关键阶段。近年来,我国对社会保障采取了一系列改革措施,在制度建设上进

---

① 杨伟、吕元礼:《新加坡中央公积金制度改革分析》,载于《东南亚纵横》2008年第8期。

行了一系列探索。2004年9月7日,《中国的社会保障状况和政策》白皮书发表。这是中国政府首次发表的专门阐述社会保障现状和社会保障政策的白皮书,充分体现了中国政府对社会保障问题的高度重视,同时也说明了中国为建立和完善与经济发展水平相适应的社会保障体系所做的不懈努力。经过多年努力,我国社会保障事业取得了长足发展。推行和扩大了以养老为重点的城镇社保体系改革试点;全面推行了城镇低保制度,基本实现了"应保尽保";启动了农村低保制度,截至2006年底,地方各级财政为此全年累计发放保障金41.6亿元,比2005年增长64%;截至2007年9月底,全国31个省份2777个涉农县全部建立了农村低保制度;积极推动了城镇基本医疗保障制度改革试验和大面积推行新型农村合作医疗;在国企改革深化的同时提高失业保险的规范程度;建立了全国社会保障基金理事会,不断充实社保基金等等。尽管取得上述进步,但也面临一系列挑战,制度建设和改革的任务十分繁重。

国外社会保障制度改革的经验教训,必将会对我国社会保障制度的改革起到很好的借鉴作用。新加坡中央公积金制度被认为是东亚乃至世界范围内社会保障制度成功运行的典范,其成功发展的经验为许多国家进行社会保障制度改革提供了很好的思路和富有价值的借鉴。对同属于东方文化的中国,尤其具有重要的启示与借鉴意义。

一、新加坡养老保障制度经验带给我们的启示

1. 扩大养老保险的覆盖范围

养老保障是社会保障制度的主干,也是社会保障制度的重要组成部分。如上所述,新加坡中央公积金制度覆盖范围广泛。截至2005年,中央公积金已经覆盖了90%以上的新加坡人口,为绝大多数的新加坡人口提供了养老保障。作为世界上人口最多的发展中国

家，让更多的人"老有所养"是中国养老保障制度改革的目标。"与国际比较，21世纪初中国的人均国内生产总值为800—1000美元，刚刚进入下中等收入国家行列，但是2000年平均预期寿命已达到71岁，基本等同于中等收入国家的平均水平，高于发展中国家65岁的平均水平。最新数据显示，中国平均预期寿命已达到72.95岁。"① 统计资料显示，2007年底，我国60岁及以上老年人口为1.5340亿人，约占总人口的11.6%，其中农村人口占到1亿左右。65岁及以上老年人口为1.0636亿人，约占总人口的8.1%，养老保障任务日益繁重。而从农村人口与社会发展情况看，随着农村劳动力大量向城市转移，农村人口老龄化程度高于城市，农民的养老保障需求更加迫切。

但是我国养老保险覆盖面窄。2002年末，我国养老保险的覆盖面仅占全体居民的18.3%，还没有达到1952年国际劳工组织制定的至少应该覆盖全体居民20%的国际最低标准。在城市，城镇居民基本社会养老保险覆盖率勉强过半，大多数个体劳动者和灵活就业人员尚未参加到基本养老保险体系中，养老保险远未覆盖到每个老人；而在农村，绝大部分的农村老年人口尚不在社会养老保险范围之内，农民工养老保险处于"有制度，无保障"的状态。而农村老年人口占到全国老年总人数的75%，养老保险需求较大。为此，2008年10月12日，中共十七届三中全会通过的《中共中央关于推进农村改革发展若干重大问题的决定》强调指出："按照个人缴费、集体补助、政府补贴相结合的要求，建立新型农村社会养老保险制度。"温家宝总理明确指出，从2009年开始，我们将建立农村养老保险，2009年

---

① 中央深入学习实践科学发展观活动领导小组办公室编：《国内外经济社会发展实例选编》，党建读物出版社2008年版，第20页。

力争覆盖面达到10%。① 国务院副总理张德江也强调指出:"当前,要重点推进基本养老保险制度改革,尽快建立覆盖所有城镇居民的基本养老保险制度,积极探索建立农民工养老保险和农村养老保险制度。"② 同时应进一步完善城镇养老保险制度,抓紧研究制定相关政策,解决城镇未参保集体企业退休人员、城镇无工作老年居民的养老保障问题。

2. 在正式的养老保障制度安排之外,应充分重视家庭养老的作用,重视家庭成员的互助共济

经济因素在对社会保障制度产生重要影响的同时,政治、文化以及伦理道德等因素对社会保障也产生深远的影响。就社会保障与伦理道德而言,社会保障制度反映伦理的特质,体现制度伦理的发展成果,伦理道德支持社会保障制度的建立和运行,社会保障制度推动伦理道德的进步与发展。我国的养老保障体系建设应该基于国情,体现中国特色。在设计养老保障制度时,对影响我国养老保障制度的关键因素深入分析,使制度设计具备现实性、针对性、可操作性和可持续性。目前,由于国家财力相对不足,政府对养老保险的资金投入不可能一步到位,供需矛盾突出。为解决这一矛盾,我们可以学习借鉴新加坡经验,挖掘中国传统的家庭养老的潜力,借助于伦理道德来建立和发展养老保障,扬长避短地构建我国未来养老保障制度模式。

早在1992年,世界银行和国际货币基金组织提出的有关多层次养老保险制度的建议中,就强调了家庭在养老方面的作用。而我国

---

① 《温家宝总理与网友在线交流——中国政府网、新华网联合专访》,http://www.xinhuanet.com/zlft,2009年2月28日。2009年6月24日,国务院总理温家宝主持召开国务院常务会议,研究部署开展新型农村社会养老保险试点。会议决定,2009年在全国10%的县(市、区)开展新型农村社会养老保险试点。

② 《人民日报》2008年8月17日。

一直把"尊老敬老"作为中华民族的传统美德。因此，结合我国的国情和传统伦理道德，在解决养老问题时，更应当重视和发挥家庭在养老保障中的作用，使家庭内各成员间的社会保障相关联，鼓励家庭内部成员间的转移支付和互助共济。同时，加强舆论引导，努力在社会上形成家庭成员内"尊老敬老，共济养老"的良好风尚。当然，这并不是说政府和社会可以置身事外，推卸责任，而是使政府、社会与家庭形成合力，发挥各自优势，加快养老保障制度建设。

二、新加坡医疗保障制度经验带给我们的启示

在当今世界，新加坡推行的医疗保障制度模式成效显著，成为各国解决全民医疗保障问题的成功典范，也为我国医疗保障制度的改革提供了可资借鉴的经验。

我国原有的医疗保障制度是20世纪50年代初按照计划经济体制的要求建立起来的。几十年来，它对保障职工健康、促进经济发展以及维护社会安定发挥了重要作用。但这一制度也存在着一些弊端，主要表现在医疗费用由国家和企业包揽，缺乏有效的制约机制，造成严重浪费；缺乏合理的医疗经费筹资机制和稳定的医疗费用来源；医疗保障的覆盖面窄，社会化程度低等，已越来越不适应社会主义市场经济体制的要求。

为此，我国医疗保障制度改革开始起步。新型医疗保障制度主要实行社会医疗统筹与个人医疗账户相结合的办法，其中就借鉴了新加坡的一些成功经验。但新加坡与中国国情不同，因此，中国医疗保障制度的改革必须在立足于本国具体国情的基础上，借鉴并汲取新加坡的有益经验，从以下方面加以完善：

1. 立足国情发展医疗保障，注意保障的渐进性、层次性

医疗保障制度的改革是一个涉及面广、难度大的系统工程，决非一朝一夕。纵观新加坡医疗保障制度的发展历程，其医疗保障项

目并不是同时推出，而是循序渐进、逐步推开。如 1984 年推出"保健储蓄计划"，到 1990 年才推出"健保双全计划"，1993 年又实施"保健基金计划"，1994 年又推出"增值健保双全计划"，从而使医疗保障项目更加完善。从覆盖范围来看，"保健储蓄计划"最初只覆盖有固定收入的雇员。从 1992 年 7 月开始，才将年净收入在 2400 新元以上的自雇人员纳入了覆盖范围。

我国建立新型医疗保障制度，同样应从现有的基本国情出发，考虑国家、企业和个人的承受能力，考虑不同地区、不同部门和不同阶层的差异，切实规划和实施适合国情的医疗保障制度，确立基本医疗保障制度的适度目标。目前，在城市，城镇职工基本医疗保险制度所覆盖的人群只占全部城镇从业人员的一半左右，下岗失业人员和以农民工为代表的流动人员参保率较低。针对我国经济发展水平、医疗消费水平和国民的观念，结合目前我国实行的基本医疗保险模式，可以借鉴新加坡经验，在保障项目上逐步推开，覆盖对象循序渐进。

2. 建立医疗救助制度，确保城乡困难群体的医疗保障

新加坡的医疗保障制度除包含自我保障外，政府还针对贫困人群建立了保健基金这一专门的医疗救助制度。

尽管我国于 2004 年正式实施社会医疗救助制度，并取得一定的成绩。2007 年，城乡医疗救助总计支出 36 亿元。但目前我国还没有在全国范围内普遍建立起专门的医疗救助制度，现有的医疗救助存在着救助率不高，救助比例和标准偏低等问题。而处在经济转型期的中国，目前属于城市低保对象的困难人群约有 2000 多万，国有企业中困难人群约占国有企业职工人数的 10%；而在农村，许多贫困农民包括"五保户"生活困难。这些人群的医疗保障只能通过建立社会医疗救助制度来解决。必须明确，社会医疗救助制度安排应当优于、重于社会医疗保险制度安排。各级政府是建立医疗救助、解

决贫困人群医疗保障问题的主体,要加强医疗保障领域再分配的力度,切实承担起对贫困人口的医疗救助职能;同时要动员社会各方面的力量共同参与,形成以政府投入为主、社会捐助等其他形式为辅的多渠道稳定的资金筹集机制。在救助方式上,可采取减免医疗费用、建立社会福利医院及实行定额补助等办法解决,并救助农村"五保户"、低保人员参加新农合。[①]

三、新加坡住房保障制度经验带给我们的启示

党的十七大报告首次提出"住有所居"的目标,同时强调指出:"健全廉租住房制度,加快解决城市低收入家庭住房困难。"2008年3月5日,温家宝总理在十一届全国人大一次会议所作的《政府工作报告》中,把"抓紧建立住房保障体系"、"坚定不移地推进住房改革和建设,让人民群众安居乐业"、"健全廉租住房制度,加快廉租住房建设"作为中国政府2008年的工作重点。2009年3月,温家宝总理在十一届全国人大二次会议所作的《政府工作报告》中再次强调指出:"加快落实和完善促进保障性住房建设的政策措施,争取用三年时间,解决750万户城市低收入住房困难家庭和240万户林区、垦区、煤矿等棚户区居民的住房问题。……深化城镇住房制度改革,满足居民多层次住房需求,努力实现住有所居的目标。"住房问题成为中国政府和社会关注民生的又一论题与焦点。

安居才能乐业。尽管我国城镇居民人均住宅建筑面积由1978年的6.7平方米增加到2005年的26.1平方米和2006年的27.1平方

---

① 在农村,截至2008年6月底,全国所有有农业人口的县(市、区)都建立了新型农村合作医疗制度,参合率达到91%。越来越多的农民享受到实实在在的利益。从2003年到2007年底,全国累计已有10.2亿人次享受到新型农村合作医疗补偿,补偿资金共计690亿元。中央财政安排的新型农村合作医疗支出从2003年的4亿元增加到2007年的114亿元。农村医疗救助支出从2003年的3亿元增加到2007年的13.2亿元。

米；农村居民人均住房面积由1978年的8.1平方米增加到2007年的31.6平方米①，但我国城市低收入家庭仍面临着严重的住房困难。据原建设部、民政部2005年的调查和测算，全国人均住房建筑面积10平方米以下的低收入住房困难家庭约有1000万户。切实解决与改善我国低收入居民家庭的住房问题，努力满足人民群众的住房需求，实现"人人享有适当住房"的目标，乃是构建社会主义和谐社会的重中之重。随着住房制度改革攻坚阶段的来临，建立与完善我国的住房保障体系已迫在眉睫。

新加坡独特的住房保障制度在短短数十年内成功地解决了普通老百姓的住房难题，并且实现了住房由量到质的提升，成为世界上公认的住房问题解决得最好的国家之一，其住房保障制度很有特色与值得借鉴之处。通过考察新加坡住房保障体制的演进及其实施效果，其数十年建设公共组屋所积累的有益经验，对于我国构建与完善面向广大中低收入者的住房保障体系无疑具有重大的启迪意义。

1. 强化政府宏观调控职能，健全以政府为主体的住房保障体系

新加坡组屋政策的成功之处表现在政府主导、干预和介入，牢牢掌握了房地产市场的主动权，充分调动各种资源，通过合理组织有效地解决了大部分国民的住房问题。它给我们带来的启示就是：政府作为一国经济的宏观调控者，担负着促进社会全面发展和保障全体居民的基本权利实现的职责。建立和完善住房保障制度是政府履行社会管理和公共服务职责的重要体现，是政府社会政策的重要组成部分。因此，政府应当成为构建住房保障体系的主体。

住房是一种特殊的商品，其价值大，许多家庭尤其是低收入家庭仅通过市场无力解决自身的住房问题。因此，全面解决住房问题不能完全依赖市场，政府应该介入，用各种方法进行干预。特别是

---

① 中央深入学习实践科学发展观活动领导小组办公室编：《国内外经济社会发展实例选编》，党建读物出版社2008年版，第19页、340页。

我国人口众多、经济不发达，没有公共住房开发建设的政府行为，解决低收入家庭的住房问题几乎是不可能的。

为此，政府作为公共住房保障制度的主体，应承担起为中低收入家庭提供住房保障的责任。充分发挥政府的宏观调控职能，以管理监督者和直接参与者的双重身份干预住房市场，在充分发挥市场机制作用的基础上，对其进行补充和修正。控制土地过量开发，遏制商品房价过快增长，通过政府的调控来弥补市场失灵，以满足低收入困难家庭的基本居住需求。温家宝总理在新加坡访问时强调："对廉租房和经济适用房，政府应提供和保障土地的需要，当然（这些）土地也要节约和集约使用。"国家如何控制土地将决定保障性住房能否大面积推广。为此，政府应搞好土地合理供应、集约利用和管理，合理调整城市土地供给结构，加大公共住房土地供应，重点发展面向中低收入家庭的住房；要加大公共住房资金投入，大力提高财政支付能力，多渠道筹集住房保障资金，通过多种途径加快解决低收入家庭的住房问题。① 与此同时，我们可以借鉴新加坡经验，依法成立一个类似于新加坡建屋发展局的专门的社会保障性住房开发建设管理机构，在政府主导下负责保障性住房的开发建设、销售和管理工作，以尽快解决低收入者住房困难问题。

2. 进一步完善住房公积金制度，提高住房公积金的功效

财政支撑是新加坡组屋政策得以顺利实施的资金保障。新加坡的中央公积金制度对解决低收入者住房问题，实现"居者有其屋"

---

① 2007年8月7日，国务院出台《关于解决城市低收入家庭住房困难的若干意见》，这是13年住房体制改革以来第三次国务院直发文件，加大了对低收入群体的住房保障力度。另据来自住房和城乡建设部的统计数据显示，2008年，全国用于廉租住房建设的总资金投入300多亿元，全国在建的廉租住房63万套，比2007年以前有非常大的提高，低收入群众住房困难问题得到一定程度缓解。2009年在全国范围内要新增解决260万户低收入家庭的住房困难，其中70%左右通过政府提供的实物房屋解决，其余部分仍要通过租金补贴解决。

发挥了重要作用。这一资金运作模式为我们提供了宝贵思路。1999年，我国颁布了《住房公积金管理条例》，2002年进行了修改。据统计，"我国住房公积金取得了较大进展：一是缴存数额呈现'大幅增加'的态势。2006年末，全国住房公积金缴存总额已达12687.37亿元，比上年末增长30%；二是住房公积金制度覆盖范围明显扩大。到2006年末，全国住房公积金实际缴存职工达6916.87万人，比上年末增加587.15万人；三是住房公积金的使用率也在逐步提高。在天津、上海、江苏、北京等地区，使用率已超过80%。截至2006年末，全国累计为695.24万户职工发放个人住房贷款6364.33亿元。在2006年当年，发放个人住房贷款171万笔，相当于累计个人住房贷款的四分之一；四是住房公积金制度的实施已成为支持廉租住房建设的重要力量。据统计，2006年当年实现住房公积金增值收益101.9亿元，扣除应提取的贷款风险准备金和管理费用，可用于建设廉租住房的补充资金约26亿元，为历年最多。截至2006年末，累计上缴同级财政部门的城市廉租住房建设补充资金超过50亿元。"①

尽管取得了上述成绩，但我国的住房公积金制度还很不成熟，在许多方面有待于进一步完善。最突出的问题是住房公积金覆盖率低，其受益者主要是中高收入人群，没有覆盖到所有城镇职工特别是低收入人群，因而未能充分发挥住房公积金的功效。这与住房公积金制度设计中满足低收入职工购房需要的初衷是相悖的。

为此，我国住房公积金制度应借鉴新加坡经验，从多方面加以完善。要进一步扩大住房公积金的社会覆盖面，使其真正惠及低收入人群，切实提高住房公积金的功效；要强化公积金的强制储蓄制度，适度提高公积金的缴存比例，扩大公积金的积累总量，解决公共住房建设的资金瓶颈问题，使政府可以利用这些资金建设经济适

---

① 参见《光明日报》2007年3月18日。

用房和廉租房；同时还应积极发展住房储蓄和政策性住房抵押贷款，完善贷款担保机制，落实好支持居民购买自住性和改善性住房的信贷、税收和其他政策，降低中低收入居民申请贷款的门槛，提高其购房能力。此外，还要重视住房公积金的保值增值。要想充分发挥住房公积金的作用，首先必须保证资金能够安全持续地运转下去。扩大公积金的归集面固然很重要，但公积金的保值增值也不容忽视。今后，在规避高风险的前提下，应根据住房公积金的存贷情况合理地确定增值资金的比重，实行有监管的多种形式的投资，以确保资金的高效使用。

3. 立足国情发展住房保障，注意住房保障的渐进性、层次性，构建多层次的住房保障体系

住房保障体系的建立是一个涉及面广、难度大、周期长的系统工程，同时也是一个长期规划、循序渐进、不断完善的过程。纵观新加坡住房保障的发展历程，与经济发展相适应，其"居者有其屋"计划的实现是一个渐进过程，首先重点解决低收入家庭的住房问题，然后再逐步解决中等收入家庭的住房问题。我国更应如此。

我国作为一个发展中国家，总体经济发展水平不高，中央和地方政府能用于住房保障的财力、物力有限，不可能在短期内大范围地解决居民的住房问题。面对这么大比重的中低收入家庭，建立多层次的住房保障体系显得尤为必要。因此，应当立足国情发展住房保障，注意住房保障的渐进性、层次性，坚持"适宜保障"的原则，有步骤、分层次地解决中低收入家庭的住房问题。

为此，要认真界定住房保障的范围，认定住房保障对象，只为那些没有能力解决住房问题的最低收入和低收入家庭提供住房保障。要适应不同保障对象的具体需求，从住房供应结构和供应方式方面建立适应不同收入水平居民住房支付能力的、分层次的住房保障体系；对不同收入家庭实行不同标准的住房保障政策。具体来说，就

是向最低生活保障线以下的住房困难家庭提供廉租住房,① 向中低收入家庭以及特定对象中的住房困难户提供保障性商品住房。要加强经济适用住房的建设和管理,增加房源供给。此外,还应按照"动态调节"的原则,随着经济发展逐步扩大保障范围,保障重点从最低收入者逐步扩大到中低收入群体。

4. 加快我国住房保障立法工作,建立完善的住房保障法律体系,使住房保障走向法制化的轨道

新加坡住房保障制度的成功之处在于立法明确、法制健全。在组屋建设的各个发展阶段,都通过立法的形式以确保住房保障政策和"居者有其屋"计划的贯彻实施,这是新加坡的一条重要经验,也是其住房保障体系的主要内容和显著特征。这些启示我们,法律以其公正性和强制性而成为社会保障制度的支撑点,完善的法律法规体系是稳步有序推进住房建设的根本保障。因此,住房保障制度的立法工作应该先行一步。这对我国完善住房保障体系,实现社会保障管理法制化具有重要的借鉴意义。

目前,我国还缺乏专门的住房保障法律法规。鉴于此,应尽快制定完善有关住房保障的法律规范,建立符合我国国情的、适应社会主义市场经济发展需要的相对完整的住房保障法律体系。应当从法律上规定住房保障的对象、保障标准、保障水平、保障资金的来源;规定住房保障管理机构的设置及其职责权限;要制定住房保障基金管理法规,明确把住房保障资金列入财政预算,投入专项资金保证廉租房和经济适用房的建设;应明确各级政府在解决居民住房问题中的责任。只有这样,才能确保住房保障政策的有效实施,加快实现十七大提出的"住有所居"的美好蓝图。

---

① 截至 2007 年底,我国累计有 95 万户低收入家庭通过廉租住房制度改善了住房条件。

四、新加坡中央公积金管理制度经验带给我们的改革启示

建立一个完善的社会保障管理体制,使社会保障的管理运行规范畅通,是我们努力追求的目标。近年来,我国对社会保障管理体制采取了一系列改革措施,在制度建设上进行了一系列探索。在新加坡,富有成效的基金投资与基金管理是中央公积金制度成功运行的重要保障。中央公积金低成本的集中基金管理模式、简便高效的管理体制以及多样化的投资对中国进行社会保障体制改革具有重要的借鉴意义。我国目前社会保障管理体制还处于积极探索、建立与完善过程中,这一体制还有许多不完善之处,其中比较突出的是社会保障基金投资收益低下,基础脆弱,个人账户"空账"运行问题严重。社会保障基金是社会保障制度建设的基础和命脉,但目前这个基础十分脆弱,部分地区社保基金入不敷出,基金缺口越来越大。此外,社会保障基金多头管理,职责不清也造成诸多弊端。为此,我们要学习借鉴新加坡经验,加强对社会保障基金的管理,建立规范、高效的管理体制。

1. 制定一部完备的《社会保障基金管理法》

明确规定社会保障管理的性质、具体内容以及社会保障管理机构的设置及其职责权限,对社会保障资金的筹集、运营、支付以及投资运作等做出明确的法律规定,从而确保社保基金的保值增值。同时完善社保基金监管相关法律法规,以保证基金的正常运行。

2. 加强国家对社会保障基金的统一领导和宏观调控,实行相对集中的基金管理模式

目前我国社会保障基金多头管理,职责不清,基金分散,管理开支大。为此,可以学习借鉴新加坡经验,加强国家对社会保障基金的统一领导和宏观调控,建立一个政府主导下的类似于新加坡中央公积金局的统一的社会保障管理机构;实行相对集中的基金管理

模式，逐步将现有养老金、医疗账户和住房公积金纳入统一的社会保障体系中，以便统筹管理和提高资金效率。

3. 建立稳定、可靠的社保资金筹措机制，开辟多元化的资金渠道

加大国家对社会保障的资金投入，各级财政要调整财政支出结构，提高社会保障支出的比重。国家还可以采取其他政策措施补充社会保障资金，如建立国家社会保障预算、加强基金预算管理，建立社会保障基金预算体系、发行社会保障长期债券、开征社会保障税等。

与此同时，依法扩大社会保险基金的征缴覆盖面。按照权利与义务相对应、公平与效率相结合的原则，建立参保缴费与待遇挂钩的激励约束机制，鼓励人们参保缴费。此外，充分调动社会资源，发挥企业、社会组织和民间组织的作用，这样不仅可以补充社会保障公共资源的不足，扩张社会保障制度的福利性，而且能够增强公共道德与互助意识。

4. 设立社会保障基金运营机构，运用经济手段，进行有效投资

新加坡的中央公积金投资兼顾了众多目标，在实现基金自身的保值增值的同时，为整个国家社会经济的发展作出了突出的贡献。社会保障基金投资必须以基金保值增值为基本目标，这是由社保基金的本质特征所决定的。根据我国目前社会保障发展水平，可以由国家设立专门的社会保障基金运营机构，具体负责基金的投资和运营，以实现基金的保值增值。有计划地将尚未使用的社会保障基金转为建设资金，进行有效的投资，用于基础设施建设，或用在其他有效益的经济建设项目上。应积极探索与不同社会保险项目相适应的不同类别的基金投资方式，确保收益最大化。

5. 健全社会保障监督管理机制

要加强对社会保障基金的监督管理，加强监督机制建设，发挥

行政监督、专门监督和社会监督的协同作用,建立起一个多部门协同监管和齐抓共管的高效的社保基金监管体制,对基金的收支、管理和投资运营进行监督,确保基金运营的廉洁高效。

五、加快社会保障立法建设,完善相关法律规范,确保社会保障制度依法有序运行——新加坡社会保障制度法制化经验带给我们的启示

法律以其公正性和强制性而成为社会保障制度的支撑点。社会保障作为通过国家立法强制实施的社会经济制度,必须有完善的法律法规作为保证。只有通过法制化,才能使社会保障主体的权利、义务和职责明确;才能确保国民应享受的社会保障权益;才能提高社会保障制度的严肃性、稳定性与可操作性,确保该制度依法有序运行。因此,社会保障立法是确保社会保障制度按照既定目标实施的前提和基础。

综观新加坡社会保障制度的建立与发展,立法先行、制度运行法制化是其中央公积金制度成功实施的重要保证。新加坡政府首先立法,制定了《中央公积金法令》,以此为依据来实施社会保障制度。整个公积金制度在《中央公积金法令》的规范下有条不紊地施行,表现出高度的自觉性和规范性。并且随着经济的发展以及国民对社会保障需求的日益扩大,不断对有关法律法规进行修订。这对我国正在进行的社会保障制度改革具有重要的借鉴意义。

早在1998年12月,江泽民在中共中央社会保障与法制建设讲座上强调指出:"为了建立符合我国社会主义市场经济发展要求的完备的社会保障体系,进一步做好社会保障工作,必须十分重视和不断加强社会保障的法制建设。""世界上许多国家的实践表明,基本的社会保险活动,都是以国家制定相关法律、法规和政策为手段来实施的。我们要努力把我们在发展社会保障方面长期积累的成功经验,用法律形式确定下来。同时,要增强社会保障的法制建设的前瞻性和系统性。"①

应当承认,改革开放以来,随着社会保障制度的改革,我国的社会保障立法取得了一定进展。如在20世纪90年代制定了《残疾人保障法》、《未成年人保护法》、《妇女权益保障法》、《老年人权益保障法》、《劳动法》等一些法律规范。2004年3月14日,第十届全国人大第二次会议通过的宪法修正案将"国家建立健全同经济发展水平相适应的社会保障制度"写入了宪法,明确指出,"社会保障直接关系广大人民群众的切身利益。建立健全同经济发展水平相适应的社会保障制度,是深化经济体制改革、完善社会主义市场经济体制的重要内容,是发展社会主义市场经济的客观要求,是社会稳定和国家长治久安的重要保证。"这是首次在宪法中出现"社会保障"。明确昭示了这样一种观念:即社会保障是个人的权利和国家的义务,国家有义务建立、健全并完善社会保障体系,以更好地保障公民社会保障权的实现,从而为社会保障制度的改革和完善奠定了法律基础。此后,各种社会保障法规和条例相继出台,促进了社会保障法规的完善。

但从总体上看,我国社会保障法制建设还很不成熟,还没有形成统一的社会保障法律制度体系,迄今为止没有一部专门的综合性法律加以规范。城镇社会保险制度主要依据1994年颁布的《劳动法》和国务院制定的《社会劳动保险费征缴暂行条例》。在养老、医疗保险方面,仅出台过一些政策性文件,尚无专门法律法规。尤其是居于社会保障核心地位的社会保险法律制度仍显空白。目前,我国社会保障立法现状是立法工作滞后、立法分散、体系不健全、

---

① 劳动和社会保障部、中共中央文献研究室编:《新时期劳动和社会保障重要文献选编》,中国劳动社会保障出版社、中央文献出版社2002年版,第353、354页。

立法层次偏低。通过全国人大和国务院立法的项目很少，更多的项目还停留在行政命令、部门规章以及地方法规的层次上。这些行政上的规定由于不具备法律的强制性和权威性，执行起来缺乏效力，甚至不同政策或规章之间相互矛盾，操作性受到限制。当前，我国社会保障体系建设中遇到的许多矛盾和问题，都与法律不够健全、监察执法手段不足、管理漏洞多、缺乏可操作性有关。

因此，随着我国改革开放事业的不断发展以及日益深化的社会保障制度实践，加快社会保障的立法工作已成为我国社会保障制度改革进程中一项紧迫而严峻的任务。应改变目前我国社会保障立法比较缓慢的状况，加快社会保障立法的进程，完善相关法律规范，增强社会保障的强制性、权威性和稳定性，确保这一制度沿着法制化的轨道健康有序地发展。当务之急是抓紧制定一部系统的、适应中国国情的社会保障基本法典，涵盖各项社会保障活动的准则，为依法管理社会保障工作提供有力的法律依据。正如人力资源和社会保障部部长尹蔚民在中国社会保障论坛第三届年会上所指出的：当前，重点是加快《社会保险法》立法步伐。同时，还需要研究制定基本养老保险条例、企业年金条例、社会保障基金监督与管理条例等配套法规，建立健全社会保险的法律体系。①《社会保险法》是社会领域的标志性立法。"早在1994年，《社会保险法》的立法工作即已提上议事日程，八届全国人大曾列入立法计划。2007年11月26日的分组审议中，全国人大常委会组成人员就首次提请审议的《社会保险法（草案）》进行了激烈讨论。2007年12月23日，《社会保险法（草案）》在十届全国人大常委会第三十一次会议上首次提请审议。2008年12月22日，十一届全国人大常委会第六次会议二审《社会保险法（草案）》。2008年12月28日，根据全国人大常委会

---

① 参见中国社会保障网：http：//www.cnss.cn/。

委员长会议的决定,全国人大常委会办公厅向社会全文公布《社会保险法(草案)》及关于草案修改情况的汇报,广泛征求各方面意见和建议。草案在广泛征求意见并作进一步修改后,将提请全国人大常委会会议继续审议。《社会保险法(草案)》对社会保险费征缴、社会保险基金、社会保险经办、社会保险监督等分别作出专章规定,重点对社会保险的原则、各险种的覆盖范围、社会保险待遇项目和享受条件、社会保险经办机构、社会保险基金监督等内容作了规范,确立了中国社会保险制度的基本法律框架。养老、医疗、失业、工伤、生育五大社保险种缺乏综合性统一法律、强制性偏弱等现状有望转变。制定《社会保险法》,对完善社会保险制度、明确参保人员的权利义务、保障公民共享社会发展成果、确保社会保障制度依法有序运行、促进社会和谐稳定具有重要意义。"[1] 这是我国在社会保障法制建设方面取得的阶段性成就。

六、新加坡结合自身国情建立社会保障制度经验带给我们的启示

以国情为基点构建本国的社会保障制度模式已经成为世界各国包括新加坡普遍遵循的原则。纵观新加坡社会保障制度的发展进程,可以看出,这一制度离不开新加坡特定的社会政治条件、经济发展水平以及历史文化传统、社会价值观念的制约,与本国国情息息相关。新加坡积极探索建立与其自身国情特点相适应的社会保障体系,依据本国国情来选择社会保障的制度模式和政策架构,并取得了成功。这给我们带来两点启示:

1. 立足中国国情,建立中国特色的社会保障制度

社会保障体系的发展是一个渐进过程,其发展必须与国家的经

---

[1] 参见《〈社会保险法〉全接触》,中国社会保障网:http://www.cnss.cn/ (2008年12月29日)。

济发展水平、经济实力、国情特点以及各方面的承受能力相适应。也就是说，在建立社会保障制度过程中，应根据本国社会经济发展水平和各方面的承受能力恰当地确定社会保障的标准和水平，社会保障应当是适度的。社会保障标准太低，难以维持被保障人的基本生活，容易引发社会问题，导致社会的不稳定；保障标准太高，社会保障支出过分增长，也会导致政府财政不堪重负，势必会影响国家经济发展和竞争力。新加坡社会保障制度按照"效率优先，兼顾公平"的价值理念而设计，恰当地处理了社会发展中公平与效率之间的关系。既保证了国民享受到基本的社会福利保障，又避免了政府沉重的财政负担。

按照这个经验，中国社会保障制度也应当保持一个与经济增长速度相适应的水平，而不应该盲目追求西方福利国家的模式。我国是一个发展中国家，虽然经过30多年的改革开放，国民经济得到了持续快速的增长，经济实力得到增强。但必须清醒地看到，我国目前正处于社会主义初级阶段，经济实力、综合国力都还不够雄厚，同时正处于社会经济转型的关键时期，这样的现实要求必须慎重选择适合自己的社会保障制度模式。因此，社会保障标准不能过高，必须坚持低水平、广覆盖的原则。从低水平起步，保障人民群众的基本需求，随着经济发展逐步提高人民的保障水平。同时在筹资机制上，必须兼顾公平与效率，注重形成激励机制，绝不能形成新的"大锅饭"。此外，中国特色社会保障制度的建设还需要根据经济发展的变化及时加以调整，随着经济发展不断提高社会保障标准和水平，使其保持与整个社会经济的发展相适应。

2. 社会保障要有合理的制度安排，积极建立和完善多形式、多层次的社会保障体系

建立多形式而非单一的社会保障模式。合理的制度安排是社会保障制度成功运行的前提和保证。综合考虑我国目前的经济发展水

平、人口压力、财政的承受能力以及国情的复杂性，我国的社会保障制度改革应从实际出发，改变目前主要依靠国家基本保险、保障形式单一的局面，建立多形式的社会保障模式。即坚持国家、企业、个人共同负担，推进企业年金和补充医疗保险，积极发展商业保险和民间救助，建立包括国家基本社会保险制度、企业补充社会保险制度和个人储蓄社会保险制度的多形式的社会保障体系，提高社会保障的社会化程度，在国家、企业、社会与个人之间建立一种动态的责任分担平衡机制。

建立多层次而非统一的社会保障模式。早在1993年11月《中共中央关于建立社会主义市场经济体制若干问题的决定》指出："建立多层次的社会保障制度，为城乡居民提供同我国国情相适应的社会保障，促进经济发展和社会稳定。"① 就中国目前的经济发展水平而言，我们还不具备建立全国统一的社会保障体系的实力。因此，我国社会保障模式应该是分层次而非统一的社会保障模式。根据城乡居民不同的社会保障需求和经济承受能力，建立健全以城镇居民、农民工、农民三个层次的基本社会保险为重点的覆盖城乡的社会保障体系。对于少数高收入阶层可以通过购买额外的商业保险来进一步提高自身的社会保障水平。

此外，我国社会保障模式不仅是分层次，还应突出重点，确立农村优先发展的战略，重点加快健全农村社会保障体系。相对于全体国民的社会保障需求而言，我国目前社会保障的覆盖能力有限，覆盖人群比例偏低，并且城乡之间发展很不平衡。城市社会保障制度在保险的项目、覆盖率以及保障水平等方面均大大高于农村。来自国家统计局的统计数据表明，1991—2005年，城市人均社会保障

---

① 劳动和社会保障部、中共中央文献研究室编：《新时期劳动和社会保障重要文献选编》，中国劳动社会保障出版社、中央文献出版社2002年版，第132页。

支出占人均GDP的比重为15%，而农村只有0.18%，城市人均享受的社会保障费用支出是农村的90倍之多。① 目前，在我国城市已经建立了相对较为完整的社会保障体系，尽管这一体系还有待于进一步完善和健全。而在农村，受财力所限，广大农民的社会保障一直处于低水平状态，仍然主要依赖传统的家庭保障。农村社会保障的发展滞后问题已越来越突出地表现出来，严重影响了农村经济的发展和社会的稳定。因此，在社会保障制度的改革与完善过程中，应将重点放在农村社会保障体系的建立上，公共资源投入应当优先考虑农民的社会保障需求。

应当指出的是，最近几年是我国农村社会保障体系建设步伐最快、财政支持力度最大的几年。据财政部统计，中央财政安排的新型农村合作医疗支出从2003年的4亿元增加到2007年的114亿元。农村医疗救助支出从2003年的3亿元增加到2007年的13.2亿元。2007年，中央财政还安排专项资金30亿元，支持农村居民最低生活保障制度建设。② 2008年10月12日，中共十七届三中全会通过的《中共中央关于推进农村改革发展若干重大问题的决定》强调指出："贯彻广覆盖、保基本、多层次、可持续原则，加快健全农村社会保障体系。……完善农村最低生活保障制度，加大中央和省级财政补助制度，做到应保尽保，不断提高保障标准和补助水平。"

相信到2020年，随着覆盖城乡居民的社会保障体系的基本建立，十七大报告提出的"使全体人民学有所教、劳有所得、病有所医、老有所养、住有所居"的美好蓝图将得以实现。

---

① 中华人民共和国国家统计局：《中国统计年鉴（2005）》，中国统计出版社2006年版。

② 2007年7月，国务院下发了《关于在全国建立农村最低生活保障制度的通知》，农村最低生活保障制度开始在全国范围建立。

第二章　日本社会保障制度

第一节　日本社会保障制度的建立与发展

与欧美国家相比，日本社会保障的历史并不长。从某种意义上讲，日本社会保障制度的发展与日本资本主义的发展紧密相连。明治维新以后，为了巩固天皇的地位和威信，同时也是为了解决日本资本主义发展过程中存在的与"农民层分解不彻底"的相关问题，[①]日本于1874年发布了《恤救规则》。这是日本资本主义发展初期的救贫制度，也是日本社会保障制度的萌芽。随着日本资本主义的发展和对外扩张，日本还逐步推行了社会保险制度，如《海军退隐令》、《陆军恩给令》和《官吏恩给令》等。随后，日本又相继推出了医疗保险法规，如1938年制定的《国民健康保险法》等。不过，这些制度的出台在很大程度上是为了维护天皇体制和日本军国主义疯狂的对外扩张和殖民统治。在日本战败以后，这些制度随着日本军国主义的破产而宣告结束。

---

① [日]横山和彦、田多英范编：《日本社会保障的历史》，学文社1995年版，第28页。

作为国民权利的日本社会保障开始于日本战败以后①，更准确地说，是在日本新宪法通过以后。日本战败后，美国代表盟军占领了日本，并实施了"非军事化、民主化"的方针，以遏制日本军国主义的复活。基于人的尊严和对贫困者实施无差别的社会保障，美国占领军于1946年2月提出了日本"国家扶助三原则"：国家责任（国民的权利）、保障最低生活水平和无差别的平等待遇。这种思想不仅在日本新宪法中得到了体现，也在日本社会保障制度的建立中得到了实施。

1946年11月通过的日本新宪法在第25条明确规定，"任何国民都拥有享受健康的、文化上的最低限度的生活权利"、"国家要努力提高和增进有关一切生活方面的社会福利、社会保障及公共基础"。这明确了国民的生存权是国家的生活保障义务。从保障国民生存权利的立法理念出发，日本开始构建全面的社会保障制度。1950年10月，日本社会保障制度审议会发表《关于社会保障制度的劝告》，提出将以宪法的理念为基础，早日建立统一的社会保障制度。《关于社会保障制度的劝告》首先对宪法第25条做出如下评价："这意味着国民具有生存权，国家有生活保障的义务。……此宪法的理念是为了回应社会实际的要求，尽早确立统一的社会保障制度。……生活保障的责任在国家。国家要对此做出综合规划，通过政府和公共团体，民主高效地实施。"《关于社会保障制度的劝告》还对日本的社会保障进行了定义："社会保障就是对疾病、负伤、生育、残障、死亡、老龄、失业、多子女及其他原因造成的贫困，通过保险的方法和国家直接负担提供经济保障；对陷入生活困境者，通过国家救助，保障其最低限度的生活。与此同时，努力增进公共卫生和社会福利，以便使所有国民都过上真正有文化的社会成员的生活。"基于这种理

---

① ［日］坂脇昭吉、中原弘二编著：《现代日本的社会保障》，ミネルヴァ书房，第1页。

念，日本开始着手建立全面的社会保障制度。

根据日本社会保障制度的发展，本书将日本社会保障制度的发展进程分为四个阶段：第一阶段为日本社会保障制度的形成和全面确立期（二战结束后至1961年）；第二阶段为扩充期（1961年至1973年）；第三阶段为改革调整期（1973年至20世纪80年代末）；第四阶段为全面改革（20世纪90年代初至至今）。

一、日本社会保障制度的形成和全面确立（二战结束至1961年）

战败初期，日本社会、经济一片混乱。国内有大量复员军人和从海外殖民地归来的侨民，再加上日本本土经济的破产，大批失业人员在街头游荡，大批伤残人员亟须政府的安置。而此时的日本物质资料尤其是粮食十分匮乏，多数国民处于极度贫困状态。在这种情况下，为了确保社会秩序的安定和稳定，围绕生存权重建社会保障成为美国占领军和日本政府最为迫切的目标之一。

1. 生活保护制度的确立

在战败初期，如何解决大批退役军人及遗属、失业者的生活问题是美国占领军和日本政府面临的最为紧迫的任务之一。由于包括恩给制在内的战前社会保障无法实施，而在当时的社会、经济状况下又无法在短期内增加雇佣，因此对生活贫困者实施救济势在必行。1945年12月，内阁会议通过了《生活贫困者紧急生活援护要纲》。基于该《要纲》，美国占领军提出了国家扶助三原则。1946年9月，根据该《要纲》制定的（旧）《生活保护法》正式通过，并于当年10月1日实施。（旧）《生活保护法》与以前的救贫制度有着本质的区别，这主要是其确立了无差别平等的原则、国家责任和一般的扶助主义。但该法与生存权相关的部分还不明确，具有向现代国家扶助制度过渡的性质。

1950年5月4日，（新）《生活保护法》开始实施。其主要内容包括：①保障国民生存权；②以保障国民最低生活为目的，保障对象扩大到生活贫困者，不论其是否具有劳动能力；③为了明确保障生存权的国家责任，新宪法将设置实施新社会保护法的机关，即福祉事务所；④加入新教育扶助、住宅扶助等种类，扩大了保护种类。这样，作为现代社会保障一环的国家扶助正式确立。（新）《生活保护法》明确规定了保障生存权，不仅在国家扶助方面具有划时代的意义，而且对于整个社会保障具有划时代的意义。

2. 社会福祉制度的确立

根据美国占领军无差别平等的原则，流浪儿、孤儿、伤残军人作为一般生活贫困者被纳入政府社会保障范围。在社会福祉事业法形成过程中，与此相关联的社会福祉法案也相继出台。这就是"福祉三法"，即《生活保护法》、《儿童福祉法》、《身体障碍者福祉法》。

战后，日本出现了成千上万失去父母的孤儿。1945年9月，以"战灾孤儿"为保护对象的《战灾孤儿等保护对策要纲》出台。可以说，战后日本的儿童政策正是从保护这些"战灾孤儿"、流浪儿开始的。该《要纲》指出，"战灾孤儿"是战争的受害者，保护这些儿童是国家的责任。因此，该《要纲》考虑"国家赔偿或国家补充的方法"，在各种救护团体、教育团体及宗教团体的协助下，帮助和保护这些儿童。不过，日本儿童政策的正式展开是厚生省社会局长于1946年4月发出"关于实施流浪儿及其他儿童保护等应急措施"的通知、厚生次官9月提出"主要地方流浪儿保护要纲"等政策之后。为了保证儿童的健康成长，日本于1947年3月设置儿童局。与此同时，新的儿童保护法案也在酝酿之中。在多方的努力和关注下，1948年12月，《儿童福祉法》正式公布，并于翌年4月全面实施。该法的主要内容有：①确保了儿童的权利，在此基础上，明确了国家对于儿童健康成长的责任。②该法的保护对象为未满 18 岁的儿童。③为了增进儿童的福祉，设置专门机关，即儿童咨询所、儿童福祉司。为了积极推进儿童福祉事业，规定了包括发放母子手册等在内的母子保健对策，设置儿童游乐园、儿童馆等设施。从最初只是保护"战灾孤儿"、流浪儿扩大到所有儿童的健康成长，日本的儿童政策在很短的时间内得到了确立。

除了儿童政策，日本也非常重视身体障碍者的福祉。因为侵略战争，日本出现了数量庞大的身体障碍者。在美国占领军实施"非军事化、民主化"政策后，日本原有的、也是唯一作为救护身体障碍者而存在的"伤残军人军属救护政策"被废除，军事保护院被废止，大日本伤残军人会被解散，陆海军医院、伤残军人疗养所也并入国立医院、国立疗养所。在无差别平等原则下，日本开始制定相关法案和措施。1948 年 3 月，厚生省设置中央伤残者保护对策委员会。身体障碍者福祉法制定推进委员会也随后成立。1949 年 12 月，《身体障碍者福祉法》制定，翌年 4 月 1 日实施。该法的主要内容有：①以增进身体障碍者的福祉为目的；②该法的对象与伤残军人对策不同，是以一般的身体障碍者为对象；③设置专门机关，如身体障碍者更生咨询所、身体障碍者福祉司。

在制定"福祉三法"过程中，确立公私社会福祉事业的地位也被提上了议事日程。1946 年，美国占领军在"国家救助三原则"中明确提出了"公私责任分离原则"。这主要是针对战前日本社会事业运营中政府提供补助金而提出的，禁止向"私人的、准政府机关"委托授权和财政援助。根据该原则，1950 年 3 月，《社会福祉事业法》得以制定，并于同年 6 月实施。该法的主要内容有：①该法通过新的概念确立了社会福祉事业的目的，即社会福祉事业就是对于要求援护、培训以及更生措施者，在不损害其独立的情况下进行援助，使其能够作为正常的社会人生活。②明确公私社会福祉事业的责任和合作领域,即在公方面设置福祉事务所,并使其专门技术化,以保证社会福祉事业高效、科学运营;在私方面,为了提高民间社会福祉事业的自主性和公共性,规定社会福祉法人制度,特别是使共同基金和社会福祉协议会的关系表里一致。③明确规定民间社会事业的财政基础。

3. 失业保险和劳灾保险制度的确立

在战败后不久,厚生省就从1945年10月开始了失业保险的相关法案工作。但制定具体的失业保险法案是在"非军事化、民主化"方针之后。1946年4月,保险局开始一般失业保险制度的工作,并成立调查会。尽管调查会要求尽快实施失业保险制度,但吉田茂政府以"为时尚早"为由推迟失业保险制度的实施。日本第一个社会主义政权的片山哲内阁上台后,于1947年6月设立"失业保险法案及失业补助法案起草委员会",加快了推行失业保险制度的进程。1947年11月,《失业保险法》得以制定。该法案适用于5人以上的企业,以工作一年以上继续被雇佣的工人为对象。尽管该法没有包括不满5人的企业,也将短工排除在外,但其基本的理念是包括所有被雇佣的工人。在美国占领军的强力指导下,到1948年8月,《失业保险法》的普及率为100%,其运营也十分稳定。为了将短工纳入失业保险制度,该法于1949年5月进行了第一次修订。这次修订的内容有:新设短工失业保险;将一般事业保险的保险费率从22‰下调至20‰。经过第一次修订,日本的失业保险制度基本形成。不过,随着日本经济的逐渐恢复,失业保险也遇到了新的课题。到1955年,《失业保险法》进行了第八次修订。

劳动灾害就是在劳动过程中劳动者的生命、身体受到损害。日本新宪法明确规定了要保护劳动者的权利。1947年4月制定的《劳动基准法》也提出"灾害补偿"问题。同年制定了《劳动者灾害补偿保险法》。劳动者灾害保险制度是作为国家强制性的社会保险制度而成立的,实质上具有责任保险的性质。

4. "国民皆保险"体制的确立

日本战败以后,其战前遗留的医疗保险处于"名存实亡"状态,健康保险与国民健康保险的人数剧减。从1948年起,日本开始了医疗保险制度重建的进程。1948年6月,国民健康保险进行了修改。其最大的修改在于确立了国民健康保险的市町村公营化,以及强制加入制度。强制加入是现代社会保险的一个主要指标。不过,由于保险费的缴费率过低,致使保险财政一度陷入困境。

为了解决医疗保险的财政危机,从1953年7月开始,国家财政负担国民健康保险的医疗费用的20%。1955年8月,该项措施以法律的形式确立。1956年,日本提出有必要确立"国民皆保险"的体制。1956年11月上台的石桥湛山内阁在其1957年度社会保障政策中提出"要早日达成医疗的国民皆保险的目标"。1957年4月,厚生省提出了"国民健康保险全国普及四年计划",并成立国民健康保险推进本部。1958年12月,新《国民健康保险法》正式公布,并于次年1月起实施。1961年4月,日本实现了国民皆保险体制。

日本国民皆保险体制的模式是:被用者医疗保险+国民健康保险=国民皆保险。被用者就是被雇佣的人。被用者医疗保险处于国民皆保险体制的中心,以保障被用者本人的健康为目的。农民、自营业者、家族从业者适用于国民健康保险。

5. "国民皆年金"体制的确立

在二战期间,为了维持和强化战时体制,日本出台了被用者的年金保险、厚生年金保险。战败以后,由于日本经济、社会陷入混乱,尤其是通货膨胀问题,厚生年金保险制度的存续也陷入危机。随着1950年朝鲜战争的爆发,日本经济开始好转,年金保险制度开始重建。经过各方努力,新《厚生年金保险法》于1954年5月颁布实施。尽管厚生年金保险的给付水平较低,但这为以后的厚生年金保险制度奠定了基本的框架。

在对新《厚生年金保险法》进行修改的过程中，日本政府希望制定国民年金制度。1955年11月，为应对经济五年计划而制订的社会保障五年计划正式立案。该计划要求在五年计划结束时实现国民年金制度。1959年4月，国民年金法案正式通过。1961年4月，国民皆年金体制正式运行。

国民皆年金的主要内容由拠出制和无拠出制构成，其基础是拠出制①。包括：①被保险对象为在日本国内居住的、所有年满20岁且不满60岁的日本国民。被保险者期限至少在25年以上，年满65岁才开始支付年金。②在年金支付方面，有老龄年金、障碍年金、母子年金等，补充的年金有老龄福祉年金、障碍福祉年金以及母子福祉年金。③保险费用采取定额制，免除低收入阶层的保险费，国家负担应缴付保险费的一半，以及全部支付福祉年金所需的费用和事务费。

二、日本社会保障制度的扩充期（1961年至1973年）

1961年4月，日本实现了"国民皆保险"、"国民皆年金"体制，这在日本社会保障史上具有划时代的意义②。这是为了应对经济高速增长时期而带来的就业结构的变化产生的问题如：没有医疗保险、年金保险人群的增加，以及未来人口的老龄化而采取的措施，同时也是为了国民生活的均衡发展。

从1960年开始，日本经济进入高速发展阶段，国民收入水平迅速提高。但与此同时，日本在大力发展经济的同时，却没有相应的

---

① [日] 柴田嘉彦：《日本的社会保障》，新日本出版社1998年版，第195页。

② [日] 横山和彦、田多英范编：《日本社会保障的历史》，学文社1995年版，第164页。

开展民生投资。如截止到1965年的第一次高速经济增长时期的财政支出就被称为"高储蓄、非民生的"财政支出。这就是说,财政支出是以牺牲具有民生性质的公共投资为代价的。受财政支出的制约,日本的社会保障还未成熟,其在财政支出的比例徘徊在11—14%。这在西方发达国家是一个较低水平。1960年12月,厚生省在题为"迈向福祉国家的道路"的白皮书中指出,按照福祉国家的标准,日本与西欧诸国还有很大差距。在这种情况下,日本社会保障制度进行了扩充与发展。这主要体现以下几个方面:

1. 在年金保险方面

在年金保险制度中,年金额在整体上处于较低水平,而且各种年金也不均衡,这主要体现在官民差距上,如普通国民的厚生年金较低,而公务员的却很高。社会保障制度审议会于1962年要求提高年金额,但遭到企业方面的反对。在这种情况下,1966年,日本设立厚生年金基金制度,也就是调整年金制度,其基本内容就是改善支付年金水平。加入者在退休后将得到加入时的平均工资的40%,也就是1万日元。1万日元就是标准年金。超过这个标准的部分将由国家负担。1969年,修改后的《厚生年金保险法》将标准年金提高到2万日元。尽管这个标准年金的水平仍然较低,但是《厚生年金保险法》在修改后已经考虑到物价上涨等因素,因而,标准年金也会根据经济发展的状况而做出调整。

2. 在医疗保险方面

《国民健康法》在强化国家负担的前提下,大力改善医疗保险支付比例。《国民健康法》规定国家支付50%的医疗费用。从1961年10月起,国家负担家庭户主结核病、精神障碍疾病费用的70%。1963年10月起,国家负担家庭户主全部医疗费用的70%。1964年度的四年计划,决定实现家庭所有成员医疗费用的70%由国家负担。1968年1月起,国民健康保险支付医疗费用的70%。1973年,修改后的《老人福祉法》实施老人医疗费用支付制度。根据这项制度，70岁以上的老人自己所承担部分的医疗费用由公费承担，这就是所谓的"免费的老人医疗"。根据修改后的《健康保险法》，分娩等费用都得到了一定的改善。

3. 在失业保险和劳灾保险制度方面

1963年，第22次修改后的《失业保险法》正式实施。其主要内容包括：①为防止失业者的生活水平的降低，提高保险金的日最高限额。②为了解决自发的离职者和中高年离职者，将其试用期计算在内。③设立技能培训补贴和住宿补贴。④支付失业者在失业期间伤病补贴。1969年12月，第26次修改后的《失业保险法》采取了积极的雇佣政策，以解决中高年者的雇佣问题。首先，该法适用于未满5人的企业，改善零散企业的雇佣条件。其次，将20岁以上长期被保险者的支付天数从170天提高到300天。第三，为了解决季节劳动者，向在3年内持续有短期离职的企业征收特别保险费。

1965年，修改后的劳灾保险导入长期伤病者补偿制度，废除一次性的补助金，取而代之的是支付障碍补偿年金。障碍补偿年金的适用范围从以前的1—3级扩大到1—7级。该法还使遗属补偿年金化。该法强制适用于5人以上的企业。这次劳灾保险制度的修改是日本劳灾保险制度史上规模最大的。1969年12月，《关于劳动保险的保险费的征收等的法律》和《失业保险法及劳动者灾害补偿保险法部分修改的法律》生效。这使得劳灾保险制度的适用范围又扩大了，即扩大到未满5人的企业。此外，两法还将失业保险与劳灾保险总称为劳动保险，将两个制度的保险费合并起来进行征收。

4. 在生活保障制度方面

1955年以后，日本经济高速发展，国民生活水平得到极大提高，物质条件得到极大改善，国民生活方式也发生了显著的变化。这极大地冲击了日本的社会保障理念，促使日本生活保障制度在20世纪

60年代发生巨大转变。主要表现在从维持肉体的生存、明文规定最低的生活保障，转向根据一般国民的生活水平及其变化来改变基准计算方式，即采用恩格尔系数，提高生活保护基准，最低生活水平标准从一个绝对的概念转变为一个相对的概念。1962年，社会保障制度审议会就生活保障的综合调整提出建议，要求"根据生活保护（法），被保障的最低生活水平必须根据一般国民生活水平的提高而提高"①。具体说，就是要求政府到1970年，将1961年的生活保护基准提高3倍。1965年4月，生活保护基准的计算方式从"恩格尔方式"改为"差距缩小方式"。这是以一般国民的生活水平的提高为基础，考虑到一般国民与被保护家庭的生活消费水平的差距。根据这个方式，1965年4月的改定率设为上年度的12%。从1965年到1973年4月，每年度的基准改定率在12%—14%之间。

5. 在社会福祉方面

20世纪50年代制定了所谓的"福祉三法"，即《儿童福祉法》、《身体障碍者福祉法》和《社会保护法》。到60年代则增加了《精神薄弱者福祉法》、《老人福祉法》和《母子福祉法》。这样，日本进入"社会福祉六法"时代，日本的社会福祉事业也逐渐转向救济社会弱者。

在1960之年前，日本有《身体障碍者福祉法》，国民年金法中也有《障碍福祉年金法》，但是，这些政策只限于身体障碍者。1953年，中央青少年问题协议会提出了《精神薄弱者对策基本要纲》，从而使这一问题提上议事日程。1960年，《精神薄弱者福祉法》正式公布。该法表明，对于身心障碍者的社会福祉事业得到重视与发展。

在经济高速发展过程中，以家族为中心的地域社会随着现代化、城市化而瓦解，以家庭为主的赡养老人的方式也随之变化。1963年

---

① ［日］田多英范：《现代日本社会保障论》（第2版），光生馆2007年版，第50页。

8月,《老人福祉法》正式实施。该法规定了要保障老人的收入和优惠待遇,具体措施就是设立老人俱乐部、为老人进行健康体检等。

早在1952年,日本就制定了关于母子福祉贷款等法律,以帮助那些因为战争而出现的母子家庭实现经济自立。但随着时代的发展,因为离婚、工厂灾害、交通灾害等原因出现了新的母子家庭。此外,随着经济的发展,母子家庭的问题不仅仅是经济自立问题,还有担负着儿童的健康成长问题。1964年,《母子福祉法》颁布实施。该法规定,要保障所有的母子家庭为了儿童身心健康成长所必要的诸条件和母亲健康、文化的生活。

6. 关于福祉元年

从以上可以看出,在日本经济高速发展的同时,其医疗保险的支付比例、年金水平、生活保护水平均大幅提高,社会保障各领域的制度得到充实与完善。1973年,田中角荣内阁将1973年定位于"福祉元年",大幅增加社会保障费用,从而使社会保障制度得到扩充、发展。这具体体现在创设老人医疗免费制度、提高健康保险被抚养者的支付率、导入高额疗养费制度、导入物价浮动制和工资浮动制等。至此,日本社会保障体系已经基本形成。

三、日本社会保障制度的改革调整期(1973年至20世纪80年代末)

日本的社会保障制度是在其经济高速发展中形成和完善的。但是,1973年10月的第一次石油危机沉重打击了包括日本在内的世界经济。这场危机宣告了日本经济高速增长的结束,使日本经济陷入自1950年以来最严重的危机之中。经济衰退的直接结果就是政府财政收入紧张,这就使得刚刚形成的、依赖政府财政的社会保障制度面临着严峻的挑战。1975年,随着政府财政收入因受石油危机的冲击而出现赤字,日本出现了"福祉重估论",对这种效法西欧的

"高福祉、高负担"、优先发展社会保障的方针进行批判。这就使得日本政府开始探索日本型福祉社会。

1975 年 7 月，三木武夫首相在《生涯设计计划——日本型福祉社会的未来》一文中指出，社会保障制度限定于最低保障，个人也应自助努力，承担责任。1976 年的经济计划提出，"国民福祉的提高，不只是借助政府之手来实现，个人、家庭、企业的作用和基于社会、地域合作上的相互扶助也非常重要"①。1979 年，为应对财政赤字，日本提出了日本型福祉社会论，即强调个人的责任与自助，形成以家庭与地域特别是企业的相互扶助为中心的福祉社会。这在很大程度上说明，日本政府出于财政考虑而将不得不抑制社会保障的过快发展和社会保障支出的过快增加，并在一定程度上将福祉社会化。可以说，在 20 世纪 70 年代后半期，日本社会保障处于被抑制的阶段。进入 20 世纪 80 年代以后，日本开始对社会保障进行改革调整。其标志就是 1981 年设立的"第二次临时行政调查会"，实现财政再建。财政再建的最大课题就是削减社会保障的支出。这些改革调整主要有以下几方面：

1. 在医疗保险制度方面

1973 年实施老人免费医疗制度后，老人的医疗费用支出迅猛增加。1973 年为 4000 亿日元，1975 年为 8670 亿日元，1979 年达到 1 兆 8500 亿日元。老人医疗费用在国民医疗费用中的比例从 1973 年的 10% 上升到 1979 年的 17%。这无疑对医疗保险财政形成巨大的压力。1982 年 8 月，《老人保健法》制定，并于次年 2 月颁布实施。其主要内容包括：①加入对象为 70 岁以上的高龄者或 65 岁以上的卧病在床的老人。门诊治疗时间不超过 1 个月者可获得每日 400 日元补贴，住院不超过 2 个月者可获得每日 300 日元补贴。这就废除

---

① ［日］田多英范：《现代日本社会保障论》（第 2 版），光生馆 2007 年版，第 73 页。

了老人免费医疗制度。②高龄老人的医疗费用负担的 30% 是公费（国库 20%、地方 10%），其余的 70% 由保险机构支付。③强化 40 岁以上人群的保健服务。不过，由于该法并没有显著减少老人医疗费用在国民医疗费用中的比例，因此 1986 年对该法进行了修改，设立老人保健设施，并对患者承担的部分进行了微调。

1984 年 8 月，修改后的《健康保险法》实施。其主要内容有：提高被保险者负担的比例；将被保险者入院时的家庭疗养费的支付率从 7 成提高至 8 成；设立退休人员医疗制度等。

2. 在年金保险制度方面

由于国铁共济工会的财政恶化，出于救济的目的，开始了年金保险制度的改革和调整。1984 年 4 月，根据新的国家公务员等共济工会法，国家公务员共济工会与公共企业体职员共济工会合为一体。此外，地方公务员共济工会的财政单位也实现了一元化。

1985 年 5 月，修改后的国民年金法导入基础年金。其主要内容有：①将现行的国民年金作为基础年金，形成所有国民共同的年金制度，使其适用于各保险机构的被保险者。国家负担基础年金的三分之一。②每个国民都加入基础年金。如果是夫妇作为一个单位加入被用者年金保险制度，那么，被用者以及被用者没有工作的妻子也加入基础年金。③支付额满 40 年，月额 5 万日元（1984 年的价格）。开始支付时间为 65 岁。被用者没有工作的妻子也要支付同样的金额。这确立了妇女的年金权。④对厚生年金保险制度加入者支付以基础年金与报酬比例的厚生年金；对共济工会加入者支付以基础年金和共济年金。⑤保险费继续上调，支付额在现行基础上下调。根据以前的厚生年金保险制度，满 40 年的加入者的年金能达到男子平均报酬的 83%，如果其妻加入任意一种国民年金，夫妇的年金合计将达到 109%。但修改后的厚生年金制度，支付水平从当时劳动者的平均报酬的 83% 下降到 69%。⑥将船员保险制度的职务外年金部分统一到厚生年金保险制度。

3. 其他制度的调整与改革

1984年对生活保护的基本制度进行了修改。主要包括：①保护基准的计算方式发生变化，即以水准均衡方式取代差距缩小方式。这将根据普通国民消费水准的变化来确定保护基准。②从1987年实施级地制度的细分化。最初的生活保护费是根据居住地（从一级地区到三级地区）来确定差距。1957年又分为四级。1987年确定为六级。保护费的最大差距为100对77.5。③将国家承担的生活保护费的一部分转移到地方，国家承担8成，地方2成。从1989年又调整为国家承担7.5成，地方承担2.5成。

为了减轻国库负担，社会福祉服务从免费原则转向有偿服务。1980年，养老院开始征收费用。这种费用征收同样适用于障碍者福祉设施。这些费用由本人负担，不足部分由具有抚养义务者支付。当然，考虑到国民的情绪和承受能力，这些征收的费用都设定了上限。尽管如此，这些措施的出台表明，日本社会福祉服务已经从免费转向有偿服务，从普遍主义转向有限度的服务。

总之，通过以上的调整、改革，日本政府基本达到了预期的目标，即减轻国库的负担。1980年，国库负担的比重达到63.9%。此后，国库负担的比重逐年降低，1985年为50.6%，1986年为45.3%，1987年为42.9%。不过，在国库负担减轻的同时，国民、地方自治体的负担却在加重。如在医疗保险和社会福祉领域，这种负担转移给受益者；而在社会福祉和生活保护领域，这种负担转嫁给地方自治体。

四、日本社会保障制度的全面改革（20世纪90年代初至至今）

20世纪90年代初，日本泡沫经济破灭，其经济发展持续低迷。从1991年到1998年，日本实际经济增长率的平均水平为1.2%。在此期间，日本工资水平的增长与企业的效率均在一个较低水平徘徊，因而，企业经营者与工人感到社会保障的负担较重。由于税收减少和实施一系列经济对策，国家财政不得不依赖发行过度的债券。在此情况下，被用者保险的被保险者日趋减少；而在国民年金和国民健康保险领域，支付保险费的失业者和不规则劳动者的被保险者则相应增加。这就使得被用者保险和地区保险的财政陷入困境。此外，日本迎来了少子化（人口减少）、高龄化社会。为了应对这种情况，以及解决支付与负担之间的平衡和代际之间、代际之内的公平性，对社会保障制度进行改革、发展可持续的社会保障制度逐渐成为共识。

1995年7月，社会保障制度审议会提出了《关于社会保障体制的再构筑劝告》，"以安心生活的21世纪的社会为目标"。该劝告认为，社会保障的理念"广泛，保障国民健康、能安心的生活"[1]，社会保障制度是由"大家创建、大家支持"。国民"有通过自身努力维持自身生活的责任"，社会保障制度是"在国民维持生活困难的情况下"由国家承担责任。2004年7月，"社会保障现状恳谈会"指出，为了将来社会保障制度的可持续发展，要对整个社会保障制度以及对税、保险费的负担和支付的现状进行重新评估。2006年5月出台的"2006年基本方针"提出，要关注自助、共助、公助与税、保险费的分担，注意代际之间与代际之内的公平，推进对整个社会保障制度的重新评估；关于社会保障的支付，要对国民可能负担的范围进行不断的评估；为了确保稳定的社会保障的财源，废除下一代的负担延期。2007年1月，日本内阁会议通过的"日本经济的方向与战略（经济财政运营的中期方针）"指出，为了构筑可持续的、可信赖的社会保障制度，在自助、共助、公助各自承担的适当负担下，谋求代际间的公平、维持与提高服务质量、效率等，降低供给

---

[1] ［日］精神保健福祉士培训小组编辑委员会编辑：《社会保障论》，健康（へるす）出版社2005年版，第7页。

成本。

为了解决高龄者的护理问题,厚生省从1994年开始研究新的护理体系,即将护理服务从措施转向契约,将护理费用从公费转向护理保险。1997年12月,《护理保险法》制定,并于2000年4月正式实施。在新的社会保障思路下,2005年,对该法案又进行了修订。这次修订的主要内容是:①关于护理预防的重点化,即确立新的服务体系及提高服务的质量。②关于利用者的负担问题,即从修改家庭和设施的给付范围的不均衡、调整年金的重复支付的观点出发,修改利用者负担的居住费等。③修改护理报酬。④废除适用于护理保险的疗养病床。

针对日本社会的少子、高龄化,2000年的年金改革将支付年金水平平均下降2成。出于对经济和人口的考虑,2004年,日本实行了新的年金制度。新的年金制度导入微观经济浮动方式,即鉴于未来被保险者数量的减少和平均寿命的延长,抑制给付水平的增加;固定未来保险费;提高基础年金国库负担比重。

在医疗方面,随着经济的低迷和被保险者的减少,保险费收入也随之减少,而老人医疗费却持续增加,结果导致不仅政府掌管的健康保险,而且2/3的健康保险工会都出现了赤字。针对这种状况,1997年出台的措施将被用者保险的本人负担从1成提高到2成,2002年又提高到3成。2006年进行的医疗制度改革提出,要实现新的医疗保险制度体系,即明确高龄者与正在工作的一代的负担,创设新的高龄者医疗制度;为了保持保险财政的稳定,以都道府县为单位,推进被保险者的再编、统合;确保安心、信赖的医疗和重视预防,即确立提供高质量医疗服务的医疗提供体制,向重视预防疾病的保健医疗体系转变;推进合理的、综合的医疗改革;疗养病床的再编等。

尽管进行了上述改革,日本社会保障制度并没有得到国民的广泛支持和认同，从这个意义上讲，日本社会保障制度改革仍将继续进行。

第二节　日本的社会保险

　　日本的社会保障有狭义的社会保障和广义的社会保障之分。狭义的社会保障包括社会保险、社会福祉、公共扶助和医疗公共卫生等四个部分，这也是一般意义上的社会保障。而广义上的社会保障则是指与社会保障相关的制度，如恩给、救援战争牺牲者、雇佣对策、住宅对策、医药品及食品安全对策等。

　　社会保险就是通过保险的方式来分散生活风险，主要包括年金保险、医疗保险、护理保险、雇佣（失业）保险、劳灾保险。社会福祉是对儿童、障碍者、高龄者、母子家庭等提供必要的社会援助，以提高他们的生活水平和自立能力。公共扶助主要是保障健康的、文化的、最低的生活，与生活保护制度相关。医疗公共卫生则是指提供预防疾病和保健指导等服务的制度。本节将主要介绍社会保险，而将社会福祉、公共扶助和医疗公共卫生单列一节作为生活救济和社会福利来论述。

一、日本年金保险制度

　　作为社会保障制度的重要一环，日本年金包括国家实施的"公的年金"（即"公共年金"）和企业自主设立或个人自主加入的"私的年金"（即"私人年金"）两种。

1. 公共年金

　　公共年金是根据国家的责任和国民的义务来设立的，并根据经济发展和物价的变动来保障年金的实际价值，是伴随人一生的终身年金，国家承担其运营事务费。公共年金原则上要保障国民年老后的基础的、标准的收入。日本的公共年金制度是包括自营业者和无工作者在内所有国民都加入国民年金制度，享受基础年金的"国民皆年金"的框架。"公共年金"包括国民年金、厚生年金和共济年金三类。

国民年金是指20岁以上60岁以下的所有国民都加入的年金制度，也被称为基础年金。根据法律，这些国民都有支付保险费的义务。参加国民年金的对象主要有三类：第一号被保险者为自营业者、农业人员、学生等；第二号被保险者为加入厚生年金的私营企业职工、加入共济年金的公务员等；第二号被保险者的配偶（20岁以上60岁以下、年收入不满130万日元者）作为第三号被保险者无须交纳保险费。1961年以自营业者为对象的国民年金制度开始实施。1985年修改后的国民年金制度设立了所有国民享有的基础年金。随着日本经济的发展变化以及人口老龄化问题，《国民年金法》几经修改，仍未达成共识。国民年金的2/3来自第一号和第二号被保险者所缴纳的保险费，1/3由国库补贴。根据日本厚生省的统计，截至2007年3月底，加入国民年金的人数为7038万人，其中第一号被保险者为2123万人，第二号被保险者为1079万人，第三号被保险者为3836万人[①]。

厚生年金是指在私营企业、工厂、商店、事务所等单位工作的职工所加入的年金制度。厚生年金的加入者同时加入国民年金。原则上，以上企事业单位只要有5人以上的正式职工就必须加入厚生年金。由于厚生年金保险的涵盖面非常广泛，因而，厚生年金与国民年金一起成为日本公共年金制度的两大支柱。但与国民年金不同的是，厚生年金保险费用是根据职工收入来确定缴纳的比例，也就

---

① 资料来自日本厚生省网站：http://www.mhlw.go.jp/topics/nenkin/zaisei/01/index.html。

是说，厚生年金与职工收入成正比。如 2005 年度的保险费率为总报酬的 14.288%，劳资双方各负担一半。保险费率每年提高 0.354%，至 2017 年固定为 18.3%。

共济年金是指各类公务员等所加入的年金制度。各类公务员（国家公务员、地方公务员、私立学校教职工）在加入共济工会后成为该工会的会员，同时也成为国民年金的被保险者。厚生年金和共济年金合称为雇员年金，家庭主妇无须缴纳雇员保险费用，满 65 岁即可领取雇员年金。

从以上可以看出，日本公共年金制度几乎覆盖了全部日本人口，这就是所谓的"国民皆保险，国民皆年金"。

2. 私人年金

私人年金是自主设立（企业年金等）和自主加入（个人年金等）的年金，其财源依赖于保险费及其运营效益。与公共年金相比，在物价高涨等经济变动的情况下，私人年金很难维持年金额的实际价值。

企业年金和个人年金被称为"私的年金"。企业年金主要有厚生年金基金和适格退职年金（2012 年 3 月将被废除）。原则上，设立这种制度的企业的职工全员加入。作为公共年金制度的补充，企业年金在一定程度上保障了雇员退休后较为富裕的老年生活。企业年金的种类繁多，主要有本社年金、中小企业退职金共济制度、特定退职金共济制度、税制适格退职年金、厚生年金基金、确定拠出年金、确定给付企业年金（规约型、基金型）等。

民间年金保险在私人年金分类中被称为个人年金，与政府运营的公共年金没有任何关系。民间年金保险由民间金融机构运营，其保险费的运营风险比公共年金要高。领取民间年金的方法主要有终身年金、保证期间付终身年金、确定年金、有期年金、保证期间付有期年金。除了民间年金保险，还有定额年金保险、变额年金保险

(投资型保险)。除了以上制度，日本还从1991年起设立了国民年金基金，以扩充国民年金第一号被保险者的老后资金设计、缩小年金差距。20岁以上60岁以下、在日本拥有居住权的所有居民都必须加入。

3. 年金的支付

年金的支付主要有三种方式：老龄年金、障害年金、遗属年金。

老龄年金有两种，即老龄基础年金和老龄厚生年金。从20岁到60岁之间交纳全部保险费满40年的，从65岁开始支付老龄基础年金。2009年度的年金额为79万2100日元。在厚生年金的被保险者期间，满足领取老龄基础年金必要资格的65岁，在老龄基础年金的基础上，再追加支付老龄厚生年金。

根据法令被认定的障害等级表（1级、2级），在障害状态期间支付障害基础年金。2009年度的障害基础年金为1级99万100日元，2级79万2100日元。在加入厚生年金期间，初次诊断的疾病或受伤，符合障害基础年金的1级或2级障害状态时，可以在障害基础年金的基础上追加支付障害厚生年金。

加入国民年金期间的国民一方死亡时，为维持生计向有未满18岁子女（未满20岁的障害者）的妻子或者子女支付遗属基础年金。2009年度的遗属基础年金为102万日元（其妻只有1名子女的情况下）。加入国民年金期间的一方死亡（加入期间因疾病从最初的诊断到在5年内死亡）时，为维持生计向其遗属（按照配偶或子女、父母、孙、祖父母的顺序）支付遗属厚生年金。

4. 2004年年金改革的主要内容

日本年金制度自1961年实施以来，经过了多次修改。但由于问题众多，且纷繁复杂，积重难返，致使年金制度的改革仍然是日本政府的头等大事。最近的一次关于年金制度重大改革是在2004年。关于这次改革，日本政府提出要建立一个"可持续的、安心的年金制度"的目标,即"要构筑与社会经济相协调的可持续的制度、确保对制度的信赖"、"为对应生活方式、劳动方式的多样化,建立让更多的人能发挥才能的社会相联系的制度"。其主要内容如下①:

(1) **年金的作用**。改革法案指出,作为支持高龄老人生活的基本部分,公共年金制度发挥了非常重要的作用。正因为此,在职员工不用担心父母的经济生活而能安心地生活。可以说,年金是高龄老人生活的基础,年金占高龄家庭收入的70%,60%的高龄家庭只有年金收入;在老龄生活的设计上,依靠年金的占70%;4个国民当中就有1人享受年金;具有支持地方经济的作用,如家庭消费的20%是在接受年金的地区等。

(2) **关于支付与负担的问题**。修改前是首先设定支付水平,再确定必要的负担(即保险费)。修改后的原则是,首先设定未来负担的上限,然后在这个范围内调整支付水平。这主要是解决缴纳保险费的减少与支付增加之间的不平衡问题。为了保证年金财政的均衡,改革法案提出以下措施:①极力抑制保险费的上升,固定未来的缴纳水平。改革前的厚生年金的保险费率是13.58%,改革后的保险费率从2004年10月起每年提高0.354%,到2017年以后固定在18.3%的水平上。改革前的国民年金每月缴费是13300日元,改革后每月缴费从2005年4月开始每年提高280日元,到2017年以后固定为每月缴费16900日元。②将国家负担基础年金的1/3提高至1/2。从2004年开始着手,到2009年完全实现。③为补充下代和下下代的支付,要灵活运用公积金。④建立支持年金的能力和支付的平衡的框架。改变目前年金额只根据工资和物价上涨幅度进行调整的做法,引入了浮动调整率的概念。所谓的浮动调整率就是公共年金被保险者数的减少率加确定平均寿命延长的一定率。通常情况下,

---

① 以下内容请参考日本厚生劳动省年金局出版的《平成16年年金改正的要点》。

年金额由于工资和物价的上涨而相应增加。改革以后,年金额也将反映出被保险者数量的减少和平均寿命的延长,从而抑制年金的上涨。⑤确保支持老年生活基本部分的支付水平。改革法案确保标准的享受年金的家庭的支付水平(夫妇的基础年金加丈夫的厚生年金)超过在职职工平均年收入的50%。第一次享受年金以后的年金额随着物价的上涨而增加,但通常是工资上升的幅度要大于物价上升的幅度,因而与现在的在职职工的收入比来看,年金额有可能会下降。因此将随着在职职工人口的减少及时调整支付标准。改革前的支付水平是59.3%,从2004年开始调整,到2023年调整为50.2%。

(3) **生活方式、工作方式多样化的应对措施**。这主要是针对高龄老人、女性、残疾人等多种生活方式、工作方式,以及高龄老人的就业与年金、女性与年金、年金制度中关于对抚养下一代的援助、残疾人年金的改善等而提出的措施。

有关女性与年金的问题主要是关于离婚时厚生年金的分割。从2007年4月起,随丈夫加入国民年金的妻子一方,离婚时可要求将丈夫所得的厚生年金予以分割,妻子一方具有直接享受一半年金的领受资格。

关于遗族年金的修改。从2007年4月起,子女未满30岁的遗族配偶领取遗族年金的期限由无限期改为只有5年的领取时间。妻子自身的老龄厚生年金全额支付。

对抚养下一代的援助。从2005年4月起,将因育儿暂时无法工作的免除保险费的对象从孩子未满1岁扩大至未满3岁。孩子在3岁之前,在工作时间缩短、标准报酬低下的情况下,可根据孩子出生前的标准报酬来确定年金额。

关于高龄老人的就业与年金问题。为不妨碍60岁高龄老人的就业,从2005年4月起废除在职老龄厚生年金一律停止支付2成的规定。为保证世代间的公平,对70岁以上的老龄厚生年金的支付进行了调整，即当工资和厚生年金超过 48 万日元时，对年金额度进行调整。但基础年金不停止支付。

关于残疾人基础年金的问题。从 2006 年 4 月起，残疾人有选择残疾基础年金加老龄厚生年金的可能性。而在此前，只能二者取其一。

关于短时间劳动者的厚生年金的问题。目前，劳动时间不到通常劳动时间的 3/4 的劳动者没有成为厚生年金的适用对象。改革法案表示，随着就业形态多样化的发展，以及从充实年金保障的角度来看，将厚生年金的适用对象扩大至短时间劳动者具有重大意义。但同时也要考虑到这是否会增加企业和短时间劳动者的负担，以及社会经济的状况等。

（4）关于自营业者等保险费（国民年金保险费）的收缴对策。2003 年缴纳保险费的自营业者的比例从 1996 年的 82.9% 下降至 63.4%。改革法案的目标是在 2007 年实现 80% 的缴纳率。为此，从 2006 年 7 月起导入多阶段免除制度，即在现行的全额免除、半额免除的基础上，增加免除 3/4、免除 1/4 的阶段。此外，从 2005 年 4 月起设立针对年轻人的缴纳延期制度，即 20 岁左右的年轻人可在 10 年内追加缴纳保险费。这是因为，现在由于失业等造成的低收入的年轻人与收入高的父母住在一起时不能成为免除保险费的对象。

（5）关于向年轻人提供容易理解的有关年金的信息。这主要是针对目前缴纳保险费数量低下而采取的措施。从 2008 年 4 月起，为了让在职职工，特别是年轻人加深对年金制度的理解，建立让人容易理解的、能切实感受到的年金给付制度的机制是必要的，如定期通知个人年金收缴账户信息、如何计算未来的年金额等。

（6）企业年金的充实、安定化。为此，改革法案提出以下措施：①解除对厚生年金基金的免除保险费率的冻结。2000 年修改年金法案时曾规定，根据经济形势等，冻结了厚生年金本体的保险费率的提高，免除保险费率也被冻结。从2005年4月起，解除这种冻结，在根据最近的平均寿命、厚生年金本体的预定利率的基础上进行修改、确定。现行的免除保险费率为2.8%，预计未来的免除保险费率为3.7%至3.8%。②解散厚生年金基金的特别措施。在解散时没有确保最低责任预备金，在接受缴纳计划承诺的基础上可以承认分期缴纳不足部分（原则在5年之内）。该特别措施的期限是3年。

二、日本的医疗保障制度

1. 日本的医疗保险制度

根据"国民皆保险"，日本的医疗保险制度要求所有国民加入公共医疗保险制度，从而接受基本的、必要的医疗服务。日本的医疗保险制度是以6部法律作为实施依据，即《健康保险法》、《船员保险法》、《国家公务员共济工会法》、《地方公务员等共济工会法》、《私立学校教职员共济法》、《国民健康保险法》，强制适用于全部国民，从而实现"国民皆保险"。医疗保险制度分为以被用者为对象的被用者保险（"职场保险"）和以被用者以外的地区普通居民为对象的居民保险（"地区保险"）两种。

被用者保险的核心是健康保险，主要包括以政府为保险者的政府管理健康保险（简称为"政管保险"）和以健康保险工会（简称为"健保工会"）为保险者的工会管理健康保险。政管保险主要是以设立健保工会企业以外的中小企业为对象。常年有700人以上职工的企业与具有多个相同业务的企业，以及在一定区域内聚集多个不同行业的企业，其职工人数在3000人以上的，经过厚生劳动大臣的认可，可以设立健保工会。

船员保险是政府（社会保险厅）将船员作为船舶所有者的被使用者，以其对象的保险。

国家公务员共济工会由财务省管辖，原则上各省厅设立1个工会。

　　地方公务员等共济工会由总务省管辖，包括以都道府县的职员（除了公立学校的职员和警察外）为对象的地方职员共济工会，以公立学校的职员等为对象的公立学校共济工会，以都道府县的警察为对象的警察共济工会，以东京都的职员（包括特别区的职员，除了公立学校的职员和警察）为对象的都职员共济工会，以指定都市的职员（除了公立学校的职员外）为对象的指定都市职员共济工会，以指定都市以外的市及町村的职员为对象的市町村共济工会。

　　私立学校教职员共济制度由文部省管辖，以保险者为私立学校的教职工为对象。

　　地区保险是在国民健康保险中以农林渔业、工商业等的自营业者，不适用于被用者保险的企业员工，高龄退休人员等为对象。国民健康保险的保险者原则上是在市町村，此外，相同行业以及企业职工在300人以上的集团在全国设立1个或在都道府县分别设立国民健康保险工会。主要的行业包括医生、牙科医生、药剂师、土木建筑业、美容美发业、律师等。

　　上述各保险制度的适用者数量的情况是，到2009年，国民健康保险约5030万人（市町村国保4619万人，国保工会411万人），健康保险约6635万人（政管保险3585万人，健保工会3047万人，日雇特例3万人），船员保险约20万人，剩下的3种共济保险制度合计约979万人。

　　关于医疗保险的给付与负担，到2003年，在各种医疗保险中，保险者一般负担3成，未满3岁的负担2成，70岁以上的老人只负担1成。除普通医疗外，日本还出台了一个高额医疗费制度。根据该制度，未满70岁的普通居民的负担为：80100日元+（医疗费－267000日元）×1%。高收入者（月收入56万日元以上者）的负担为：150000日元+（医疗费－500000日元）×1%。低收入者的负担为35400日元。根据家庭合计基准额,在同一个月多次出现21000日元以上的负担的情况下,将此进行合计来支付,即如果在12个月期间已经出现了3次,那么,从第4次开始,患者的负担额为:高收入者83400日元,普通居民44400日元,低收入者24600日元。70岁以上、未满75岁仍在工作的患者的负担为:80100日元+(医疗费-500000日元)×1%。普通患者为44400日元,低收入者24600日元。对于长期疾病患者如血友病患者、进行人工透析的慢性肾不全患者等的高额负担为,患者自己负担的限额为1万日元。

日本的国民医疗费从1954年开始逐年增加,每年增加约2151亿日元。自1961实行"国民皆保险"开始急剧增加,到1978年时,国民医疗费达到10兆日元,其后以每年1兆日元的速度递增,到2005—2006年,达到33兆日元。1985年,国民医疗费还只占国民收入的6.1%,到1998年就已经达到8%,2005年时一度达到9%,2006年略有下降。在整个国民医疗费中,老人医疗费从1993年开始就达到30%,在最高的1999年一度达到38.4%,随后开始有所降低,但在2006年仍达到34%[①]。

2. 保险医疗制度

在"国民皆保险"体制下,行使保险医疗的主体是在治疗方面被称为"个人"的医生、牙科医生、药剂师和被称为"机关"的承担医疗费申请等事务的、经济责任的医院、诊所或者药店。根据《健康保险法》,保险医疗是由地方社会保险事务局长指定的保险医疗机关或者是保险药店、在地方社会保险事务局登记在册的保险医生或者是保险药剂师来执行。

保险医疗机关以及保险药店在治疗费用的给付方面,保险医生以及保险药剂师在治疗、配药方面,必须接受厚生劳动大臣或者是

---

① 以上资料参考日本厚生劳动省网站:http://www.mhlw.go.jp/bunya/iryouhoken/iryouhoken01/01.html。

地方社会保险事务局长的指导。如果在接收治疗费用申请时有不正当行为、违反治疗费相关规定，地方社会保险事务局长在向地方社会保险医疗协会咨询后，可以取消保险医疗机关的指定和保险医生的注册。在被取消之后的5年内，拒绝其的再指定、再注册。

日本禁止保险治疗和自由治疗的混合治疗。如果医疗的一部分不被保险认可，原则上该患者的所有医疗将成为自由治疗。不过，也存在特殊的情况，即被"特定承认保险医疗机关"所承认。作为保险医疗，不被认可进行高度先进医疗的大学医院、国立医院等特定的医疗机关，如果得到地方社会保险事务局长的承认，就可以成为"特定承认保险医疗机关"。在高度先进的医疗费用中，基础的部分作为特定疗养费成为保险给付的对象，差额部分由患者负担。

在健康保险法中，保险医疗机关及保险医生根据一定的基准进行保险医疗。即使是老人医疗，也同样要根据老人保健法的规定，按照疗养办理所关于医疗及入院时的饮食疗养费及特定疗养费和相关的基准来认定。

健康保险的治疗报酬，由厚生劳动大臣向中央社会保险医疗协议会咨询后来确定。其他的医疗保险及生活保护法等的公费负担医疗的治疗报酬，根据健康保险的先例计算出来。现行的治疗报酬，以计件付酬方式或点数单价方式为基本来计算。根据每个提供的医疗行为确定点数（1点10日元），以此累计的结果就是治疗报酬。此外，根据显示的金额，保险药店的调剂报酬按调剂报酬算定表计算出来。

根据医疗保险规定，来自保险医疗机关的治疗报酬申请，由第三方机关代替每个保险者进行治疗报酬的审查、支付。被用者保险的机关由社会保险治疗报酬支付基金在全国都道府县设立支部。国民健康保险的机关是以都道府县为单位来设置的国民健康保险团体联合会。审查、支付的机关由都道府县的支部或者联合会设置的审查委员会来进行审查。委员会的成员由治疗担当者代表、保险者代表、学识经验者（公益代表）构成。对于高额的治疗报酬申请明细表，支付基金在总部、国民健康保险团体联合会在国民健康保险中央委员会设置特别审查委员会来处理。

3. 2006 年医疗制度改革

2005 年 12 月，日本执政党医疗改革协议会提交了《医疗制度改革大纲》。2006 年 1 月，厚生劳动省发表关于医疗制度改革大纲的改革基本思路。从这一年开始，日本进行了医疗制度方面的相关改革。其主要内容如下：

（1）**关于确保安心、信赖的医疗和重视预防**。首先是要从患者的角度出发，构筑安全、安心、高质量的医疗体制。关于医疗及医疗机关信息不足的问题，改革大纲提出要重新评估医疗计划制度，并要求各县、各地区公开信息；对于由于不清楚所接受的医疗流程而产生的不安，改革大纲提出，为了普及地区合作的关键路径，推进根据数值目标的设定等所创立的无盲点体制；对于在家疗养生活的不安，改革大纲提出，在地区内进行整合十分重要，即以医生发挥机能为中心，多种职业相互合作；对于没有生活伙伴的在家疗养者的不安，改革大纲提出要整合多种居住的场所，普及在家医疗体制。其次是对于预防的重视。近年来，以中高年男性为中心的肥胖者比例逐年增加，而肥胖容易造成心脑血管等多种并发症。为此，《医疗制度改革大纲》导入"代谢综合征"（metabolic syndrome）的概念，为使在国民运动、饮食生活、吸烟等方面形成良好的生活习惯，展开国民运动，促进国民及其相关者对于预防的重视。对于生活习惯病的预防，要明确保险者的职责与作用，使其有义务对被保险者、被抚养者进行有成效的、有效率的健康保健指导。

（2）**关于推进医疗费的综合改革**。为了抑制医疗费用的日益膨胀，大纲提出要减少糖尿病等患者和预备人群、缩短平均住院天数等。为此,大纲提出了一个五年计划,提出政策目标,即将生活习惯病患者、预备人群减少25%;将全国平均36天的住院天数与最短的天数,即长野县的27天的差距缩小一半。

(3)关于对医疗保险制度的重新评估。首先是创设新的高龄者医疗制度,即建立一个可以通过负担的公平化、透明化来容易理解的框架。设立独立的"后期高龄者(75岁以上)医疗制度";前期高龄者(65—74岁)通过与被用者保险的财政调整,减轻"国保"的负担;提供重视高龄者生活质量的医疗服务。其次是对都道府县的保险者进行再编、统合。"政管健保"作为保险者,设立独立于国家的公法人,市町村"国保"则要在都道府县单位内进行整体推进。

三、日本的护理保险制度

日本之所以创立护理保险制度,主要是因为其面临着非常严峻的人口老龄化问题。根据日本国立社会保障、人口问题研究2002年发表的《日本未来推算人口》,65岁以上的高龄者在2000年为2204万人(占总人口的17.4%),到2010年将达到2874万人(占总人口的22.5%),到2025年达到3473万人(占总人口的28.7%)。而根据厚生省的估计,需要护理的高龄者在2000年为280万人,2010年为390万人,2025年达到520万人。而那些75岁以上的高龄者更是需要护理。[1] 可以说,护理问题是日本国民老后生活的最大担忧。而现行的制度又无法解决这一问题。正是在这一背景下,1999年12月,《护理保险法》颁布,并从2000年4月1日起开始实施。

护理保险制度的目的是,要使那些因年龄的增长而出现各种疾病且需要护理的高龄者能根据自身能力进行自立的日常生活。通过提供必要的保健医疗服务及福祉服务,提高国民的保健医疗,增进

---

[1] [日]精神保健福祉士培训小组编辑委员会编辑:《社会保障论》,健康(へるす)出版社2005年版,第126页。

福祉。

护理保险给付的基本理念是：①减轻需要护理的状态，防止进一步恶化。②与医疗进行合作。③根据被保险者的身心状况、环境等，提供适合的保健医疗、福祉服务。④在可能的情况下，使被保险者能够在自己的家中进行与其能力相符的自立生活。

护理保险制度采用社会保险方式，即以市町村为保险者、以40岁以上的居民为被保险者。被保险者包括：65岁以上的高龄者（第1号被保险者）和从40岁到64岁之间的加入医疗保险的高龄者（第2号被保险者）。如果被保险者存在下列情况：①在洗澡、上厕所、吃饭等日常生活方面有护理的必要。②因身体虚弱而必须提供适当的服务，可以成为保险给付的对象。此外，从40岁到64岁之间、随着年龄增加而出现的中风、老年痴呆、需要护理的高龄者，也可以提供保险给付。

护理保险法定缴纳的费用由公费和保险费组成，各占50%。50%的公费负担中，国家负担25%，都道府县负担12.5%，市町村负担12.5%。在50%的保险费中，第1号被保险者和第2号被保险者的每人平均保险费应处于相同的水平。在制度实行初期的2000年，第1号被保险者和第2号被保险者的负担分别为17%和33%，20003年时为18%和32%。

每个市町村根据护理保险的中期财政运营来确定第1号保险费的基准额，每3年修订一次。在基准额确定后，每个被保险者的保险费根据其负担能力（收入水平）确定5个档次的定额保险费。第一档是生活保护领取者、不缴纳赋税的市町村家庭以及老龄福祉年金领取者。该类人群的比例约为2%，其保险费为基准额0.5。第二档为不缴纳赋税的市町村家庭。该类人群的比例约为34%，其保险费为基准额0.75。第三档为不缴纳赋税的市町村民。该类人群的比例约为39%，其保险费为基准额1。第四档为缴纳赋税的市町村民

（其年收入未满250万日元）。该类人群的比例约为13%，其保险费为基准额1.25。第五档为缴纳赋税的市町村民（其年收入在250万日元以上）。该类人群的比例约为12%，其保险费为基准额1.5。第2号护理保险费是和医疗保险费一起征收的，由医疗保险的各保险者将第2号被保险者医疗保险费的一部分作为护理保险费，交纳给社会保险治疗报酬支付基金。

关于利用者（需要护理的高龄者）的负担，原则上利用者只负担家庭服务、设施服务等费用的1成。设施服务由护理保险给付，家庭服务的伙食费则在保险给付之外。为了确保需要家庭护理者负担的公平，厚生劳动大臣设定了一个家庭所负担的平均伙食标准，即780日元，低收入家庭的伙食负担还要减轻。不过，由于支付1成的护理负担，利用者的负担还是很高。对于超出一定额度的负担，超出部分由市町村支付高额护理服务费和高额家庭支援服务费。

保险给付的种类有：①护理给付，主要包括家庭护理服务费、特例家庭护理服务费、家庭护理福祉用具购置费、家庭护理住宅改修费、家庭护理服务计划费、特例家庭护理服务计划费、设施护理服务费、特例设施护理服务费、高额护理服务费等9种。②预防给付，主要包括家庭支援服务费、特例家庭支援服务费、家庭支援福祉用具购入费、家庭支援住宅改修费、家庭支援服务计划费、特例家庭支援服务计划费、高额家庭支援服务费等7种。③市町村特别给付及保健福祉事业。

关于偿还支付与实物给付。接受护理等服务的被保险者应向服务提供者支付所需的全部费用，接受来自保险者的全部费用或部分费用就是偿还支付方式。而家庭护理服务计划费、设施护理服务费、家庭支援服务计划费则是通过"代理收领方式"实现实物给付。"代理收领方式"就是市町村（保险者）代替接受服务的被保险者，向服务提供者支付费用，也就是说，服务提供者代替被保险者从市町村领取费用。从金额上看，大部分给付的护理保险实际上是实物给付。

护理保险的总费用和给付费自护理保险制度实施以来，以每年10%的速度增长。2000年的费用为3.6兆日元，2001年为4.6兆日元，2002年为5.2兆日元，2003年为5.7兆日元，2004年为6.1兆日元，2005年为6.7兆日元。1号保险费用在2000—2002年度的月平均额为2911日元，2003—2005年度的月平均额为3293日元。护理给付费的支付在2000—2002年度为4兆日元，2003—2005年度为5.5兆日元。

四、雇佣保险制度

雇佣保险制度是针对因退休而失去生活手段者支付各种补贴，以安定生活，并对其再就业进行支援。雇佣保险原则上适用于所有企业，而不管企业的种类、规模等，但也有一定范围的劳动者被排除在外。在农林、畜牧、水产、养蚕等企业，平常雇佣不满5人的、个人经营的企业主可以自由加入，如被厚生劳动大臣认可，雇佣保险就适用于该企业。

雇佣保险的被保险者包括被企业雇佣的劳动者、65岁以后被雇佣的劳动者、临时劳动者、日雇佣劳动者、在4个月期间被季节性企业雇佣者、船员保险的被保险者。根据领取给付的种类，被保险者分为4类：①一般被保险者；②高龄继续被保险者，即达到65岁以后继续被同一企业主雇佣的被保险者；③短期雇佣特例被保险者，即季节性被雇佣者和不满1年的短期被雇佣者；④日雇佣劳动被保险者。

关于失业等津贴。失业就是被保险者离职，不管是否具有劳动的意愿或能力，而处于没有职业的状态。如果要领取失业等津贴，应由公共职业安定所长根据离职的被保险者的申请来进行确定。雇佣保险的补贴分为四种：①求职者津贴，即以保证失业时的社会安定和求职活动的援助为目的；②就职促进津贴，即以援助、促进失业者的再就业为目的；③教育训练津贴，即在接受厚生劳动大臣指定的有关职业的教育训练时的补贴；④继续雇佣津贴，即援助、促进高龄者和女性的职业生活。

基本失业津贴原则上等于其离职前6个月的工资总额除以180，乘以50%—80%的系数。基本失业的日津贴额的下限为1688日元，上限则根据年龄段来设定，未满30岁的为6330日元，30—45岁的为7030日元，45—60岁的为7730日元，60—65岁的为6741日元。失业津贴的发放天数根据失业者离职时的年龄、工龄及雇佣形态不同而有所不同。一般来说，工龄越长、年龄越大，领取失业津贴的天数也越长。如工作不满1年的失业者以及1年以上、未满5年的30—45岁的失业者领取的津贴天数均为90日，工作1年以上、未满5年的45—60岁的失业者领取津贴的天数为180日，工作1年以上、未满5年的60—65岁的失业者领取的津贴天数为150日；5年以上、未满10年的不满30岁的为120日，30—45岁、60—65岁的为180日，45—60岁的为240日；10年以上、未满20年的不满30岁的为180日，30—35岁、60—65岁的为210日，35—45岁的为240日，45—60岁的为270日；20年以上的30—35岁、60—65岁的为240日，35—45岁的为270日，45—60岁的为330日。此外，失业未满1年的、未满65岁的就职困难者为150日，失业1年以上、未满45岁的为300日，45—65岁的为360日。雇佣保险的领取期限原则上为离职第二天后的1年以内，领取失业津贴天数为330日的为1年零1个月，360日的为1年零2个月。因为疾病、伤痛、妊娠、育儿等连续30日不能工作时，可以延长领取津贴期限，但最长期限为3年。

就职促进津贴主要包括就业津贴、再就职津贴、常用就职准备津贴等。就业津贴是在常用雇佣等以外的形态就业的情况下,基本津贴的支付剩余天数在领取津贴天数的 1/3 以上(或 45 天以上)且符合一定的条件就可以支付的津贴,其支付额为就业日 30% 基本津贴日额(有一定的上限,即平均每天的支付额的上限为 1762 日元,60—65 岁的为 1421 日元)。再就职津贴是基本津贴的领取资格者在获得稳定就业的情况下,基本津贴的支付剩余天数在领取津贴天数的 1/3 以上(或 45 天以上),符合一定条件应该被支付的津贴,其支付额为领取基本津贴天数的剩余天数 30% 基本津贴日额(有一定的上限,即基本津贴日额的上限为 5875 日元,60—65 岁的为 4738 日元)。不过,从 2009 年 3 月 31 日开始到 2012 年 3 月 31 日,在此期间获得稳定就业的,基本津贴的剩余支付天数在 1/3 以上的情况下,其支付额为领取基本津贴天数的剩余天数 40% 基本津贴日额;基本津贴的剩余支付天数在 2/3 以上的情况下,其支付额为领取基本津贴天数的剩余天数 50% 基本津贴日额。常用就职准备津贴是基本津贴等的领取资格者在因身体障碍等而就业困难的情况获得稳定就业的,基本津贴的支付剩余天数在领取津贴天数不满 1/3 或不满 45 天、符合一定条件应被支付的津贴,其支付额为 90×30%×基本津贴日额(基本津贴日额的上限为 5875 日元,60—65 岁的为 4738 日元)①。

教育训练津贴制度是为了援助那些有劳动能力的人进行能力开发,以促进雇佣的稳定和再就业为目的的雇佣保险的津贴制度。只要接受了厚生劳动大臣指定的职业教育训练,无论是否是普通保险者,在学习结束后应支付的津贴即教育训练津贴。根据一定条件,雇佣保险的被保险者期限为 3 年以上的、接受训练者应支付的教育费用的 20%。超过 10 万日元的最多支付 10 万日元,没有超过 4 千

---

① 以上资料参考日本厚生劳动省网站:http://www.hellowork.go.jp/html/info_1_h3b.html。

日元的不予支付。

　　继续雇佣津贴包括高年龄继续雇佣津贴、育儿休业（误工）津贴和护理休业津贴。高年龄继续雇佣津贴有高年龄继续雇佣基本津贴和高年龄再就职津贴两种。高年龄继续雇佣基本津贴是指到了60岁退休年龄，继续雇佣后的工资不到60岁时工资的75%的情况下应支付的津贴，其对象为被保险者期限在5年以上的60岁以上、不满65岁的被保险者。支付对象的工资如果在34万8177日元以上的不在此列。支付的津贴为，工资在不到60岁时工资的61%以下的为每月工资的15%，超过61%、不满75%的为不到每月工资的15%（每月工资超过33万7343日元的不予支付）。高年龄继续雇佣津贴的支付期限为被保险者60岁生日到65岁生日。而高年龄在就职津贴的支付期限为在其就职后的当月开始后的1年或2年。

　　育儿休业津贴包括在育儿休业期间支付的"育儿休业基本津贴"和育儿休业结束后6个月时支付的"育儿休业者回归职场津贴"。育儿休业津贴的条件是，在普通被保险者为了养育不满1岁的幼儿而取得育儿休业的情况下，以育儿休业前2年间工资支付基础天数在11天以上的、月份在12个月以上，就可以确认领取资格。"育儿休业者回归职场津贴"是在育儿休业结束后6个月内被雇佣的情况下支付的津贴。"育儿休业基本津贴"的支付额原则上为休业开始时的每日工资支付天数30%。"育儿休业者回归职场津贴"为休业开始时的每日工资育儿休业基本津贴被支付的天数的10%。

　　护理休业津贴是指在为了照顾家人而休业的情况下，在护理休业开始前的2年间其工资支付的基础天数在11天以上的、月份超过12个月以上就可以获得的津贴。护理休业津贴的支付额原则上为休业开始时的每日工资支付天数40%。

　　除了失业等方面的津贴外，雇佣保险制度还在企业主的保险费负担方面实行了三项措施：即雇佣安定事业、能力开发事业、雇佣福祉事业。雇佣安定事业是为了预防失业、增大雇佣机会等，保持雇佣的稳定，对企业缴纳的各种保险费用进行补贴。雇佣安定事业包括雇佣调整助成金、促进继续雇佣稳定助成金、地区雇佣开发促进助成金、特定求职者雇佣开发助成金、育儿护理费用助成金等。能力开发事业就是为了促进职业能力的提高、开发，对企业或企业团体以职业训练为目的的各种教育研修等进行补贴。雇佣福祉事业就是为了改善职业生活环境、帮助就业等进行援助，如临时宿舍、各种福祉援助设施的设置、运营等。此外，还包括对障碍者的就业进行援助。

五、劳动者灾害补偿保险制度

劳动者灾害补偿保险制度实质上就是工伤补偿保险制度，即因为工作原因或通勤途中而造成劳动者遭受伤害、疾病、障碍、死亡时，由政府管理的保险机构提供保险给付，保障劳动者本人及其家庭维持基本生活的一种保险制度。劳动者灾害保险补偿制度原则上适用于所有雇佣劳动者的企业，而不论劳动者的雇佣形态如临时工等。从这一点上讲，劳动者灾害补偿保险制度的适用对象比雇佣保险制度要更广泛。但国家直接经营的企业如邮政、国有林业、印刷、造币和作为管理机关的政府部门、船员保险的被保险者不在此列。此外，雇佣不满5人的、个人经营的农林、畜牧、养蚕、水产企业，由于灾害发生几率低且费用负担大，可以根据情况选择自由加入。由于将劳动基准法上的企业主的补偿责任保险制度化，因而，劳动者灾害保险制度的费用基本上是由企业主承担。不过，从政策上考虑，国家也承担部分保险费用。此外，劳动者也负担部分保险费，原则是征收200日元。劳动者灾害保险费与雇佣保险费一起征收。

劳动者灾害补偿保险制度的保险给付额的计算基础是给付基础

日工资额，原则上相当于劳动基准法第 12 条的平均工资，即：平均工资（给付基础日工资额）＝工伤前 3 个月的工资总额/工伤前 3 个月的总天数。如果在工伤前的 3 个月中，劳动者因为工作之外的原因而请假，那么，请假期间的工资和天数要分别从工资总额和总天数中除去，即平均工资（给付基础日工资额）＝（工伤前 3 个月的工资总额－请假期间的工资）／（工伤前 3 个月的总天数－请假天数）。给付基础日工资额是浮动的，即根据工资水平的调整而做出调整。为了保障劳动者的利益，根据法律规定，政府制定了给付基础日工资额的最低保障额（目前为 4180 日元）。这一基准随着工资的变化而适时调整。

因为工作、通勤而发生的灾害保险给付主要有疗养补偿给付、休业补偿给付、伤病补偿年金、障碍补偿给付、遗属补偿给付、丧葬费、护理补偿给付等 7 种。①疗养补偿给付有疗养给付（也就是实物给付）和支付疗养费用两种。在劳灾医院和劳灾指定医院进行治疗、疗养时，原则上以医疗服务的实物给付为主，但也可以支付一定的疗养费用。②休业补偿给付的给付额相当于工伤前收入的 80%。③伤病补偿年金是指在劳动者经过 1 年 6 个月的疗养后没有治愈的，其伤病程度处于从第 1 级到 3 级的障碍状态，那么，伤病补偿年金取代休业补偿给付而成为支付方式。此外，劳动福祉事业还将支付伤病特别支付金，3 级为 100 万日元，2 级为 107 万日元，1 级为 114 万日元。④障碍补偿给付。对因工造成身体障碍的，根据障碍等级程度支付障碍补偿给付。障碍等级程度为从 1 级到 7 级重残的，支付年金；从 8 级到 14 级的支付临时补偿金。此外，劳动福祉事业还将支付伤病特别支付金，从 14 级的 8 万日元到 1 级的 342 万日元不等。⑤遗属补偿给付。在劳动者因工作而死亡的情况下，对死者家属支付年金或临时补偿金。劳动福祉事业还将支付遗属特别支付金。⑥丧葬费。在劳动者因工作而死亡的情况下，要支付丧葬费。给付额为 31 万 5 千日元加上 30 天的给付基础日工资。⑦护理补偿给付。领取障碍补偿年金或伤病补偿年金从 1 级到 2 级的精神神经障碍或胸腹器官障碍的劳动者，在需要护理的情况下须支付护理补偿给付。给付额为，常年护理的为月额 56950—10 万 4970 日元，临时护理的为每月 28480—52490 日元。

第三节　日本的生活救济与社会福利

一、社会津贴

日本的社会保障是将社会保险制度与国家扶助统合在一起的制度，如从收入保障制度看，年金等社会保障制度和生活保护制度都起着非常重要的作用。但是，在收入保障领域，也有社会保险、国家扶助无法覆盖的地方。这样，社会津贴就应运而生。日本的社会津贴主要包括儿童津贴、儿童抚养津贴、特别儿童抚养津贴和对障碍儿、障碍者的津贴。

1. 儿童津贴

儿童津贴的对象是 0—12 岁的儿童，通常为小学毕业前的儿童。只要在此年龄段的儿童都享受儿童津贴，而不论国籍、居住地。不过，儿童津贴不是针对儿童本身，而是对于抚养儿童者进行补贴，以保障抚养儿童的家庭的生活安定以及儿童的健康成长。但是，领取儿童津贴者还有一定的资格限制，也就是说，领取者的收入达到一定额度是不能支付儿童津贴的。这个限制是根据领取津贴者的抚养亲属数量和加入年金等而有所变化（2006 年 4 月以后实行）。具体见下图。

抚养亲属及抚养对象、配偶者人数	加入国民年金者、未加入年金者等	厚生年金等加入者
0 人	460 万日元	532 万日元
1 人	498 万日元	570 万日元
2 人	536 万日元	608 万日元
3 人	574 万日元	646 万日元
以后	每增加 1 人，就增加 38 万日元。	

儿童津贴的额度根据儿童的数量来决定。如果有 2 个以下的儿童，每人每月支付的儿童津贴为 5 千日元，从第 3 个儿童开始，其后的每个儿童每月支付 1 万日元。对于不满 3 岁的儿童，不论出生顺序，一律支付 1 万日元。

儿童津贴的费用负担基本上是由国家、都道府县、市区町村各承担1/3。但是，对于未满 3 岁的儿童以及领取者在加入厚生年金等的情况下，负担比例有所变化。从有关儿童的成长过程中的费用由社会全体负担的角度出发，政府对以厚生年金等为对象的企业征收相关费用。在领取者加入厚生年金等的情况下，儿童津贴的 7 成由企业负担，国家、都道府县、市区町村承担剩余的 3 成，其比例为 2:0.5:0.5。如果领取者没有加入厚生年金等，那么，国家、都道府县、市区町村各承担1/3。在儿童已满 3 岁的情况下，无论领取者是否加入年金及收入多少，国家、都道府县、市区町村都分别承担1/3。

2. 儿童抚养津贴

儿童抚养津贴是对因离婚等而分开的母子家庭的母亲等给予的经济津贴。在年金制度确立后，对于死去丈夫的母子家庭发放了母子福祉年金，但这对于那些因离婚而与丈夫分开的母子家庭却不公平。除了因离婚而出现的母子家庭，还有被父亲遗弃的家庭以及父亲是障碍者的家庭，实质上是与母子家庭面临着相同的状况。为此，日本政府于1961年设立了儿童抚养津贴。但是，随着离婚的增加，需要支付的对象也随之增加。1985年的福祉制度改革，一度将母子福祉年金转移至遗属年金。后来，各都道府县的审查事务承担了这项工作。2002年，作为地方分权的一环，又将该事务移交给市。津贴的支付额根据来自父亲的养育费来作为收入参考来计算。

儿童抚养津贴的支付对象为被母亲或父母亲以外的人抚养的、未满18岁的儿童。此外，如果儿童为领取特别儿童抚养津贴的障碍者，那么，只要未满20岁的，都可以成为儿童抚养津贴的对象。在这种情况下，该儿童可享受儿童抚养津贴和特别儿童抚养津贴。如果儿童在小学六年级以下，可以同时享受儿童津贴。

领取儿童抚养津贴的条件有：父母离婚；父亲死亡；父亲处于一定程度的障碍状态；父亲生死不明；其他条件为被父亲遗弃的儿童；被父亲拘禁1年以上的儿童；母亲未婚生下的儿童；孤儿等。不过，如有以下情况，就不能支付津贴，即：在日本国内没有住所；在父亲、母亲死亡时能够领取年金、劳灾保险等的；成为父亲年金的加算对象的；受养父母委托的；与父亲一起生活的（父亲是障碍者除外）；母亲再婚后，作为继子被母亲的配偶养育的等。

儿童抚养津贴包括基本额和根据收入决定的支付停止额。基本额为：儿童为1名的，月支付额为4万1729日元；儿童为2名的，月支付额为4万6720万日元；儿童为3名的，月支付额为4万9720日元；以后每增加1名儿童的，月支付额追加3000日元。支付停止额根据领取津贴者和其民法上的抚养义务者的所得税上的收入来确定。其基准额根据领取津贴者的抚养亲属数量而变化。具体见下图。

抚养亲属及抚养对象、配偶者人数	全额支付的限额	部分支付的限额	配偶者、抚养义务者、孤儿的养育者
0人	19万円①	192万円	236万円
1人	57万円	230万円	274万円
2人	95万円	268万円	312万円
3人	133万円	306万円	350万円
以后	每增加1人，就追加38万円。		

从2002年起，儿童的母亲在接受津贴的情况下，根据上年从儿童父亲那里得到的养育费用的8成来计算收入所得。基准额与年金等一样，也导入物价浮动制，即根据上年的消费者物价指数进行增减。领取儿童抚养津贴者可以向自己所在市区町村申请，审查后就可以领取。居住在其他市区町村的儿童也可以申请。每年分4、8、12月三次支付。到2007年3月，共有95万5741人领取了儿童抚养津贴。

儿童抚养津贴曾经作为年金的准备制度，是由国家全额负担。1985年福祉制度改革后，与生活保护制度等一样，也由地方共同负担。目前，国家负担所支付额的1/3，剩下的2/3由地方（都到府县及市）来负担。

3. 特别儿童抚养津贴

特别儿童抚养津贴是谋求增进精神或者身体出现障碍、未满20岁的儿童的福祉，对儿童保护人支付的国家津贴。但是，在福祉设施进入儿童住所的情况下，将不支付特别儿童抚养津贴。

接受津贴者必须经过都道府县知事的认定获得领取资格。根据法律规定，2005年的津贴额为1级5万900日元，2级3万3900日元。以此为基准，再根据全国消费者物价指数进行浮动。2006年的

---

① 日本的通货单位——日元。

津贴额为1级5万750日元,2级3万3800日元。津贴的支付每年分4、8、12月三次支付。

不过,特别儿童抚养津贴还将根据领取者所得税上的抚养亲属、配偶者的人数来确定限额,如超过一定限额,将不支付津贴。具体见下图:

抚养亲属、配偶者人数	领取者本人	配偶者、抚养义务者
0人	459.6万円	628.7万円
1人	497.6万円	653.6万円
2人以上的加算额	每增加1人增加38万円	每人增加21.3万円

4. 特别障碍者津贴

特别障碍者津贴是对精神或身体有显著的重度障碍、在日常生活中需要特别护理的特别障碍者支付津贴,以减轻精神的、物质的特别负担,谋求提高特别障碍者的福祉。支付对象是精神或身体有显著的重度障碍的、在日常生活中需要特别护理的、20岁以上的在家的障碍者。每月的支付额为2万6440日元,原则上每年2、5、8、11月进行支付。不过,领取者的配偶或抚养义务者的上年收入超过一定额度的,就不支付津贴。具体如下图:

抚养亲属等的人数	本人		配偶及抚养义务者	
	收入额(円)	所得额(円)	收入额(円)	所得额(円)
0	518万	360.4万	831.9万	628.7万
1	565.6万	398.4万	859.6万	653.6万
2	613.2万	436.4万	883.2万	674.9万
3	660.4万	474.4万	906.9万	696.2万
4	702.7万	512.4万	930.6万	717.5万
5	744.9万	550.4万	954.2万	738.8万

(2002年以后适用)

5. 障碍儿福祉津贴

障碍儿福祉津贴是为了减轻重度障碍儿的精神、物质的特别负担而支付的津贴，以提高特别障碍儿的福祉。支付对象为精神或身体有重度障碍、日常生活需要时常护理的、未满20岁的在家的障碍儿。每月的支付额为1万4380日元，原则上每年2、5、8、11月进行支付。不过，领取者的配偶或抚养义务者的上年收入超过一定额度的，就不支付津贴。具体如下图：

抚养亲属等的人数	本人		配偶及抚养义务者	
	收入额（円）	所得额（円）	收入额（円）	所得额（円）
0	518万	360.4万	831.9万	628.7万
1	565.6万	398.4万	859.6万	653.6万
2	613.2万	436.4万	883.2万	674.9万
3	660.4万	474.4万	906.9万	696.2万
4	702.7万	512.4万	930.6万	717.5万
5	744.9万	550.4万	954.2万	738.8万

二、国家扶助（生活保护）

生活保护制度是日本政府、自治体对经济困难的国民支付生活保护费等，从而保证国民最低生活的制度。这种制度就是国家扶助。根据日本宪法第25条规定的生存权理念，国家对于生活困难的所有国民，根据其困难程度，进行必要的保护，以保障其最低限度的生活，帮助其实现自立。在某种意义上讲，社会保险是防贫制度，而国家扶助则是事后的救贫制度。

生活保护的实施有四条原则：①无差别平等的原则（《生活保护法》第2条）。这一原则是根据日本宪法第14条法律面前人人平等而制定的，即只要满足一定条件，生活保护制度无差别、平等地适用于所有国民，而不论其生活困难的理由和过去的生活经历。②保护补充性原则（《生活保护法》第4条）。生活保护制度有效地利用资产（存款、人寿保险、不动产等）、能力（劳动能力等）以及其他法律援助、扶助等手段。这适用于那些不能维持最低生活的国民。此外，民法规定的抚养义务者的抚养及其他抚养要作为生活保护优先实施。③申请保护的原则（《生活保护法》第7条）。生活保护制度原则是根据需要保护者的申请开始实施的。申请权要得到需要保护者本人、抚养义务者或一起居住的亲属认定。不过，急重病人等因处于需要保护状态导致申请困难的，根据法律规定，可以实施紧急保护。④家庭单位的原则（《生活保护法》第10条）。生活保护以家庭为单位进行裁定，决定生活保护的程度，但也有例外，即家庭分离制度（大学生等）。

生活保护分为8类：①生活扶助。这主要是为满足生活困难者衣食等日常生活需要而进行的扶助，支付饮食费、水电费、搬家费等。这种扶助分为第1类和第2类。第1类为个人的饮食、服装、娱乐等费用。第2类为家庭消费的水电煤气等。原则上，生活扶助是以支付现金的形式每月交给家庭主。如果现金支付仍然达不到生活保护的目的，可以将一些救护设施等以实物支付的形式交给生活困难者。②教育扶助。为了帮助生活困难家庭的儿童接受必要的义务教育，根据教育费用的实际状况以及必要的学习用具等，原则上以现金支付。③住宅扶助。对生活困难者在支付必要的房租、地租等以及修补、维持住宅时进行扶助，原则上以现金形式支付。④医疗扶助。对生活困难者因为伤病等需要进行治疗时进行扶助。原则上以实物形式（如发放药物、伤病处理、手术、入院等直接支付）支付，其治疗内容与国民健康保险相同。此外，医疗扶助原则上应到生活保护指定的医疗机构。在特定情况下，到指定外的医疗机构就医也可以得到补助。⑤护理扶助。对于需要护理或者需要支援、并经过认定的生活困难者进行给付。原则上到《生活保护法》指定的护理机构以实物形式支付，与护理保险等享受相同的给付。现在比较普及的单元型特养或认知症对应型共同生活护理、特定设施入户者生活护理在利用费用（作为住宅扶助支付）方面有所限制。⑥生产（分娩）扶助。对生活困难者在生产（分娩）时进行扶助，原则上以现金形式支付。⑦职业扶助。对生活困难者购入器具等的费用、学习技能需要的费用、劳动所需要的费用等进行扶助，原则上以现金形式给付，以帮助其自立。⑧丧祭扶助。对生活困难者进行必要的丧祭活动时进行扶助，原则以现金形式支付。

对于这些扶助，《生活保护法》将日本全国按照市町村为单位分为6个级别，即1级地区的1类、2类地区；2级地区的1类、2类地区；3级地区的1类、2类地区。此外，生活保护还将冬天作为加算基准，把全国分为5个区域。以下为东京都区与其他地方的生活保护比较：

东京都区部与地方郡部等的比较		
	东京都区部	地方郡部等
标准3人家庭（33岁、29岁、4岁）	234980 円	199380 円
高龄者单身家庭（68岁）	80820 円	62640 円
高龄者夫妇家庭（68岁、65岁）	121940 円	94500 円
母子家庭（30岁、4岁、2岁）	177900 円	142300 円

生活保护的实施机关原则上为都道府县知事、市长以及管理福祉事务所的町村长。这是法定的委托事务。在没有管理福祉事务所的町村，由负责管辖该町村的都道府县知事处理该事务。此外，在都道府县知事、町村长下设置社会福祉主事，辅助知事、市町村长执行事务，民生委员协助市町村长、福祉事务所长或社会福祉主事执行事务。

为了进行生活保护，都道府县、市町村可以设置保护设施。此外，社会福祉法人和日本红十字会也可以设置保护设施。保护设施分为5类：救护设施、更生设施、医疗保护设施、授产设施以及住所提供设施。

根据厚生劳动省社会福祉行政业务报告，接受生活保护的家庭数量从1980年度的74万6997家（被保护家庭数）减少到1992年度的58万5972家。但此后，被保护家庭数逐年递增。2004年度为98万8887家，2005年度突破了100万家，2009年度更是达到119万家。从被保护家庭类型看，高龄者家庭、障碍者家庭、伤病者家庭、母子家庭、父子家庭以及其他生活困难家庭从1980年到1990年有减少趋势。但随着泡沫经济破灭后，日本经济逐渐恶化，被保护家庭中的高龄者家庭有逐渐增加的趋势，从1980年占全部的30.2%到2004年度的46.6%。此外，在经济不景气的情况下，雇佣环境逐渐恶化，因失业而领取生活保护的人群逐渐增加。

三、社会福祉

广义上的社会福祉包含生活保障和公共卫生政策等公共福祉，而狭义的社会福祉是作为社会保障的一个领域。本书所讲的社会福祉是狭义上的。社会福祉制度就是对需要保护的儿童、障碍者、需要护理的高龄者以及经济困难者、无家可归者在生活上进行援助，提供维持、提高这些人群的生活质量的社会服务的制度，具体讲就是指"福祉六法"及由此派生的福祉法案，即《生活保护法》、《儿童福祉法》、《母子及寡妇福祉法》、《障碍者福祉法》、《智力障碍者福祉法》、《老人福祉法》以及《社会福祉法》、《护理保险法》、《障碍者自立支援法》。

1. 《儿童福祉法》

《儿童福祉法》将未满18岁的人统称为儿童。不满1岁的为婴儿，1岁以上但未达到小学入学年龄的为幼儿，从小学开始到18岁的为少年。《儿童福祉法》规定，所有国民都有义务保障儿童身心健康地发育、成长，所有儿童都必须得到生活的保障和爱护，国家及地方公共团体，特别是儿童的保护人都对儿童的健康成长负有责任。

《儿童福祉法》规定了7项福祉保障：①疗养方面的指导。保健所长必须对有身体障碍的儿童逐一进行检查，并根据商谈的结果，进行必要的疗养指导。都道府县应对患有结核病的儿童进行疗养和学习的援助，并能支付入院疗养费用。②家庭生活的支援。这主要包括障碍福祉服务的措施和育儿支援事业。在障碍福祉服务方面，市町村对那些需要障碍福祉服务，但又很难得到护理给付费或特例护理给付费的障碍儿保护者提供福祉服务，或者向市町村以外者委托提供福祉服务。从事障碍福祉服务的人员在接受委托时没有正当理由不得拒绝。在育儿支援事业方面，市町村应根据儿童及其保护者的身心情况、其所处环境及其他状况提供最合适的支援，提供福祉服务者也要努力根据参与者的情况进行调整。为了帮助儿童的健康成长，市町村在课后儿童健康成长事业、育儿短期支援事业、访问全部婴儿家庭事业、访问养育支援事业、地区育儿支援据点事业等方面实施必要的措施。③助产设施、母子生活支援设施及保育所。都道府县、市及设置福祉事务所的町村对辖区内的产妇，无论是否有保健上的必要，由于经济方面的原因而不能接受入院助产的，在其提出申请时，就必须利用助产设施帮助产妇助产。都道府县对所管辖内的保护者，包括没有配偶的女子，在其缺乏应有的所监护儿童的福祉的情况下，根据保护者的申请，必须向保护者及儿童提供母子生活支援设施。市町村根据保护者的工作或疾病等其他条例规定的情况，在保护者缺乏对其监护的婴儿、幼儿及少年应有的保育，在保护者申请的情况下必须将这些儿童送入保育所。在附近没有保育所的情况下，必须采取其他合适的保护。④关于障碍儿设施给付费、高额障碍儿设施给付费及特定入户障碍儿伙食费等给付费与障碍儿设施医疗费的给付。⑤需要保护的儿童的保护措施等。发现需要保护的儿童，必须通知或通过儿童委员市町村、都道府县设置的福祉事务所或儿童咨询所。但不满14岁的儿童则必须通知家庭裁判所。为了谋求对需要保护的儿童或者特定的孕妇进行适当的支援，地方公共团体，无论是单独还是共同，必须设置要保护儿童对策地区协议会（简称"协议会"）。协议会之间要就所需要保护的儿童、特定的孕妇进行必要的信息交换，并就支援的内容进行协商。⑥防止被处置的儿童受到虐待。被处置的儿童是指被委托管理的儿童、住院的儿童或者临时看护的儿童。根据法律，被处置儿童受到虐待是指受到设施职员（即从事小规模居住型儿童养育事业者，养父母或其一起居住的人，婴儿院、儿童掩护设施、智障儿设施、情绪障碍儿短期治疗设施或儿童自立支援设施的院长，其他职员或其他从业人员，指定医疗机关的管理者及其从业者，儿童咨询所所长等人统称为"设施职员"）的虐待，导致被处置的儿童的身体出现外伤或对其施加暴行，妨碍被处置的儿童的正常发育，如明显减少饮食或长时间置之不理等。为此，该法规定，设施人员不能虐待被处置儿童或对被处置儿童身心施加有害影响或其他行为。一旦发现被处置儿童受到虐待，都道府县设置的福祉事务所、儿童咨询所以及相应的机关要向市町村通告。施加虐待的设施人员将被解雇并不能获取其他不当利益。⑦其他事项。如禁止下列行为：利用身体有障碍或形态异常的儿童向公众观赏；利用儿童乞讨；为娱乐公众，使不满15岁的儿童表演惊险的杂技等。

国家支付儿童所利用的国家设置的儿童福祉设施费用及随后所产生的费用。都道府县支付都道府县儿童福祉审议会所需费用，儿童福祉司及儿童委员所需费用，儿童咨询所所需费用，都道府县设置的助产设施、或母子生活支援设施、或在市町村的助产设施、或实施母子保护所需的费用，都道府县设置的保育所、或实施保育所需的保育费用，障碍儿设施给付费、高额障碍儿设施给付费、或特定入户障碍儿伙食费等给付费、或障碍儿设施医疗费等，都道府县实施儿童自立生活援助所需费用，临时看护所需费用，儿童咨询所的设备及都道府县设置的儿童福祉设施的设备及职员所需的费用等。市町村支付市町村设置的保育所及其相关的保育费用，以及在都道府县、市町村以外设置的保育所及相关保育费用，实施育儿短期支援事业的费用，实施访问全部婴儿家庭事业的费用，实施养育支援访问事业的费用，市町村设置的儿童福祉设施的设备及职员等所需费用，市町村儿童福祉审议会所需费用等。

2.《障碍者福祉法》

障碍者分为身体障碍者、智力障碍者和精神障碍者。制定《障碍者福祉法》的目的就是促进障碍者的自立和参加生活经济活动，援助身体障碍者并根据情况进行保护，以增进障碍者的福祉。作为社会的一员，所有障碍者应获得参加生活、经济、文化及其他领域的机会，这是国家、地方公共团体及国民的责任。

障碍者福祉服务的主要内容有：①家庭护理。即对障碍者的生活进行援助，包括洗浴、排便及吃饭等的护理、调理，打扫卫生等家务以及关于生活方面的咨询等。②重度访问护理。即对重度的肢体不自由者有必要进行经常性入户护理，照顾其日常生活。③行动援护。即为了避免障碍者行动时的危险而进行必要的援护，如外出时移动中的护理、排便及饮食等的护理，以及其他行动时进行必要的援助。④疗养护理。即在医院进行的机能训练，疗养方面的管理、看护，医学管理下的护理，日常生活的照顾以及需要其他必要医疗服务的障碍者所需要的护理。此外，还提供与医疗相关的疗养护理医疗。⑤生活护理。即为障碍者提供方便、合适的支援设施，日常生活的护理，生产活动的机会，及其他为提高身体机能或生活能力而进行的必要援助。⑥儿童的白昼服务（day service）。即提供智力障碍儿设施、肢体不自由设施以及其他能够方便提供的设施，日常生活中基本动作的指导及适应集体生活的训练等。⑦短期入户。即由于进行家庭护理者的疾病及其他理由，有必要将障碍者支援设施、儿童福祉设施及其他能方便提供的设施短期入户，以进行洗浴、排泄及饮食等其他的保护。⑧重度障碍者等的支援。即对重度障碍者等提供包括家庭护理、重度访问护理、行动援护、生活护理、儿童白昼服务、短期入户、共同生活护理、自立训练、工作移动支援、工作继续支援及旧法设施支援等。⑨共同生活护理。即能入户、与障碍者共同生活，主要是照顾其夜间的生活，并就其工作与其他机构进行联系等。⑩设施入户支援。即使设施入户，主要是照顾障碍者夜间的生活及其他必要的日常生活。此外，其他的福祉还有自立机能训练、自立生活训练、住宿式自立训练、工作移动支援、工作继续支援以及共同生活援助等。

利用者的负担主要是根据收入所得所能承担的负担、服务量与收入所应负担的比例（1成的定率负担和根据收入设定月额负担上限额）以及因障碍种别而承担不同的伙食费、光电水费等来设定。这主要包括：①月负担上限额的设定。障碍福祉服务的定率负担根据收入分为4种月负担上限额。受生活保护的家庭，月负担上限额为0日元；年收入在80万日元以下的低收入者，月负担上限额为15000日元；3人家庭年收入在300万日元以下的、单身家庭年收入在125万日元以下的低收入家庭，其月负担上限额为2万4600日元；普通居民的月负担上限额为3万7200日元。②高额障碍福祉服务费的支付。障碍者及配偶的家庭如果障碍福祉服务的负担加起来超过基准额的，将支付高额障碍福祉服务费。此外，还有其他减免措施，如利用入户设施、医疗型设施等，可在一定情况下进行减免使用费。

3.《老人福祉法》（高龄者福祉法）

制定《老人福祉法》的目的就是保证老人的身心健康及生活安定，谋求老人福祉。国家及地方公共团体有责任推进老人福祉。

根据该法，家庭福祉服务主要分为要援护高龄者对策和生活活动推进对策两类。要援护高龄者对策包括：①家庭护理支援中心运营事业。②老人日常生活用具给付等事业。③护理预防、生活支援事业。④高龄者服务综合调整推进事业。生活活动推进对策包括：①高龄者的生活意义和保持健康推进事业。②老人俱乐部活动等事业。③都道府县高龄者综合咨询中心运营事业。④高龄者能力开发信息中心运营事业。

老人福祉设施的种类主要包括以下几种：①老人白昼服务（day service）中心。即对高龄者的洗浴、伙食、机能训练、护理方法的指导及其他便利服务提供设施。②老人短期入户设施。即因养护者的疾病及其他理由而接受家庭护理存在暂时困难的高龄者，可以提供短期入户的、以养护为目的的设施。③养护老人之家。即主要是因为经济上的原因而接受养护比较困难的、65岁以上的能够自立的高龄者可以入住养护老人中心。和特别养护老人之家不同的是，养护老人之家没有护理保险设施。④特别养护老人之家。即65岁以上、需要经常护理但接受家庭护理比较困难的，或根据护理保险法入住护理老人福祉设施比较困难的高龄者，在支付相关护理福祉设施服务费的情况下，可以入住特别养护老人之家。⑤低价（免费）老人之家。即免费或以较低费用就可以让老人入住，提供伙食及其他日常生活必要的方便的设施。⑥老人福祉中心。即免费或以较低费用提供各种与老人相关的咨询、增进老人健康、提高文化修养以及娱乐等方便的综合性设施。⑦老人护理支援中心。即提供与老人福祉相关的专门信息、咨询、指导,与接受家庭护理的老人及其看护者、老人福祉事业者之间的联络以及其他援助等综合性的设施。

这里还要特别介绍一下老人会。老人会或者老人俱乐部是随着地区自治(以町内会、自治会为主体)而成立的,以谋求高龄者福祉为目的的相互扶助组织。老人会与地方自治体的福祉科合作,开展高龄者福祉活动。其资金来源主要为自治会和地方自治体的援助,或者废品回收的相关收益和慈善等。老人会的活动或者说老人的福祉主要有:调查和把握各地区的高龄者状况;在敬老日开展对高龄者的慰问、表彰等活动;町内会主办的旅游、竞赛等;开展以高龄者为主体的门球等体育活动与趣味活动;对独居老人等的生活支援、福祉护理服务;开办银色人才中心,促进高龄者参加社会等。

4.《母子及寡妇福祉法》

《母子及寡妇福祉法》的基本理念是为使所有母子家庭等的儿童身心健康地成长,保障孩子母亲的健康与文化生活。寡妇享有与母子家庭等的母亲相同的健康与文化生活。根据法律,对未满20岁的儿童,可以与母子自立支援员进行生活咨询;相关福祉还有:母子福祉资金的贷款,派遣家庭生活支援员,公共设施内优先许可小卖店,入住公营住宅的特别优惠,进入保育所的特别优惠等。

关于母子咨询。在母子家庭的咨询援助活动中,承担主要作用的是市町村、儿童咨询所、儿童家庭支援中心、福祉事务所等的母子自立支援员。母子自立支援员就有关母子家庭的福祉进行咨询、调查和指导。

关于母子福祉资金的贷款制度。这项制度是对母子家庭的收入进行补贴,以实现其经济自立。母子福祉资金的贷款实行免息或低利息。目前,母子福祉资金包括事业开始资金、事业继续资金、技能学习资金、就职预备资金、修学资金、就学预备资金、住宅资金、搬家资金、医疗护理资金、生活资金、修业资金、结婚资金、特例儿童抚养资金共 13 项。

母子福祉设施主要有三种：一是母子生活支援设施。这是根据《儿童福祉法》而设置、运营的儿童福祉设施，根据母子的申请而使其入住，对其进行保护、促进自立。二是母子福祉中心。即推进各县市母子对策的中心机关，母子福祉中心涉及母子家庭生活的各个方面，并根据咨询进行生活指导以及就业指导，为母子家庭的福祉提供方便的全面的供给。三是母子休养之家。这是对那些没有得到保护机会的母子家庭，以免费或较低费用形式提供休养的设施。

关于对母子家庭的就业支援。这是为了提供职业能力，以母子自立支援员、母子家庭等就业自立支援中心等为中心而采取的政策，包括就业咨询、职业介绍等。

第四节　日本社会保障制度的特点

日本社会保障制度是从本国国情出发，并在借鉴国外社会保障制度的基础上逐步发展起来的。在西方发达国家，日本社会保障制度的起步较晚，但发展较快。从最初的以维护天皇制为目的到后来以保障国民生存权、维护国民尊严为目的的生活保障理念，从最初单一的救贫制度发展到现如今的覆盖面广、种类繁多的生活保障制度，日本只用了 100 多年的时间。可以说，日本的社会保障制度在借鉴西方民主思想尤其是人权思想的同时，也保持了日本自身的特点。这主要表现在以下几个方面：

一、日本社会保障制度是建立在立法的基础之上的，这也就是说，立法是日本社会保障制度的基础

从开始推行社会保障伊始，日本就非常注重立法。这就是说，

任何社会保障的措施都是依据相关法律来推行、实施的。在战前，日本就制定了《恤救规则》、《海军退隐令》、《陆军恩给令》、《官吏恩给令》、《年金保险法》、《国民健康保险法》等法律。二战结束以后，作为战败国的日本陷入困境，国民特别是儿童生活得不到有效保障。在这种状况下，日本不得不将救济作为优先政策。但此时的日本已经在美国主导的民主化进程下开始接受了西方民主思想，这使得日本的社会保障措施的基本指导思想有了巨大转变，即从战前的维护天皇制转变为维护人的尊严和生存权。

1946 年通过的《日本国宪法》提出，"任何国民都拥有享受健康的、文化上的最低限度的生活权利"。宪法的这一维护国民生存权的思想成为日本社会保障制度的基本指导原则。可以说，日本社会保障制度的立法基础和依据就是《日本国宪法》。此外，《日本国宪法》也明确指出，"国家要努力提高和增进有关一切生活方面的社会福利、社会保障及公共基础"。这意味着国家负有社会保障的责任。从 1946 年到 1953 年，日本政府围绕国民生存权制定并实施了相关法律，如《生活保护法》、《儿童福祉法》、《身体障碍者福祉法》、《新生活保护法》、《失业保险法》、《劳动者灾害补偿保险法》和《职业安定法》等。而随后制定的新《国民健康保险法》、《国民年金保险法》则使日本在 1961 年实现了"国民皆保险"、"国民皆年金"的目标。而在生活福祉领域，日本所依据的是"福祉六法"。也就是 20 世纪 50 年代制定的"福祉三法"，即《儿童福祉法》、《身体障碍者福祉法》、《社会保护法》，加上 20 世纪 60 年代制定的《精神障碍者福祉法》、《老人福祉法》和《母子及寡妇福祉法》。2000 年，《护理保险法》正式实施。在实施这些法律的过程中，日本政府还根据相关法律的实施情况、时代的变迁对一些法律进行修改。如日本政府多次修改《生活保护法》、《国民年金保险法》、《国民健康保险法》等，以适应不断变化的形势和发展。当然，社会保障财政支出的压力过大也是日本政府修改社会保障法案的主要原因之一。

从以上可以看出，日本的任何一个社会保障措施的出台均是依据在日本国宪法的指导思想下制定的相关法律来实施的。这也意味着，日本社会保障制度的形成、发展和完善过程，就是相关法律的不断修改、充实和完善的过程。此外，日本社会保障是在政府主导下完成和实现的。这就是说，社会保障在某种程度上是一种政府行为，而政府的行为也是以相关的法律为依据的。有了法律的约束和强制手段，这在很大程度上避免了各级政府和相关部门在实际的执行和操作过程中的主观性和随意性。

二、日本社会保障制度覆盖面广，但也注重向弱势群体倾斜，保护弱势人群的利益

如前所述，一般意义上的日本社会保障包括社会保险、社会福祉、公共扶助和医疗公共卫生等四个部分，而这涉及诸如年金保险、医疗健康保险、护理保险、雇佣失业保险、劳动者灾害保险、儿童福祉、障碍者福祉、母子福祉、老人福祉、传染病预防、精神卫生事业等40多项制度。这些制度几乎覆盖了所有国民，涉及日本国民生活的各个领域，形成了较为完整的生活保护系统，在为全体日本国民提供生活和医疗等保障方面发挥着重要作用。

不仅日本的社会保障制度比较完善和完备，而且其社会保障制度内的某一制度也具有普遍性，基本照顾了所有层面的国民。这些制度在设计之初就考虑到了其适用普遍性，如1961年正式实施的"国民皆保险"、"国民皆年金"就将大部分日本国民纳入其中。国民年金就是20岁以上60岁以下的所有国民都加入，而医疗保险制度则是所有国民加入公共医疗保险制度，从而接受基本、必要的医疗服务。还有一些制度是在实施过程中由某种特殊人群逐渐演变成

为具有普遍适用性的制度，如 2000 年开始实施的护理保险制度，则将原来主要面向低收入阶层的老人公共护理服务转变成为一种社会保险制度，被保险人包括 65 岁以上的第 1 号被保险人和 40 岁至 65 岁的第 2 号被保险人。

除了覆盖面广之外，日本社会保障制度也非常注重保障弱势群体的利益，主要体现在《儿童福祉法》、《障碍者福祉法》、《老人福祉法》、《母子及寡妇福祉法》等。这些制度强调了维护这些弱势群体利益的基本理念，即不仅要维护人的生存权，还要维护和尊重人的尊严。为了保证儿童的健康发育和成长，《儿童福祉法》以及《母子及寡妇福祉法》将儿童津贴制度化。为了保障老人退休后的安享天年，《老人福祉法》和《护理保险法》对老人年金和医疗实行特殊化（曾经一度对 70 岁以上的老人实行医疗免费）。即使是在部分国民对老人获得过多的利益和照顾而感到不公平时，日本仍然继续坚持维护和保障老人的合法权益。为了使障碍者实现自立和有尊严的生活，《障碍者福祉法》充分保障了障碍者的权益。

从以上可以看出，日本社会保障制度涵盖了所有国民，并在所有领域保障着国民的生活。而在这些制度中，对弱势群体的社会保障也占了非常大的比重。这说明，日本社会保障制度在注重保障全体国民生活的同时，也非常重视弱势群体的权益。

三、日本社会保障制度是由政府主导的，但又注重社会保障的社会化

《日本国宪法》强调了国家也就是政府在社会保障中的作用。正是从这一基本理念出发，政府主导了日本社会保障制度的发展进程。日本社会保障制度的行政管理机构分为中央和地方两极。中央机构就是内阁厚生劳动省，主要负责社会保障的整体发展、规划及实施；地方机构主要是由各都道府县来具体执行、实施。厚生劳动

省下设社会保险厅，负责国民年金、厚生年金、政府掌管健康保险事业、船员保险事业的管理运营。不过，政府掌管的健康保险的事业运营于 2008 年 10 月从社会保险厅分离，成立了新的全国健康保险协会（非公务员型公共法人）。2007 年，国会决定于 2010 年新设立年金机构，主要负责公共年金的事业运营。

　　除此之外，有一个机构比较特殊，那就是社会保障制度审议会。该审议会成立于 1949 年，主要负责研究日本社会保障制度的立法与运营，并将研究结果提交国会，向内阁总理大臣进行敦促或劝告。而内阁总理大臣、相关大臣对于生活保障的规划、立法与运营首先向社会保障制度审议会征求意见或建议。该审议会就日本社会保障制度提出了许多建议，如 1950 年的《关于社会保障制度的劝告》、1962 年的《关于有关社会保障制度综合调整的基本政策的答辩以及关于推进社会保障制度的劝告》、1995 年的《社会保障体制的再构筑的劝告》等都对日本社会保障制度的进程起着非常重要的作用。不过，随着 2001 年的省厅改编，社会保障制度审议会也被废除，取而代之以厚生劳动省的社会保障审议会负责社会保障方面的重要事项。

　　政府不仅负责社会保障制度的规划与发展，还要负责社会保障制度的实施与执行。厚生劳动省主要有年金局、保险局、老健局、职业安定局、劳动基准局、劳灾补偿部等职能部门。此外，中央执行机构还有一个社会保险业务中心，主要负责国民年金、厚生年金保险、政府掌管健康保险、船员保险的被保险者的记录的作成、保管、管理，集中管理年金的支付等。地方社会保障的实施体制主要有地方社会保险事务局（所）、地方社会保险医疗协议会、地方厚生局、都道府县劳动局、劳动基准监督局、公共职业安定所、地方公共团体等。

　　此外，政府还要承担主要的社会保障费用。这在前面已经提及，无须赘言。可以说，政府承担了自己应承担的责任，但如果让政府承担所有的责任,这是非常不现实的。毕竟社会保障需要包括政府在内的全体社会来参与。在此前提下,日本政府非常注重社会保障的社会化。也就是说,日本政府承担社会救济、社会福利以及部分社会保险负担的责任,国民个人和企业也应该承担相应的责任。社会保险就是这样一种形式。它既强调政府的社会责任,又突出企业的社会责任和个人的自我保障责任。如政府负担每年 1/3 的年金支付额,免除生活困难者的保险费缴付等,而劳资双方共同负担保险费用。当然,近年来,为了抑制生活保障费用支出的过度膨胀,日本政府在考虑国民承受能力的前提下,采取逐步提高保险费率等手段来解决社会保障的财源问题。

四、具有浓厚的东方特色,即非常注重家庭在社会保障中的责任和作用

日本是一个处于东方的发达资本主义国家,但同时也是一个深受东方儒家思想熏陶的国家。在儒家思想中,家庭一直承担着非常重要的社会责任,如赡养老人等。在规划社会保障的进程中,日本仍然保持着这一传统。《日本国宪法》和《日本民法典》都明确规定,直系血统、兄弟姐妹、夫妻之间有相互抚养的义务。这一思想和原则也体现在社会保障制度之中。

如日本的年金制度是以家庭为单位,而不是以个人为投保计算单位的。根据日本年金制度,第二号被保险者的配偶(一般是家庭主妇,20岁以上60岁以下、年收入不满130万日元者)作为第三号被保险者无须交纳保险费。如需缴纳保险费的,由其丈夫和丈夫就职单位来承担。不过,当时的年金制度并没有保障妻子一方的利益,即如果夫妻离婚,没有收入的妻子就会成为没有年金保障的人群。从2007年4月起,随丈夫加入国民年金的妻子一方,离婚时可要求将丈夫所得的厚生年金予以分割,妻子一方具有直接享受一半年金

的领受资格。

在对弱势群体如儿童、老人、障碍者等人群提供生活福利时，日本政府充分发挥家庭的功能和作用。如根据护理保险制度，日本非常注重家庭护理。对待障碍者同样如此。总之，日本社会保障制度希望这些特殊人群尽量不脱离家庭，并在家中实现自立的目标。对于那些有困难的家庭，日本提供各种服务，如专业的护理人员可以进行白天或夜晚的护理等。尽管这可能导致费用的增加，但这种方式无疑是受到欢迎的。因此，这种将家庭功能与社会福利结合起来的举措既可以维系家庭的情感，又可以充分发挥家庭在社会保障中的特殊作用。

第五节　日本社会保障制度面临的挑战

日本的社会保障制度是在二战以后随着日本经济的高速发展形成和确立的。日本社会保障制度初期的成功在很大程度上依赖于日本强大的财政实力。但是，从20世纪80年代以后，随着日本出生率的降低和经济增长速度的放缓，日本的社会保障制度开始面临着危机与挑战。也就是从80年代开始，日本社会保障进入了一个改革与完善的时期。进入20世纪90年代以后，随着日本泡沫经济的破灭，人口老龄化和少子化问题进一步凸显，这就使得日本的社会保障制度面临着更大的挑战。主要表现在以下几个方面：

一、少子高龄化问题的并存使得社会保障制度的问题日益突出

根据联合国的定义，所谓的老龄化社会就是65岁以上的老年人口占全国人口总数的比例超过7%的社会。按照这一标准，日本早在

20世纪70年代就已步入老龄化社会行列。1955年,日本65岁以上的老年人口还只占总人口的5%,而到了1970年,日本65岁以上的老年人口占总人口的7.06%,1985年达到10.8%。从1955年到1985年的30年的时间里,老年人口增长相对来说还不是很快,只有5%。但从1985年开始,老年人口比重迅速增加。1990年为12%,1995年更是上升到14.1%,2000年为17.3%,2003年为19%,2006年为20.8%,预计2015年为26%。这就是说,从1985年以后的30年间,日本老年人口增加了近15个百分点。尤其自本世纪以来,日本老年人口增长速度明显加快。

不仅老年人口增长速度快,相应的,随着现代医疗水平的进步和生活水平的提高,日本人的寿命逐渐延长。根据2008年日本厚生劳动省公布的统计,2007年日本女性平均寿命是85.99岁,居全球首位;男性平均寿命为79.19岁,居全球第三。1999年,日本百岁以上的老年人首次超过了1万人。2003年,百岁以上的老年人便达到2万。日本人寿命的延长意味着各种社会保障费用的支出大为增加,支付年限也大为延长。

与快速增长的人口老龄化相比,日本的人口出生率急剧下降,造成了所谓的"少子化"问题。根据联合国的定义,所谓的少子化就是指一国的出生率长期低于标准为2.1的人口置换水平(即一位女性一生所生的孩子数)。也就是说,少子化问题就是人口出生率低的问题。战后以来,日本在20世纪40年代后半期曾出现过短暂的婴儿高峰期。但从1950年开始,日本妇女的生育水平持续减少。1950年,日本每名女性一生平均生育4个小孩,1970年为2个小孩,2002年为1.32个,2005年更是降至1.26个。妇女生育水平的下降直接导致14岁以下的低年龄人口比例不断下降或减少。1981年,日本14岁以下的低年龄人口比例首次减少。此后持续减少。1997年日本步入少子高龄化社会,即15岁以下人口低于65岁以上人口。2006年，日本14岁以下人口为1743万，仅为总人口的13.6%；而65岁以上高龄人口为2660万，占总人口的20.8%。随着少子高龄化时代的到来，日本人口从2005年开始减少。根据日本厚生劳动省2008年发表的白皮书，50年后（2055年）日本人口将从现在1.27亿下降至9000万，其中高龄化比例占4成①。

随着少子化和高龄化的齐头并进，日本社会保障制度存在的风险与支付危机越来越严重。尤其是日本的社会保障制度非常注重包括老人和小孩在内的弱势群体的利益，如根据日本的《老人福祉法》、《儿童福祉法》等，日本政府及地方政府几乎承担了所有的费用。不仅如此，由于少子化问题，日本政府还要加大对儿童的投入。在2009年进行的大选中，民主党、自民党都提出要加大对儿童的补贴。这就意味着本来就举步维艰的社会保障将面临着更沉重的负担。

二、国家财政状况恶化，不堪社会保障支付重负

日本社会保障支付费用主要包括年金、医疗以及其他社会福利支出等，其中年金所占比例最大。如2005年度，年金支付费用为46.3兆日元，占52.7%。在2008年的年度预算中，年金支付费用达到50.5兆日元，占52.8%。随着少子高龄化的急剧变化，日本社会保障的支付费用大大增加。根据日本国立社会保障所、人口问题研究所的研究报告，2005年日本社会保障支付费用为87.9兆日元，平均每人68.8万日元。由此可以看出，日本社会保障费用的支出是非常巨大的。

根据制度设计，日本政府每年要向社会保障事业投入大量的资金，以保证社会保障事业的正常运转。日本政府不仅要负担维持包括年金在内的各种社会保障事业的行政管理费用，还要承担各类社

---

① 参见日本厚生劳动省2008年发表的《平成20年版厚生劳动白皮书》。

会保障事业的出资义务，如承担全部年金的 1/3。随着社会保障费用支出的增加，社会保障费用在财政中的比例也在逐年扩大。1980 年占年度财政预算的 26.7%，1990 年达到 32.8%。随后的几年还比较稳定，但是，从 1999 年开始又急速上升，2008 年竟达到惊人的 46.1%。因此，社会保障事业的正常运转和可持续发展离不开国家财政的支持。

日本社会保障制度是在日本经济高速增长之时确立的，加之当时包括各种年金在内的各种社会保障费用支出相对要低，因而日本国家财政在保证社会保障事业方面是不存在任何问题的。但时过境迁，日本经济在 20 世纪 90 年代泡沫经济破灭之后就一直陷入低迷，而此时，随着少子高龄化时代的到来，社会保障事业费用大为增加，日本财政收入开始陷入危机。日本财政的危机也影响到一些社会保障制度的正常运转。如日本年金缺口从上世纪 90 年代中期以来就开始出现，到目前为止，这种缺口越来越大。根据厚生劳动省年金局的统计报告，日本国民年金收支状况在 2002 年出现 485 亿日元的缺口，到 2004 年这种缺口达到 1707 亿，2005 年为 1071 亿。① 随着年金缺口的越来越大，整个年金制度的运行将变得十分艰难。

为摆脱泡沫经济破灭带来的不景气，日本政府出台了一系列刺激经济的政策，其核心就是扩张性政策的实施。从 1990 年开始，日本政府开始发行国债，以弥补财政的不足。从 1990 年的 730 万亿日元到 1999 年的最高峰 3750 万亿日元，2006 年为 3000 万亿日元。从 1990 年到 2006 年累计发行国债 41920 万亿日元。2005 年 9 月，日本财务省宣布，截止当年 6 月底，日本国债和借款等国家债务余额达到 795 万 8338 亿日元，创历史最高纪录。截至 2008 年，负债总额已超过 900 万亿日元。目前，日本是西方 7 个发达工业国家中财政状

---

① 资料来自日本厚生劳动省年金局网站：http://www.mhlw.go.jp/topics/nenkin/zaisei/zaisei/data/dat-f01.html。

况最糟糕的。1993年，日本政府债务还只占GDP比重的75%，到2006年上升为175.2%。这说明，日本中央政府早就是一个巨额透支的政府，不得不依靠国债来支撑。

由于政府连年财政赤字，保证社会保障制度的财源成为政府的头等大事。日本政府试图通过成立基金的形式进行再投资，以期扩大财源。如在日本国民都非常关心的年金制度领域，日本厚生劳动省于2001年成立"年金资金运用基金"。这是一个利用现有的年金资金进行投资，所获收益用于支付年金后节余的资金积累的特殊法人机构。根据厚生劳动省的统计，2002年度的养老金基金收益率为负8.46%。投资收益减去应支付的养老保险金后，出现了3.06万亿日元的巨额赤字，创年度亏损最高纪录。该机构被迫解散，其投资运作交由"政府年金投资基金"运作。该机构曾在2003年的年度投资收益率高达12.48%，即便是在2006年，也实现了4.75%的资金收益率。但是，日本低迷的股市仍然造成了其运作以来的最大亏损。2008年7月，根据公布的2007年度财政年报，日本年金资金运用基金2007年度投资收益率为负6.41%，出现高达5.84万亿日元的亏损。尽管其5年来的投资收益率仍有5%，但是，这种巨额亏损的消息对国民的信心打击很大。尤其是在美国次贷危机的影响下，全球经济发展明显放缓。因而这种投资国内外股市和债券的投资基金并不能成为日本政府稳定和维持年金正常运作的有效手段，相反，一旦投资失利，很有可能造成年金基金的进一步亏损。

三、由代际之间的不公平等造成的对社会保障制度的不信任

这主要表现在年金制度方面。日本年金制度的一大特点就是"世代间抚养"，即退休人员的年金基本上是由在职人员缴纳的保险费来承担的，从而体现"世代间的互助"。但是，由于少子高龄化的问题，目前的日本年金制度出现了代际间不公平的问题，即老年人

的增多与年轻人的减少使得老年人与年轻人的负担与回报之间的不平衡问题日益凸显。在年金制度实施之初，日本的工资水平还较低，当时的保险费只占在职人员收入很少的一部分。而目前，随着各种社会保险费用支出的增加，日本在职人员的负担逐渐加重，而其退休后得到的年金并没有相应增加。根据日本厚生劳动省的统计，1935年出生的日本人得到的养老金是他向养老金体系所支付保费的8.4倍，而2005年出生的日本年轻人得到的将只是付出的2.1倍①。这使得许多国民对年金制度产生了不信任感。

就在日本政府试图改革弊病丛生的年金制度之际，日本政坛关于年金丑闻的事件接连曝光。首先是2003年曝光的日本国会110名议员和包括小泉纯一郎首相在内的8名内阁成员所谓的漏缴年金保险费的丑闻。本来应该是督促国民缴纳年金保险费的官员和政治家自己却没有缴纳或滞纳年金保险费，这在日本社会引起强烈震动。如此之众的政界人物被揭出未缴纳或滞纳年金保险费，绝不能用简单的"过失"或"忘记"来搪塞，一些内阁官员的辞职也不能打消日本国民对政府自诩为"让国民放心的保险制度"的不信任感。一波未平，一波又起。2007年5月，日本政府主管年金工作的社会保险厅遗漏了多达5000万份年金保险记录，致使很多已经缴纳年金保险费的日本国民无法按期领取养老保险金。这就是所谓的"年金问题"。此事一经披露，舆论一片哗然。尽管日本政府表态要在一年内清理记录，找到各记录的所属人，但是，"年金问题"的出现更加剧了日本国民对年金制度的不信任。

由于代际不公以及在年金制度中暴露出的各种丑闻和问题，使得许多日本国民失去对年金制度的信任，从而拒绝加入"国民年金"或滞纳保险费。日本社会保险厅发表的统计表明，截止到2004年

---

① 《年金改革的对立》，《读卖新闻》2003年11月18日。

末，有 424 万人连续 24 个月没有交纳保险费，"国民年金"保险费的滞纳率为 33%。2005 年"国民年金"的缴费率也停留在 67.1%，而在 1990 年缴费率还维持在 85% 左右。① 为此，日本前首相麻生太郎也表示，"要改变不缴纳年金的现状确实面临困难"。② 因此，如何彻底消除人们对养老金制度的不信任，将是日本政府长期的课题。

第六节 日本社会保障制度对中国的启示

当前，中国正在进行社会保障制度的改革。尽管中日经济发展水平不同，两国社会保障制度的发展模式也存在很大差别，但"他山之石，可以攻玉"。日本是亚洲最大、最早的发达资本主义国家，相对其他亚洲国家而言，其社会保障体系无疑是最具借鉴意义的，即使日本本身也在进行社会保障制度的相关改革。无论是日本社会保障制度发展的几十年经验，还是他在社会保障制度发展过程遇到的相关问题，都值得中国学习和借鉴。

一、加强社会保障制度的相关立法是建立和完善社会保障制度的根本保证

从日本社会保障制度的经验来看，社会保障制度主要是由政府主导和推行实施的。在很大程度上，社会保障是一种政府行为。而政府一般是实行任期制的。相对而言，每届政府的目标和任务是不同的。为避免政府在执行和操作社会保障过程中的主观性和随意性，

---

① 《年金——空洞化：实际情况比数据更加严峻》，《日本经济新闻》2006年10月17日。
② 《消费税提高到 10%，负担基础年金全额》，载于《越洋聚焦——日本论坛》2008 年 7 月号第 19 期。

加强立法是比较有效的手段。这就是说，将各项社会保障制度的实施进行立法。这样，在立法后，法律的约束和强制手段可以规范和保证政府有效地实施各项社会保障制度。即使经过多年的实施后，相关社会保障制度需要进行修改。这种修改必须是在政府的主导下经过国会充分讨论后再形成相关法案。这就保证了社会保障制度的连续性、连贯性。

而在中国，至今还没有相关社会保障制度的法律。现行的有关社会保障的几项单行《条例》、《暂行规定》等也只是行政法规。因而制定社会保障的相关法律是当务之急。当然，要制定社会保障的法律，就必须从社会保障的各项制度入手，特别是从迫在眉睫的、某种单一的社会保障项目如社会养老保险等着手，以法律的形式来规范政府、企业和个人之间的权利与义务，制定各项社会保障费用和社会保障金的标准等，从而使社会保障事业的运行逐渐步入法制化、规范化的轨道。

二、社会保障的覆盖面要扩大至所有人群，并根据实际情况，重点向弱势群体、不发达地区倾斜

中国是一个有着13亿人口的发展中大国，存在着显著的城乡二元结构差别和东西部经济发展的差别。在从计划经济向市场经济过渡的进程中，这种城乡二元结构的差距越来越明显。一般来说，城市的居民尤其是国家公务员、国有企业职工、国家事业单位人员等在享受着包括医疗在内的各种社会福利，而农民则无法享受这些福利。与这种城乡二元结构并存的是东西部经济发展的不平衡，而这种经济发展的不平衡也造成了东西部社会保障水平的差异。在经济发展水平走在中国前列的东部，无疑在社会保障及社会保障水平方面都要高出经济发展水平落后的西部一大截，尽管东部地区也存在着社会保障的差异。因而，当前中国的主要问题是解决社会保障覆

盖面，努力将社会保障扩大至所有人群，实现"国民皆保障"的目标。

目前中国已经在医疗保障方面做出了有益的努力和尝试，即通过农村合作医疗的方式将农民纳入医疗保障的范围。而在其他如社会养老等方面，中国也在进行有益的尝试。这些尝试就是试图打破城乡二元结构和地区经济发展不平衡的差别，实现城乡统筹、地区统筹。将社会保障的覆盖面延伸到所有群体、所有国民，这是中国社会保障在今后的发展中要借鉴的经验。毕竟，实现社会公平和社会主义可以通过这些社会保障的措施来体现和实现。

当然，在实现"国民皆保障"目标的过程中，我们也必须保障和保证一些特殊社会群体的利益，如残疾人、老人、妇幼等。这也是中国在发展社会保障过程中需要学习日本的地方。日本在建立和发展社会保障中非常注重这些特殊群体的利益。从前面的章节可以看出，针对这些特殊群体，日本分别出台了许多相关的社会保障法律。这些法律不仅使特殊群体得到相应的利益，更重要的是，保证了他们作为人的尊严。

三、充分发挥政府在社会保障中的主导作用

日本政府在其社会保障发展过程中发挥了积极的主导作用。日本政府主导和推行了相关社会保障的法律，并积极实施和操作了各项社会保障。当然，除此之外，日本政府也承担了相当的社会保障费用。这也是中国在发展社会保障中应当借鉴的。事实上，在计划经济时代，中国政府主导了各项社会保障的实施。虽然现在是市场经济，中国仍然保持着计划经济时代的特色。从这方面讲，中国在发挥政府在社会保障中的主导作用是有着独特的优势。

在日本，厚生省作为中央机构，负责全国所有的社会保障事务。在中国，民政部、劳动和社会保障部共同负责社会保障事务。其中

劳动和社会保障部主要负责社会保险，而民政部主要负责社会救济、社会福利和优抚安置。相对于日本厚生省只负责社会保障事务而言，中国民政部、劳动和社会保障部的职责显然要更多一些，更广一些。这也就是说，中国还没有一个全国性的机构来管理和协调全国的社会保障事务。而这对于正在发展的社会保障事业也是急需的。根据日本和其他国家实施社会保障的经验来看，应该有一个全国性的管理机构来调查、研究各项社会保障事务，及时推出相关法案，并根据时代的发展对相关法案进行修订。此外，在缺乏一个全国性社会保障机构的情况下，有些经济发达的省市推出了各自的社会保障措施。这也需要一个全国性的管理机构进行相关协调，实现社会保障的全国统筹发展，提高国家的社会保障管理水平。

四、明确政府、企业、个人在社会保障体系中相应的职责，充分保证社会保障资金的来源和结构

根据日本的经验，日本政府在整个社会保障体系中承担了主要的角色和作用。这不仅体现在政府主管了整个社会保障体系，保证了社会保障体系的正常运行，而且承担了社会保障的相当部分的资金。从前面可以看到，日本政府不仅要负担维持包括年金在内的各种社会保障事业的行政管理费用，还要承担各类社会保障事业的出资义务，如承担全部年金的1/3。在日本政府财政预算中，社会保障费用的支出是相当大的，如1980年占年度财政预算的26.7%，1990年达到32.8%，2008年更是达到惊人的46.1%。当然，企业和个人也承担了各自在社会保障体系中应该支出的部分。

中国早就确定了"国家、企业、个人三方共同承担"的"资金来源多渠道"的原则，但实际上，由于中国社会保障体系的不完善，这种原则多年来也只是停留在纸面上。在计划经济时代，企业尤其是国有企业承担了主要的社会保障支出，而国家、个人承担了很小

的一部分。近年来，随着中国加大民生投入，这种原则有可能得到真正的实施。只有如此，中国的社会保障体系才能在资金充足的情况下正常运转。当然，我们要注意的问题是，日本政府由于社会保障的支出而使政府的财政运行出现了一定问题，中国政府要根据自身的财力确定相应的社会保障支出，从而避免日本政府的那种财政窘境。

第三章 印度社会保障制度

第一节 印度基本概况

　　印度是世界四大文明古国之一，公元前2000年前后创造了灿烂的印度河文明。1950年1月26日，印度共和国（The Republic of India）成立，为英联邦成员国。印度是南亚次大陆最大国家，东北部同中国、尼泊尔、不丹接壤，东部与缅甸为邻，东南部与斯里兰卡隔海相望，西北部与巴基斯坦交界。东临孟加拉湾，西濒阿拉伯海，海岸线长5560公里。国土面积约298万平方公里（不包括中印边境印占区和克什米尔印度实际控制区等），居世界第七位，以平原和缓丘为主，平原面积占国土面积的43%。印度属典型的热带季风气候，大部分地区的天气主要分为凉季、暑季和雨季。印度资源丰富，有矿藏近100种。其中云母矿石产量居世界第一，煤和重晶石产量居世界第三。

　　截至2011年，印度人口已达12.1亿，居世界第二位[1]。人均寿命为69.89岁（2009年）。印度民族众多，有10个大民族和几十个小民族。其中印度斯坦族占总人口的46.3%，泰卢固族占8.6%，

---

[1] 参见印度人口普查办公室网站：http://Censusindia.gov.in/。

孟加拉族占7.7%，马拉地族占7.6%，泰米尔族占7.4%，古吉拉特族占4.6%，坎拿达族占3.9%，马拉雅拉姆族占3.9%，奥里雅族占3.8%，旁遮普族占2.3%。① 印度是多语言国家。据统计，印度共有1652种语言和方言，其中使用人数超过百万的达33种。除宪法规定的18种语言为联邦官方语言外，英语被规定为行政和司法用语。印度信教人数众多，约有80.5%的居民信奉印度教，13.4%的居民信奉伊斯兰教，2.3%的居民信奉基督教，1.9%的居民信奉锡克教，0.8%的居民信奉佛教，0.4%的居民信奉耆那教。②

印度为联邦制国家，采取英国式的议会民主制。联邦议会由总统和两院组成。总统为国家元首和武装部队统帅，由议会两院及各邦议会当选议员组成选举团选出，任期5年，依照以总理为首的部长会议的建议行使职权。以总理为首的部长会议是最高行政机关。总理由总统任命人民院多数党的议会党团领袖担任，总理和内阁部长组成的内阁是决策机构。印度的主要党派有印度国民大会党（英迪拉·甘地派）（The Indian National Congress，简称国大党（英））、印度人民党（Bharatiya Janata Party）、印度共产党（马克思主义）（Communist Party of India，简称印共（马））、印度共产党（Communist Party of India）以及泰卢固之乡党（Telugu Desam Party）等。

印度独立后的经济发展主要经历了三个阶段：第一阶段从20世纪50年代初至70年代末，为国民经济恢复与调整时期。这一阶段国民生产总值年增长率在3.5%左右，政府的经济政策侧重于发展民族工业，重点发展基础工业和重工业。第二阶段从20世纪80年代至90年代，为经济改革时期。这一阶段政府调整经济政策，经济年增长率达到5.5%左右。特别是拉·甘地执政时期，印度扩大对外开

---

① 部分数据转引自中华人民共和国外交部网站：http://www.fmprc.gov.cn。
② 见中国驻印度大使馆网站：http://www.chinaembassy.org.in/chn/ssygd/yd/ydmzyyzjzx/t197162.htm。

放，发展多元经济，放宽限制，鼓励发展私营经济，减轻对私人企业的税收，放宽工业许可证制度，经济发展较为迅速。1988年，人均国民生产总值达到340美元。第三阶段从20世纪90年代开始至今，为全面实施经济改革与对外开放时期。1991年拉奥政府上台后，开始进行市场经济改革，在财政、金融、贸易、工业以及物价等方面采取了一系列自由化政策与措施，大量吸引外资，改善投资环境，经济取得飞速发展。1992年至1996年印度经济年均增长为6.2%，"九五"计划（1997年至2002年）期间经济年增长率为5.5%，"十五"计划（2002年至2007年）期间经济年增长率为7.8%，是世界上发展最快的国家之一，被认为是亚洲经济奇迹的象征。

瓦杰帕伊政府启动印度经济全球化进程，提出"五项优先政策"，印度由此大力发展信息技术，成为信息技术强国。近年来，由于大力发展信息技术，印度的软件业跃至世界前列，培养了大量的信息技术专业人才，形成巨大的软件人才库。2008年，印度信息技术领域和服务外包行业从业人员达到400万，出口额达到570亿美元，占印度GDP总额的7%。印度的金融系统运行比较健全，不良贷款比例较低，商业银行不良贷款率仅为10.8%，股票市场比较成熟，成为印度企业筹集资金的重要场所。印度目前已成为全球软件、金融等服务业重要出口国。由于印度英语普及，高等教育机构使用的教学语言为英语，高校学生能够较顺利地获得世界科技发展的重要信息。印度大学教育比较重视创新，学生创新能力较强，人才国际交流频繁。这些优势有助于印度经济保持稳定发展。有报告称，到2020年，印度将成为全球经济增长最快的国家之一。

印度为不结盟运动创始国之一，历届政府均强调不结盟是其外交政策的基础。印度努力与所有国家发展关系，力争在地区和国际事务中发挥重要作用。冷战结束后，印度政府调整了过去长期奉行的倾向苏联的大国政策，推行全方位务实外交，营造有利于自身发展的持久和平稳定的地区环境。① 国际地位逐渐上升。

第二节 印度农村社会保障

印度拥有世界十分之一的可耕土地，面积约 1.6 亿公顷，人均 0.17 公顷，是世界上最大的粮食生产国之一。独立 60 多年来，虽然印度的工农业有了长足发展，但农业在国民经济中所占比例仍较大。据统计，印度农业（包括林业、牧业、渔业）的净产值占国内净产值的 34.9%。农村人口占总人口的 72%。近年来，印度政府不断检视自身发展中存在的问题，通过各种政策和计划改变农村落后现状，取得了举世瞩目的成绩，特别是在推进农村社会保障方面成效显著。

一、印度农民的基本生活保障

在印度农村经济中，小农经济占绝对优势，农业主要以个体农户为经营单位。据印度官方抽样调查，20 世纪 90 年代，占农户总数 1.3% 的大农户拥有全国 14% 的土地，而占农户总数 50% 的最穷小农只拥有 1% 的土地，还有 23% 的农户是雇农与半自耕农。由于不断扩张的城市化，越来越多的小农丧失土地变成无地农。据 1997 年世界银行发展报告统计，印度的无地农占全国人口的 35%。② 由于印度农业以传统农业为主，加之农村区域发展不平衡，北部和西部地区生产力发展水平较高，南部和东部地区生产力水平较低，造成了农民收入差距不断加大，一定程度上加剧了社会矛盾。

世界银行 2008 年 8 月发布的统计数据显示，根据联合国公布的

---

① 参见中华人民共和国外交部网站：http://www.fmprc.gov.cn。
② 资料来源：World Bank, 1997, *Expanding the Measure Wealth*, The World Bank。

新贫困标准（日生活费用1.25美元以下），印度有4.84亿贫困人口，占全国总人口的41.6%。而据印度计划委员会2005年的统计显示，印度贫困线以下的农村人口总数明显大于城市人口。（详见下表）

印度贫困线以下的人口总数（单位：十万）

年度	农村	城市	总计
1973	2612.90	600.46	3213.36
1983	2519.57	709.40	3228.97
1993	2440.31	763.37	3203.68
2004	2209.24	807.96	3017.20

（资料来源：印度计划委员会2005年）

印度贫困线以下的人口百分比（%）

年度	农村	城市	平均
1973	56.4	49.0	54.9
1983	45.7	40.8	44.5
1993	37.3	32.3	36.0
2004	28.3	25.7	25.5

（资料来源：印度计划委员会2005年）

从独立至今，为保障农村大量失地农民的基本生活，提高农民的收入，缩小收入差距，改善农民的生存状况，印度政府主要采取了以下措施：

1. 保障农民的基本生活需求

在印度丧失劳动力的农民可以直接获得政府发放的津贴，以满足其最基本的生活需要。无房的农民可以获得政府的建房补助；其他农户可以通过"信贷及补助计划"获得政府小额扶助资金进行住房改造;年收入在3.2万卢比以下的农户可以获得1万卢比的补助和最高4万卢比的贷款用于住房建设。印度政府还对贫困人口实行低价粮食政策,贫困人口可以以低于市场价的国家指定价格购买粮食。这些措施的实行在一定程度上保障了农民的基本生活需求。[①]

2. 制定向贫困农民倾斜的农业政策

印度农村的贫困问题非常突出,促使政府在经济发展过程中不断调整农村经济政策,主要是对农民的生产进行补贴,以提高农民收入。印度政府规定,邦政府要对农用柴油、灌溉用电给予财政支持。旁遮普邦规定,农民购买柴油的款项可以在出售农产品之后支付,生活在贫困线以下的农民可免费用电,一般农民可以免费使用灌溉用电。政府还对农用机械实行补贴政策。"九五"计划确定了一项重点推广电力农具和小型拖拉机的农业机械化项目,1997年至1998年拨款2306亿卢比,补贴了31万台拖拉机。同时,印度政府还在农村实施了反贫困计划、农村综合发展计划、农村青年职业培训计划、农村妇女和儿童发展计划和干旱地区发展计划。这些计划所需的资金分别由财政和贷款解决。[②] 这些计划的实施对发展印度农业生产、解决贫困农民生活发挥了积极作用。

3. 积极发展农村养老保险和金融服务

印度农村对老人的赡养主要来自家族,人们也可以从各种宗教组织获得援助。但近年来,印度政府积极发展农村养老保险和金融服务,以扩大养老服务的范围。1988年,克拉拉邦为低收入的农村工人制定了一项不用交纳保险费的养老计划。同年,国家层面开始实施农村低收入工人无偿人寿保险计划,该计划由政府支付给工人

---

① 宋智勇:《印度的农村建设》,载于《老区建设》2007年第7期。
② 宗义湘、王俊芹、刘晓东:《印度农业国内支持政策》,载于《世界农业》2007年第4期。

300卢比的抚恤基金。政府每年还对65岁以上的农村老人发放5美元的养老金。此外，政府还开展农村小额保险，实施农民寿险计划，为农民提供中等水平的保障。①

印度金融体系在农村已建有庞大的网络，商业银行在农村地区建立了3.26万多家分支机构，基层农业信贷达到9万多家。自1976年印度政府颁布关于建立地区农业银行的法令以来，地区农业银行的分支已达1.4万多家。它对农民贷款实施一系列优惠政策，目的就是"满足农村地区到目前为止受到忽视的那部分人的专门需要"。印度还对农村金融机构采取了利率补贴计划，给定了商业银行农村信贷的差别利率，保证农民能够获得优惠利率。一项调查表明，在被调查的农民当中，只有2.9%的农民由于当地缺乏分支机构而得不到贷款支持。②

4. 保障农业工人的工资收入

由于印度的农业工人大部分由经济和社会落后阶层所组成，是农村中最贫弱的一部分人，而印度的社会保险措施不包括这部分最困难的人群。因此，印度政府采取了一些专门针对农业工人的保障性措施，如废除农业奴隶、实行最低工资法。《印度宪法》明文废除了长期存在于印度农村的农业奴隶和强迫劳动的制度，宣布如实行农奴制为犯法。另外，1948年，中央政府通过最低工资法，并要求各邦政府在3年内规定出农业工人的最低工资。③

上述这些社会保障措施的实施，解决了印度农民特别是贫困农民的基本生活问题，确保了农村社会的基本稳定。

---

① 刘如海、张宏坤：《发展小额保险的国际经验及建议》，载于《中国发展观察》2008年第6期。

② 李燕：《建设新农村·国外的借鉴之九——印度的农村金融体系》，载于《经济日报》2006年12月22日。

③ 参见：http://www.yxdoor.com/lunwen/104502_3.html。

二、印度农村的就业保障

就业是民生之本。通过保障和扩大就业以消除贫困是印度政府长期考虑和解决的问题之一。早在20世纪70年代初，印度政府就设立了一个专门委员会来制定措施，解决失地农民的就业问题。该委员会提出了农村电气化、修建公路和农舍，以及小型灌溉工程等方案，以扩大农村就业。1973年，印度政府根据该委员会的提议，实施了以下措施：一是农村工程计划。该计划以修筑永久性民用工程为重点。二是边际农和农村劳动力计划。该计划对农村的边际农等贫困家庭发放专项种植、养殖贷款。三是小农发展机构计划。由专门机构向小农提供农耕专项贷款，以减少季节性就业不充分问题。四是综合旱地农业开发计划。该计划开展土壤保护、土地开发和水利等永久性工程。这些计划项目都是劳动密集型的，可为计划项目实施地区提供大量的就业机会。五是农村服务中心计划。主要是向失业的农机、电气等专业大学毕业生和文凭持有者自谋就业提供援助，帮助他们在农村从事农技服务工作。六是地区发展计划。该计划涉及在10个大型灌溉工程地区的基础设施建设，以此增加就业。七是促进农村就业的现金计划。该计划对包括治理水土流失、小水利、饮用水等各种劳动密集型和生产性的农村发展项目提供资金。该计划规定，在每个区设立的一个项目要向100人提供在一年里平均持续工作10个月的就业。[①]

此外，印度中央政府还在1978年至1980年间向"以工代赈"计划分配了270万吨粮食，使70%以上的劳动家庭和农村人口中的最贫困阶层受益，收入增加了17.17%，就业增加了约10.9%。由于"以工代赈"计划收到较好效果，从1980年10月起，印度政府

---

① 参见：http://www.yxdoor.com/lunwen/104502_3.html。

将该计划更名为"全国农村就业"计划,由印度中央政府发起组织并提供50%的援助。该计划通过改造农村基础设施,每年为农村失业者提供大量的就业机会。据印度政府"七五"计划前4年的资料,1985年至1989年政府为农村失业者创造就业共支出294.0亿卢比。①

随着以上计划实施的成效不断显现,增强了印度政府扶持贫困农民的决心。1989年4月28日,拉·甘地总理宣布实施贾瓦哈尔就业计划。由中央政府和各邦政府分别出资80%和20%为贫困人口创造就业就会。在1989年至1994年的5年间,该计划总共支出1107.2亿卢比,为大量农村无地农民解决了就业问题。后来这些计划发展为《全国农村就业保障法案》(*National Rural Employment Guarantee Act*, 2005)。②

进入21世纪,印度政府根据农村发展的实际情况又开始实施新的国家扶贫就业计划。这些计划主要包括:①普遍农村就业计划。该计划自2001年8月15日开始实施,旨在促进农村就业机会。它规定政府每年下拨500吨粮食用以保证贫困人口的粮食需求。在农村地区修建社区基础设施,包括水利设施、乡村道路、教育医疗基础设施等,使农民获得就业机会和工资收入。该计划每年大约产生10亿人/日的就业机会。②乡村自我就业计划。这项计划由始于1999年的农村综合发展工程、农村青年自我就业培训、农村地区妇女儿童发展计划以及水井计划等组成,主要通过商业信贷和政府资助的组合贷款来完成对贫困家庭的扶持。借助于非政府组织的帮助,印度已成立了100多万个自我帮助小组,10%以上已开始经营活动。具体做法是由社区自我就业委员会和村自治委员会,挑选或开发具有市场竞争力的劳动密集型产业交给受益人去做。自我就业计划的

---

① 参见:http://www.yxdoor.com/lunwen/104502_3.html。
② 同上。

受益人群主要是低种姓、部族和妇女。受助名额50%留给低种姓和部族，40%留给妇女，3%留给残障群体。③国家以工代赈项目。该项目自2004年10月开始在全国150个落后县实施，它可以向受益家庭提供至少100天的就业机会，每日工资不低于60卢比。此外，政府还实施了农村就业增长计划（Rural Employment Generation Programme）。

2004年，辛格当选总理，国大党上台执政。辛格政府把执政方针锁定在为中下层百姓谋福利的目标上，开始了既发展经济又照顾贫弱阶层利益的经济改革。在农业方面，强调振兴农村经济，农业农村的发展至上，加大农村公共投入，增加农民收入。在扩大就业方面，以法律的形式对就业制度予以规范。① 2005年，印度出台了《全国农村就业保障法案》（*National Rural Employment Guarantee Act*, 2005），开始实施具有法律保障的国家农村就业保障计划，保证城乡中下层家庭每年至少有一名成员参与政府的各项工程和项目工作100天以上，支付工资标准为最低60卢比。据印度乡村发展部资料显示，2007—2008财政年度，该计划为3080万个印度剩余劳动力提供了就业机会，安排资金40亿美元，减免小农户贷款150亿元。②

第三节　印度城镇社会保障

一、社会保障立法

印度宪法规定，国家负有保障全体国民在失业、残障、疾病、

---

① 王晓丹：《印度的农村建设》，载于《南亚研究》2006年第2期。
② 周晶璐：《印度巨资解放农村剩余劳动力》，载于《东方早报》2008年4月9日。

年老、死亡等情形下的基本生存的根本责任。秉承英国治下的法律传统，印度社会保障制度的建章立制始于19世纪末。1923年有了第一部社会保障法，对工厂中的工伤事故受害者给予经济补偿费。印度独立后，政府通过了《国家社会保险法》，主要内容是在老年、残疾、疾病与生育、失业、死亡和抚养等方面给受保人法律保护。

印度社会保障的相关法律有：《雇员国家保险法案》（1948）（Employees' State Insurance Act, 1948），主要是向工人提供强制和自助相结合的健康保险，为病、孕、伤工人提供医疗或现金补贴。《雇员准备金及其他专款法案》（1952）（The Employees' Provident Funds & Miscellaneous Provisions Act, 1952），主要是向企业雇员提供准备金、家庭养老金以及相关的保险。《煤矿准备基金和奖金计划法》，专门解决煤矿工人的保险。《养老金支付条例》，1972年通过，为企业雇员提供养老金。此外，《煤矿家属抚恤金计划》（1971）、《雇员家属抚恤金计划》（1971）是家属抚恤金类保障法。而《孕妇福利法案》（1961）（The Maternity Benefit Act, 1961）则是生育方面的补贴保障法案。

印度的工业起步较晚，1850年开始建立了一些初具规模的大的纺织企业。为了使工厂顺利运营，工厂主同意政府制定保护童工和穷人利益的法案，这就是《1850年学徒法案》（Apprentices Act of 1850）。该法案名义上是保护童工的利益，实际上是通过法案允许童工以学徒的身份到工厂劳动、学习贸易。因此，这一法案激发了印度工厂大量使用童工，并没有从实际上对童工的权益给予维护。随后，1855年，政府出台《重大意外事故法案》（Fatal Accident Act, 1855）。该法案提出，雇主应对在工作中意外死亡的工人作出赔偿，但是，这一法案同时要求工人必须诉诸法律才能获得补偿。对于很多没有文化的工人来说，这项法律只不过是法院的一份文件而已，并没有多少人去到法院争取权益。1859 年，政府相继出台了《工人终止合同法案》（*Workmen's Breach of Contract Act*, 1859）、《雇主工人争议法案》（*Employers' and Workmen's Dispute Act*, 1859）。这些法案并没有提高工人的生活和工作条件，它的价值在于从法律的意义上对雇佣管理作出司法实践。

到了1881 年，印度已经建立起健全的工厂体系。与此同时，工人为提高待遇、改善工作条件，也和工厂主不断发生冲突。为了缓和矛盾，1881 年，印度出台了《第一工厂法案》（*First Factory Act*, 1881），从法律意义上对工人的工作条件和待遇作出规定。随后引发了其他保护工人权益的法案出台。1891 年，印度政府对该法案进行了修订。该法案适用于雇佣工人在50 人以上的工厂，实施的主要目的是为了提高工人福利。其主要内容包括：强制性的每工作日休息一小时，每周休息一天；允许妇女每工作 11 小时休息 1—2 小时；对童工的年龄和工作时间作出限制，最小不得低于 9 岁，白天工作时间不得超过 7 小时等等。这项法案在一定程度上对工人的利益作出了保护，但是保护的效果并不是很明显。1911 年，英国殖民政府又出台了新的《1911 年工厂法案》（*Factories Act of 1911*），将童工的工作时间缩短为每天 6 小时，提出工厂主应对工人的健康和安全作出保障。

在国家的干预下，一些行业组织也纷纷建立起来。如 1897 年成立了印度和缅甸铁路雇工联合会（Amalgamated Society of Railway Servants of India and Burma），这一联合会成立后就开始实施了一系列的福利计划。1905 年成立了加尔各答印刷工人工会（The Printers' Union in Calcutta），1907 年成立了孟买邮政工会（Postal Union in Bombay）。这些工会实行保险计划，开办夜校，给丧葬工人发丧葬费等等。1910 年，工人福利协会（Workers' Welfare Society）成立。该协会主要任务是发挥它的福利保障功能，监督工厂主对意外伤害作出赔偿,改善工人工作条件。

真正通过法律在实际中发生作用的是《工人赔偿法案》(Workmen's Compensation Act, 1923)。它是印度政府面对国际劳工组织的压力而通过立法出台的一项强制性法律,其主要内容是对工人在工作中受到的伤害包括职业病作出赔偿。该法案于 1924 年正式实施。[①]

印度有关覆盖意外事故的法案列表

意外事故(Contingency)	覆盖意外事故的法案(Acts covering the contingency)
死亡(Death)	《工人赔偿法案》Workmen's Compensation Act, 1923
	《雇员国家保险法案》Employees' State Insurance Act, 1948
	《雇员家庭养老金计划》/《雇员养老金计划》Employees' Family Pension Scheme, 1971/Employees' Pension Scheme, 1995
伤残(Disablement)	《工人赔偿法案》Workmen's Compensation Act, 1923
	《雇员国家保险法案》Employees' State Insurance Act, 1948
	《雇员养老金计划》Employees' Pension Scheme, 1995
丧葬(Funeral)	《雇员国家保险法案》Employees' State Insurance Act, 1948
解雇、失业、倒闭(Lay-off, retrenchment and Closure)	《产业争议法案》Industrial Disputes Act, 1947
疾病(Sickness)	《雇员国家保险法案》Employees' State Insurance Act, 1948

---

① 以上内容参见 K P, Kannan and Pillai N., Vijayamohanan, *Social Security in India: The Long Lane Treaded and the Longer Road Ahead Towards Universalization*, Munich Personal RePEc Archive, June 2007.

孕妇（Maternity）	《孕妇福利法案》The Maternity Benefit Act, 1961
年老（Old Age）	《煤矿准备金和津贴计划法案》Coal Mines Provident Fund and Bonus Scheme Act, 1948 《雇员准备金及其他专款法案》Employees' Provident Funds and Miscellaneous Provisions Act, 1952 《阿萨姆邦茶叶种植园准备金计划法案》Assam Tea Plantations Provident Fund Scheme Act, 1955 《海员准备金法案》Seamen's Provident Fund Act, 1966 《养老金支付法案》Payment of Gratuity Act, 1972

在印度政府面前的难题，是如何处理好促进经济发展和保障工人利益之间的矛盾。印度的劳动立法多而复杂，仅联邦一级关于劳动报酬和福利的法律规定，就包括《劳动者报酬法》（1923）、《周假日法》（1942）、《工资法》（1936）、《最低工资法》（1948）、《工资支付补偿法》（2005）、《分红法》（1965）、《感谢费法》（1972），等等。此外，还有涉及产假、童工和合同工报酬的立法。印度是一个联邦制国家，除了联邦立法，各邦关于劳动权益问题的立法更是不计其数，且有很大差异。

在印度所有的劳动立法中，影响最大的公认为《产业争议法案》(Industrial Disputes Act, IDA, 1947)。这个法律是 1947 年印度独立前夕通过的，上世纪 80 年代中期有过一次修正。其核心内容是规范企业招聘和解聘员工的条件和程序，明确规定，所有超过 100 人的企业在解雇员工时，必须获得州政府的批准。由于规模在百人以上的企业用工和解雇需要政府批准，雇主就会尽量将企业规模控制在百人以下。因此，《产业争议法案》作为保护员工权益的立法，客观上限制了印度制造业的发展空间，制约了整个经济的发展。①

---

① 参见中国选举与治理网站：http://www.chinaelections.org。

2005年11月，印度劳动部提出两条劳动法修订建议。当时，辛格总理要求印度"无组织部门企业全国委员会"研究全部43件劳动法律并提出修订建议。目前，该委员会已完成研究报告，并开始征求工会意见。该委员会报告的主要建议包括：更宽松的雇佣和解雇政策，在简化43件法律的基础上编纂劳动法典，以及将劳动法的实施由主要依靠政府检查转变为主要依靠自愿遵守等。①

印度工会自印度独立以来一直扮演着强硬的角色，有人认为工会保护的是一群工人贵族，这些人约占印度劳动力的10%。他们在正规部门工作，拿着高额工资，要开除他们也很难。但是，印度还有大量的非正规部门的劳工，他们在一定程度上所受到的保护要弱于在有组织部门工作的员工。②

二、印度城镇的就业保障

印度政府在官方文件中多次提到，在解决收入和社会政治不平等的前提下，制定政策和战略以促进充分就业和体面工作。而制定各种政策以促进就业和体面工作时，也必须反映出社会中的人口和社会变革。把人人享有体面工作，而非经济增长本身作为经济和社会决策的中心，从而抵消在全球化过程中，劳动力市场一直在朝着经济安全更差、多数不平等现象更严重的方向发展的趋势。

在印度，通常对劳动就业领域和就业形式分为两部分。就业领域分为正规部门和非正规部门两大部分；就业形式划分为正规就业和非正规就业。一般认为非组织部门和非正式部门可以同义使用。有组织部门大致可分为公共部门和私有部门，是指雇员在10人以上的机构和企业。公共部门一般包括政府或政府的一个部门、根据

---

① 参见17hr人力资源网站：http: //www. 17hr. com/hr/10/n - 89610. html。
② 参见绍兴农业信息网站：http: //www. sxny. net/html/zjs/gjdtView/20060 31424497. html。

1956年《公司法案》定义的政府公司、根据中央或邦法律组建政府控管的公司。地方权力机构有组织部门的就业一般是指在政府公共部门的就业和国营企业就业。政府公共部门就业者主要是政府公务员和雇员。私有部门是指雇佣25名或以上雇员并付给报酬的私有机构，分为大小企业。非组织部门有少量的就业者为正规就业人员，就业人数最多的是农业领域。2004年至2005年，共有3.93亿劳工在非组织部门就业。

由于印度制造业发展滞后，财政赤字居高不下，基础设施落后等也制约着印度经济的发展速度。从1960年至1995年，制造业占GDP的比重在印度尼西亚从9%增加到24%，在马来西亚从8%增加到26%，在泰国从12.5%增加到28%，而同期印度制造业在GDP的比重从原来高于上述国家的13%，仅仅增加到18%。制造业的增长缓慢，使得没有受过良好教育的底层劳动者无法参与对知识水平和技术要求高的职业竞争。[①] 每年，印度政府都要在增加就业问题上下工夫，大力吸引外资，调整产业结构，发展制造业，支持劳动密集型产业发展，以创造大量就业机会。为了增加就业、减少贫困，历届印度政府都想方设法实施各种就业计划，缓解社会矛盾。政府实施的比较有影响的就业计划主要有：

1. 总理就业计划

该计划始于1993年10月，主要施助对象是受过教育即通过了8年级毕业考试的失业青年，政府以发放小额贷款的方式帮助这类青年就业。如果在政府批准的教育机构里接受过至少6个月的就业培训，则可以获得优先权。受益青年年龄被限定在18岁至35岁，对于表列种姓、表列部族、退伍军人、残障人和妇女，年龄放宽到45岁。该计划规定，受益者与其配偶的年收入和其父母亲的年收入不

---

① 中国选举与治理网站：http://www.chinaelections.org。

得超过40000卢比,银行根据受益者的具体情况向其发放相应的不等额低息贷款,最高限额为10万卢比。据印度有关部门调查,每笔贷款可以增加就业岗位2—3个。

2. 城镇自我就业工程

这是城镇最主要的就业工程,包含两个计划,即"城镇自我就业计划"和"城镇工资性就业计划"。作为2005年启动的"尼赫鲁全国城市复兴行动"的附属工程之一,"城镇自我就业计划"主要包含三项内容:资助城镇贫困居民建立自我就业小企业,资助城镇贫困妇女小组建立自我就业小企业,对城镇就业工程相关的自我就业人员进行职业或相关内容的培训。这一计划覆盖全国所有的城镇,受益对象是生活在城镇地区的贫困线下的人群。"城镇工资性就业计划"的主要目的是通过向贫困线以下人群提供体力劳动的机会,使他们获得一定的工资性收入。

此外,2005年4月实施的"拉吉夫·甘地工人福利计划"(Rajiv Gandhi Shramik Kalyan Yojana),为非自愿以外失业的被保险人提供失业救助。该救助只覆盖雇员国家保险计划的被保险人。

三、有组织部门和非组织部门的社会保障

2007年,联合国的一份劳动保障调查报告认为,金融市场的全球化和全球性劳动力供应的出现进一步破坏了劳动保障,而各地的政府和雇主为了维持或具有经济竞争力,采取了大量措施以增加劳动力市场的灵活性,这使得大多数职工群体都变得更加没有福利保障。[1] 印度的员工大多数没有任何形式的社会保障,[2] 对印度现行的

---

[1] 参见《2007年世界社会状况报告:就业规则》,联合国大会2007年7月30日。

[2] 参见印度计划委员会网站:Report of working group on social security, Government of india planning commission New Delhi, 2005。

自上世纪发展起来的社会保障体系来说，这是一个重大挑战。随着经济的发展和人口的增加，印度需要更具安全性和体制稳定的保障系统支持所有需要社会保障的人，以缓解因疾病造成的损失和伤害，以及因失业造成的收入下降和困难。

印度将就业人口按部门划分到有组织部门、非组织部门和政府部门等三个部门中。目前，在非组织部门工作的人员有3.93亿人，在有组织部门工作的大约有6275万，需要参加社会保障的人员总计是4.557亿。针对不同的部门，印度政府制定了不同的退休金计划，从而形成了现有的退休金制度体系。政府通过雇员准备基金组织（Employees' Provident Fund Organization）和雇员国家保险公司（Employees' State Insurance Corporation）向有组织部门的雇员提供社会保障。而对占全部劳动力93%的非组织部门工人，主要靠通过雇员准备基金办公室（Employees' Provident Fund Office）和雇员国家保险公司（Employees' State Insurance Corporation）以五种基金的方式，向他们提供社会保障。

1. 有组织部门的社会保障

大部分在正规私人部门工作的雇员参加两种退休金计划，即"雇员准备基金"（Employee Provident Fund, EPF）和"定额给付雇员养老金计划"（Employee Pension Scheme, EPS）。

"雇员准备基金"建立于1952年，在特定的177个地区，规定所有雇佣12人以上的私人和公共企业必须参加。它以同年颁布的《雇员准备金及其他专款法案》为基础，属于强制性的缴费计划。设立个人账户，以雇员工资为缴费基数，总缴费率为15.67%，其中，个人缴纳12%，雇主缴纳3.67%。参保人员在退休、辞职、裁员时可以一次性领取；在购房、结婚、失业、接受高等教育和医疗时可以部分提前支取，提前支取部分可以高达

60%—70%。① 这个系统覆盖了那些基本工资以及津贴低于5000卢比的雇员。雇员准备基金组织（EPFO）负责管理雇员退休储备基金，但是雇员也可以在符合雇员基金组织政策的情况下，通过申请"特许"而得到管理基金的机会。② 雇员准备基金发放有三种形式：老年补助、伤残补助和遗属补助，所要求的享受资格和发放标准各有不同。截止2005年3月31日，纳入雇员准备基金计划的企业约有40余万个，覆盖劳工4000万。③

同样由雇员基金组织监管的"定额给付雇员养老金计划"于1995年建立，它替代了提供抚恤金的家庭退休金计划（FPS），覆盖了大约2.05亿的雇员。目前该计划由雇主和政府共同投资，分别付出雇员基本工资加津贴的8.33%和1.16%。缴费10年以上的参保人，替代率为退休前12个月平均工资的50%。该计划还包括家庭养老计划，每月支付养老金。同时包括残疾抚恤金、鳏寡补助、儿童补助和孤儿补助等项目。与"雇员准备基金"计划一样，参保人缴费年限如果低于10年，可一次性领取；满10年，58岁领取；满15年，可以在50岁领取，但是要按照58岁的领取标准，每提前一年，养老金递减比例为3%。④

1976年8月开始实施的"雇员储蓄保险计划"（Employees' Deposit Linked Insurance Scheme，EDLI），适用于所有的工厂、企业和私营业主。凡是参加"雇员准备基金"的人员，都被要求参加该计

---

① 左学金、潘光、王德华主编：《龙象共舞——对中国和印度两个复兴大国的比较研究》，上海社会科学院出版社2007年版。

② 肖璐：《浅析印度退休金制度及其改革》，载于《全国商情·经济理论研究》2006年第8期。

③ 王晓丹：《印度社会观察》，世界知识出版社2007年版。

④ 参见左学金、潘光、王德华主编：《龙象共舞——对中国和印度两个复兴大国的比较研究》，上海社会科学院出版社2007年版；肖璐：《浅析印度退休金制度及其改革》，载于《全国商情·经济理论研究》2006年第8期。

划。"雇员储蓄保险计划"规定，保险费由雇主和政府共同缴纳，其中雇主缴纳基本工资的 0.5% 作为保险金，另加 0.1% 的管理费；政府负担工资总额的 0.25% 及 0.05% 的管理费，受保人无需缴费。2007—2008 年全年共收缴保险金 30.844 亿卢比，解决索赔 21146 项，支出赔付金 4.833 亿卢比。

此外，相对于政府部门雇员有固定的退休养老金，有组织部门的企业劳工社会保障主要依靠立法、福利基金和社会保险来保证。

早期的《工人赔偿法案》（1923）规定，由各邦政府负责提供保险保障，适用的范围主要包括铁路、工厂、矿山、种植园、机动车、建筑业等行业的工人。目前永久完全残障和死亡的最低赔偿分别为 9 万和 8 万卢比，最高赔偿根据年龄和被保险人的工资分别为 54.8 万卢比和 45.6 万卢比。中央政府于 1961 年出台的《孕妇福利法案》规定，受雇于一定机构的妇女在产前和产后的一定时间内享有相应福利，该法适用于矿山、工厂、种植园、商店等雇佣 10 人以上的企业。

在福利基金方面，比较有影响的是五项福利基金法案，即《云母石矿劳工福利基金法案》（1946）（The Mica Mines Labour Welfare Fund Act, 1946）、《石灰岩和白云石矿劳工福利基金法案》（1972）(The Limestone and Dolomite Mines Labour Welfare Fund Act, 1972)、《铁锰铬矿劳工福利基金法案》（1976）（The Iron Ore Mines, Manganese Ore Mines and Chrome Ore Mines Labour Welfare Fund Act, 1976)、《手工卷烟工人福利基金法案》（1976）（The Beedi Workers' Welfare Fund Act, 1976) 和《电影放映工福利基金法案》（1981）（The Cine Workers' Welfare Fund Act, 1981)。这五项福利基金法案涵盖了云母石矿工人福利基金、石灰岩和白云石矿工人福利基金、铁锰铬矿工人福利基金、手工卷烟工人福利基金和电影工人福利基金。这些基金完全由政府建立，受益人不需要缴纳费用。在医疗卫生方面，劳工福利组织在全国开办了十几家医院，这些医疗机构向手工卷烟工人、矿工和电影业工人提供基本的医疗服务和家庭福利。结核病医院按规定为矿工和卷烟工人保留一定床位，医院每接受一名患者，可以每年获得20000卢比的政府资助。患有心脏病的工人，可以减免50%的医疗费用或获得最高10万卢比的报销费用。其他重大疾病也可以获得相应的医疗费用报销和生活福利补贴。（详见下表）

卷烟、电影业、矿业工人福利计划（Welfare Schemes For Beedi/Cine/Mine Workers）

目标	分类援助
眼科问题	财政补助300卢比用于购买专用眼镜
肺结核	在结核病医院为矿工预留专门的治疗床位和提供家庭治疗，每名患病矿工提供生活补助750—1000卢比
心脏病	对因工患心脏病的劳工每人补助130000卢比
肾脏移植	对因工需要肾脏移植的劳工每人补助200000卢比
癌症	对因工患癌症的劳工在治疗、医药、饮食上的实际花费给予补助，也可以家属领取
溃疡、妇科疾病等非重大疾病	对患此类病症的劳工或家属给予上限为30000卢比的补助
精神疾病	对患此类病症的劳工和家属在劳工治疗期间的治疗费、饮食费用、火车票等开支予以财政补助
麻风病	对在家治疗的矿工病人给予每天30卢比的财政补助，出门治疗的给予每天6卢比的补助。对有家属需要抚养的病人每月给予300卢比的财政补助，没有家属的给予200卢比的补助
孕妇津贴	对首次生育双胞胎的女劳工给予1000卢比的补助
家庭福利	对绝育的劳工给予500卢比的补助
鳏夫或寡妇的女儿出嫁	鳏夫或寡妇的女儿出嫁可以得到5000卢比的婚礼补助
葬礼	劳工死亡给予1500卢比的丧葬费补助

此外，以上劳工的教育补助主要包括：子女从一年级到完成职业教育可以获得250—8000卢比的补助。

矿主获得补助主要有：购买公共汽车接送矿工子女上学可以补助30—50万卢比。购买图书供矿工阅读可以得到5000卢比的补助。矿主给矿工居住地购买彩电可获财政补助10000卢比，黑白电视补助4000卢比。矿主为矿工居住地购买蝶形天线可以获得补助30000卢比。

矿工和家属开展有组织的文化娱乐活动可以获得如下补助：购买体育器材的补助，凡一年购买10000卢比以下的体育器材可以获得75%的补助，购买上限为10000卢比。矿企开展各类体育比赛一年可以获得75%的财政补助，上限为40000卢比。

中央政府每年提供3次大型国家节日庆典补助，每次2500卢比，上限为7500卢比。每年提供7次社会庆典费用，每次2000卢比，上限为14000卢比。

随后，1996年，中央立法机构通过了《建筑业和其他建造业工人福利税率法案》(The Building & Other Construction Workers' Welfare Cess Act, 1996)，要求强制执行。该法案规定，凡是投资规模超过100万卢比、拥有10人以上的建筑企业，都要缴纳最低1%、最高2%的税率，以保证建筑工人的福利。该法案拟议的福利基金要资助受益者。这些福利金主要支付发生意外事件、养老金、住房贷款、保险缴费、子女教育、医疗和生育津贴。[①]

在最低工资方面，1948年出台的《最低工资法》分别对46种和1535种职业的最低工资标准进行检查、修改和确定。为了抵消由于通货膨胀带来的货币贬值的影响，印度中央和地方政府不断调整最低工资标准。为减少各邦间的最低工资标准差距，2007年9月，印度政府调整了2004年实行的全国统一的最低工资标准。调整后的

---

① 参见慕尼黑大学图书馆网站：http://mpra.ub.uni-muenchen.de/9601/ MPRA Paper No. 9601, posted 16. July 2008 / 12：59。

标准由 66 卢比/日提高到 80 卢比/日。2007 年 8 月,印度政府还将 2005 年修改的 1936 年《工资法》中的最高工资标准由每人 6500 卢比/月调整为 10000 卢比/月。①

2. 非组织部门的社会保障

印度就业于非组织部门的劳工,只有 8% 的人享有社会保障。印度非组织部门就业人员的职业和劳动保障状况如下表:②

职业	劳动保障状况
1. 以家庭为基础的自我就业或受雇于其他家庭的劳动者	据 2000 年印度劳动部调查统计,印度有 5000 万以家庭为基础的就业者。这些自我就业者没有任何的劳动安全保障和社会保障。
2. 家务劳动者。绝大多数为妇女和儿童,80% 为女性。	主要为雇主家服务,没有任何权益保障。
3. 性服务者,主要为女性,这一行业没有公开的统计数字。	这些人员的工作关系到公众健康,但却没有得到应有的医疗保健和健康服务。一直有劳工组织呼吁保护这些从业人员的权益。
4. 种植园劳工	印度有很多种植园,种植园工人分长期雇工和临时雇工。临时雇工主要是在农忙季节出现,劳工们会到处流动,他们的劳动报酬有按时间,也有按件计算。劳工的权益也经常受到侵犯,工资不能保证全额拿到。一直有劳工组织提出要为雇工建立住所、托儿设施、学校、卫生所等。
5. 矿工。印度的矿山主要分为:①公共部门矿山或公共部门控股矿山。②私有部门的一些大型金属矿山。③小型矿山和采石场。	前两类大型企业中各种福利、医疗和社会保险比较完备,有比较有效的工会组织。第三种小型矿山和采石场没有工会组织,工作条件差,报酬低,没有任何福利保障。

---

① 以上内容参见中国改革网站: http: //www.chinareform.org.cn/cirdbbs/dispbbs。

② 王晓丹:《印度社会观察》,世界知识出版社 2007 年版。

6. 清洁工	市政雇佣的永久性清洁工，每月可获得2000卢比的工资。1993年政府出台《清洁工就业和禁止建造干式厕所法》，保护清洁工的利益。
7. 拆船工人	人数在20000人左右，按照法律应享有健康、安全和劳动福利。工作场所污染严重，工人的健康受威胁。
8. 拾荒者	大多是妇女儿童，属于最为贫困的群体，缺少社会保障。
9. 渔业与水产加工者	大约有600万劳动力从事相关产业生产。大型企业工人工作条件相对好一些，小型企业待遇差，没有社会保障。
10. 玻璃手镯业工人	工人生产条件落后，童工集中。
11. 地毯手工编织工人	多为低种姓，童工数量多，报酬低。
12. 小商贩	这类商贩大多来自农村贫困家庭，目前没有相关的法律保护小商贩的利益。
13. 人力车夫	多是从农村移居到城市的少地或无地的农民，没有法律保护。

2006年，在印度政府的督促下，有4个不同组织机构提交了有关非组织部门劳工的社会保障草案，即《非组织部门工人草案》（2004）（*the Unorganized Sector Workers Bill*, 2004)、《非组织部门劳工社会保障草案》（2005）（*the Unorganized Sector Workers Social Security Bill*, 2005)、《非组织部门工人（工作条件和生计促进）草案》以及《非组织部门工人社会保障草案》（2005）（*the Unorganized Sector Workers Social Security Bill*, 2005)。这些法案或已经进入讨论程序，或由政府设法联系商业保险公司进行实际操作。此外，还有一些法规也是旨在保护劳工的福利，如1979年印度政府颁布的《邦际流动工人法保护流动劳工的权益》，主要是依法对邦际流动劳工的工作条件和环境进行管理。1970年颁布的《合同劳工法》，旨在保护合同工的实际利益，主要是在8小时工作时间、基本的劳动保护和工资保障等方面对雇主进行约束。1976年颁布了《契约劳动制度（废除）法》，根据该法案，中央政府拨款帮助契约劳工解除契约，

帮助他们进行生产生活。另外，前面提到的《云母矿劳工福利基金法案》(1946)、《石灰岩和白云石矿劳工福利基金法案》(1972)、《铁锰铬矿劳工福利基金法案》(1976)、《手工卷烟工人福利基金法案》(1976)、《电影放映工福利基金法案》(1981)以及《建筑业和其他建造业工人福利税率法》(1996)也都适用于非组织部门劳工。

2006年，印度劳动部出台了"手工纺织技工和艺术设计师保障计划"(Scheme for Handloom Weavers and Artisans)，主要内容包括：①节俭基金计划。根据该计划，每位成员按工资收入每卢比缴纳8派士，而中央和邦政府各捐款每卢比4派士的基金。该计划由织工合作社/公司来实施。②新的保险计划。这项计划是由美国和印度联合保险公司实施，全年缴纳保费120卢比，其中中央政府资助60卢比，州政府资助40卢比，手摇织机工人缴纳20卢比。回报是：住家因自然灾害或火灾而遭受损失赔偿1000卢比；工人因公死亡赔偿10万卢比；住院或生产可以得到2000卢比的医疗费。③团体保险金额为10000卢比。④养老金，缴纳保费的工人因年老退休后，每月可得到1000卢比的退休金。⑤纺织工人的保险。该计划保证18—60岁的纺织工人，每月可获得700卢比的工资收入。中央政府和邦政府共同负担120卢比的保费。工人正常死亡可获得10000卢比的补偿金，意外死亡可得到20000卢比的赔偿金。另外每年返还总保险金的11%作为利润报酬。①

2007年9月，又出台了《非组织部门工人社会保障条例草案》(2007)，对非组织部门工人的福利、医疗等作出保障。该项草案对

---

① 参见：The Challenge of Employment in India An Informal Economy Perspective，印度国家非组织部门小企业委员会网站：NATIONAL COMMISSION FOR ENTERPRISES IN THE UNORGANISED SECTOR 19th Floor, Jawahar Vyapar Bhawan, 1, Tolstoy Marg, New Delhi – 110001 www.nceus.gov.in April, 2009 Volume I-Main Report.

非组织部门工人进行了重新定义，扩大了受保障工人的范围。规定每个工人都有社会保障号码和福利卡，享有生命和伤残金、健康和生育津贴、老年保护公积金、工伤补贴、住房福利、儿童教育计划、技术培训、丧葬补助等。另外，《工人赔偿法案》（1923）等相关赔偿性法律也覆盖非组织部门劳工。由中央政府对非组织部门工人社会保障基金提供一定的财政补助。

近年来，印度政府出台了一系列相关法律，以帮助非组织部门工人获得社会保障。主要有《城市街头小贩国家政策》（2006）（National Policy on Urban Street Vendors），《非组织工人社会保障法案》（2006年5月）（Social Security for Unorganized Workers）。2007年7月，对非组织工人最低工作条件和社会保障进行全面立法，制定了两个法律草案，即《农业工人的工作条件和社会保障条例草案》（Agriculture Workers' Conditions of Work and Social Security Bill, 2007）和《非组织非农业工人的工作条件和社会保障条例草案》（Unorganized Non-Agricultural Workers' Conditions of Work and Social Security Bill, 2007）。①

2007年11月，印度还决定建立一个非组织部门国家基金（Creation of a National Fund for the Unorganized Sector），并陆续推出新的保险政策计划，以帮助失业工人解决生活困难。目前政府和人寿保险公司已经为穷人和低收入家庭提供低保险费率和可负担的人寿保险，如农村团体人寿保险计划（1995年）、人身意外和格拉米个人意外保险等。保险业改革委员会已经注意到，在农村地区蕴含着巨

---

① 参见：*The Challenge of Employment in India An Informal Economy Perspective*，印度国家非组织部门小企业委员会网站：NATIONAL COMMISSION FOR ENTERPRISES IN THE UNORGANISED SECTOR 19th Floor, Jawahar Vyapar Bhawan, 1, Tolstoy Marg, New Delhi – 110001 www.nceus.gov.in April, 2009 Volume I-Main Report.

大的保险潜力。

3. 政府部门养老金制度

印度政府规定，国家公务员无论男女，退休年龄均为55岁。凡是退休的公务员依照规定领取一定的退休金。其他企业雇员则按照《雇员国家保险法案》来进行，发给保险金。印度公务员主要参加四个养老金计划：非交费养老金计划、政府交费准备基金、保险计划和强制性退职偿付计划。

公务员养老金计划（Civil Service Pension Scheme）覆盖了联邦中央和各邦政府的公务员、铁路和邮政等部门人员以及职业军人，总共超过1200万人，大约占就业人口的3.5%。资金来源由联邦或各邦政府提供。政府准备基金（Government Provident Fund）是一种定额交费的养老金计划，由公务员交付工资的8.33%，退休时可以得到一笔总付的养老金款。政府准备基金的资金储蓄设在印度政府的公共账户上，没有支付利息。

保险计划：这是一项强制性保险计划，公务员每月支付根据职位决定的很小的一笔保险费。

强制性退职偿付计划：公务员退休时还将获得根据最后的工资和工龄来计算（每一年工龄折换成半个月）的一笔偿付金。也可以因为一些特殊的原因（如购房）而牺牲一些偿付金来提早支取部分资金。

印度部分退休保障项目一览表

项目名称	项目类型	资金来源	覆盖范围
公务员退休金计划	强制	州或中央政府提供	中央政府和州一级公务员
政府准备基金	强制	员工缴纳	中央政府和州一级雇员
特别准备基金	强制	雇主和雇员缴纳	适用于煤矿、其他矿类、茶叶种植园工人以及查谟和克什米尔的海员

公共准备基金	自愿	定期缴纳	所有个人都有资格申请
自愿退休计划	自愿	定期缴纳	由有关机构决定的雇员
个人退休金	自愿	购买各种类型的年金产品	所有个人
州一级的社会援助	政府资助的社会赞助	州政府	不同的州不同类型
国家老年退休金计划	政府资助的社会赞助	中央政府	65岁以上的穷人

当然，印度退休金制度也存在着一定的问题，主要表现在：退休金制度覆盖面窄、公平性差，不能为绝大多数人口提供社会保障。能够享受雇员退休准备基金（EPF）、雇员退休金计划（EPS）、公务员退休金计划（CSPS）、政府退休准备基金（GPF）的退休人员，每月分别可以从雇员退休准备基金和公务员退休金计划得到退休金1000卢比和2000卢比。但老年救济金计划（NOAPS）每月只有救济金75—300卢比，而且只覆盖了穷困老人里的极小部分。

此外，退休保险金管理也存在较多问题。从1995年以来印度退休金收支情况来看，其每年的支出增长率是20%，而收入的增长率却只有14%，退休金的收支平衡问题是摆在印度政府面前的一大课题。由于缺乏退休金保险信息管理系统，冒领退休金的问题比较突出。退休金提前支取使得退休人员老年保障弱化，很多人在退休或死亡时，个人退休金账户只剩余20%，其余部分已被提前支取用于住房、结婚、教育等支出。此外，资产管理效率低下，投资回报率低，各类退休基金互不相容，使基金增值率低，影响劳动力流动。

随着退休人员数量的增多，为了缓解财政困难，增加退休金存储，扩大退休养老金发放的覆盖面和公平性，近年来，印度政府计划实施"老年社会和收入安全工程"和建立"全国老年人资金"。这两项计划对印度退休金制度进行了改革，主要有：政府停止对雇员基金的投资，撤除政府对雇员基金的直接付款资助。建立一个财政合理、自筹经费和规模适宜的一级退休金，非正规就业人员都可以自愿参保和缴费，通过一个终生不变的账户，参保人可以累积资金。雇员基金执行统一数额的交款，每年公布精算报告，并调整参数来保证雇员基金做到自筹经费，逐渐从一笔总付向年金转变。计划实行收益指数化，在交款和收益结构中为预期的通货膨胀设立一定的补贴。

近年来，印度政府发挥私营基金在养老保险基金运营中的作用，计划放开退休基金投资限制，以市场为基础来决定投资回报率。取消未到退休年龄可以提前支取的规定，控制养老金的信贷、提款和支出，因特别原因提款需要交纳10%的提款税。帮助个人进行养老金的安全投资，每年发布各类国家债券、公司债券、基金保险、国内外证券的安全系数、增值水平等指标，对贫困人口免税。2005年，开始放宽对养老金的投资限制，将养老基金的5%直接投向股票市场。通过在正规部门进行高回报的投资，为非组织部门的雇员提供最低限度的养老金。允许参保人自由选择自己的个人账户的基金管理公司和管理人员，通过基金管理公司之间的竞争使参保人成为监管者，提高监管回报率。①

四、其他相关社会保险

印度现有的社会保险项目主要包括疾病与生育保险、工伤保险、养老保险和失业保险。其受益者基本上是有组织部门中的就业者，主要是工人和雇员。

社会养老保险：为混合型保险，即由储蓄保险基金制度、家庭年金制度和退休基金制度共同形成。1952年印度立法建立储蓄保险

---

① 肖璐：《浅析印度退休金制度及其改革》，载于《全国商情·经济理论研究》2006年第8期。

基金制度，1971年立法建立家庭年金制度，1972年立法建立退休基金制度。养老保险基金的来源主要是储蓄保险基金，受保人缴纳工资收入的8.33%，雇主缴纳工资总额的8.33%。雇佣50人以上的雇主缴纳10%，另加工薪总额的0.65%作为管理费，政府不负担。家庭年金基金，即上述雇员和雇主保险费的1.16%，政府负担工薪总额的1.16%，另加遗属补助管理费用。退休基金，受保人不缴纳，雇主缴纳工资总额的4%，政府不负担。养老保险享受的条件是，年满55岁的受保人从受保职业退休，可享受老年补助，包括永久出国或从事受保职业工作两个月以上者。受保人退休前死亡且受保的最近1月薪金不足1500卢比，遗属可获补助。年满60岁且缴纳保险费者，可享受最高补助。死者参加年金基金保险计划，并曾缴纳3个月保险费者，遗属可领取遗属恤金。

养老保险给付：一次性支付老年补助，数额为雇员和雇主所交保险费的总和。

家庭年金基金：一次性支付雇员和雇主所交的全部保险费，加利息，最低限额110卢比，最高限额19825卢比。家庭年金基金的遗属补助，根据5个工资等级支付，最低每月225卢比，最高每月750卢比。受益人为家庭成员或受保人的继承人。

退职基金：一次性支付的数额为连续工作年限中每年15天的工资。最高限额5万卢比。

保险基金：一次性支付相当于受保人死亡前12个月储蓄保险基金账户中的平均结余数，最高限额2.5万卢比。

工伤保险：覆盖的范围主要是危险行业中的雇员，规定由雇主支付所有保险费用。凡是在最近12个月内受雇80天的工人都可享受。永久残疾恤金，分8个工资等级，最低每天3.5卢比，最高39.2卢比，部分残疾的一次性支付24000—112000卢比。遗属抚恤金，可以领取受保人的完全残疾抚恤金的60%，也可根据死者的收入水平和年龄，一次性支付2万—9万卢比的抚恤金。一次性给付丧葬费，最高限额1000卢比。①

失业保险：印度劳工法规定，雇主在解雇劳工时应向雇员支付解雇费，其数额按每雇佣一年发给15天的平均工资。

其他：印度政府对保险市场采取干预措施，制定行业政策规范商业保险公司行为，鼓励保险公司为非组织部门中就业的劳动者设计医疗保险等产品。这些保险产品由非组织部门劳动者以集体形式向保险公司投保，非政府组织也积极参与保险项目的设计。一些非正规部门行业工会通过建立自己的福利基金，向会员提供福利，缴纳会费的会员享有医疗、养老、伤残、生育和失业等方面的补助。②

第四节　印度的医疗保障制度

独立60多年来，印度政府致力于实行公平的医疗保障政策，逐年加大对农民和城市贫困群体医疗保障的力度，取得了很大成就。主要表现在：人均寿命预期不断增加，婴儿死亡率逐渐降低，一些重大传染病得到有效控制。据美国有关机构2009年4月的最新数据统计，印度人均寿命为69.89岁（2009年），婴儿死亡率为30.15‰。相对于1991年人口平均预期寿命的59.2岁和婴儿死亡率80‰，分别上升了10.69岁和下降了49.85‰。③ 这一成就的取得是与印度政府实行以全民免费医疗为基础的医疗保障制度分不开的。

---

① 王晓丹：《印度社会观察》，世界知识出版社2007年版。
② 王晓丹：《印度社会观察》，世界知识出版社2007年版。
③ 资料来源：*The World Factbook of Central Intelligence Agency*. http://www.cia.gov/liberary/publications/the-world-factbook/geos/in.htm# people。

尽管近年来印度医疗保障制度在某些人看来做得并不尽如人意，他们指出："与其他许多发展中国家相比，印度的健康成就很差，尽管它的国民生产总值相当大一部分用在医疗保健上（如果把公共和私人的开支相加）。这种投入财力和获得成果的不成比例大多是因为公共医疗保健系统的功能不佳，尤其是在农村地区。在有些邦，医疗系统不过是荒凉的基层卫生所、肮脏的诊疗站、动机不明的医生和混乱的医院的集合体。"① 但是，我们仍然可以从印度的医疗保障制度中发现一些可以借鉴的经验。

一、力求所有国民都享有免费医疗的医疗保障制度

1949 年，印度通过的第一部宪法明确规定，所有国民都享受免费医疗。所有政府医院对任何看病的人，不论身份、国籍一律免费。免费项目包括挂号费、检查费、住院治疗费、治疗费、急诊抢救费，甚至还有住院病人的伙食费。② 印度的免费医疗服务主要由公共医疗体系和农村三级医疗网提供。公共医疗服务体系包括国家级医院、邦（省）级医院、地区级医院、县级医院和乡级医院五个层次。③

多年来，印度政府认识到，因为疾病导致的贫困问题是急需解决的社会问题。因此，在连续十一个五年计划中都提到要提高医疗保障水平，解决农村人口看病问题。为了让印度国民，特别是居住在农村的贫困人口、妇女和儿童能够享受到高质量的医疗服务，政府建立了包括公共医疗系统、私人医疗部门的庞大的健康保健网络；培训了大量医疗救护人员；设立了包括印度医草药、瑜伽、同种治

---

① ［印度］阿玛蒂亚·森、让·德雷兹著：《印度：经济发展与社会机会》，社会科学文献出版社 2006 年版，第 120 页。

② 参见廉海东：《印度保障穷人的有效措施》，国务院扶贫办网站：http://www.cpad.gov.cn/data/2008/0331/article_337402.htm。

③ 冯国忠、吴红雁：《印度医疗保障体制主要内涵及对我国的启示》，载于《上海医药》2007 年第 5 期。

疗、物理治疗等具有印度地方特色的医疗机构，提高了人均预期寿命，降低了婴儿死亡率。①

在农村，政府通过健全农村医疗网络，免费向穷人提供医疗服务。印度农村医疗网络由保健站（Sub Center）、初级保健中心（Primary Health Center）和社区保健中心（Community Heath Center）三级构成。该医疗网络起源于1951年政府发起的"社区发展规划"。通过这一规划，印度政府加强了农村基础医疗设施建设，兴建了包括142655个保健站、23109个初级保健中心和3222个社区保健中心庞大的农村医疗服务体系②。保健站设男女保健员各一名，负责母婴健康、计划生育、预防接种和发放药品等。每个保健站负责邻近村庄3000至5000个村民的保健服务，所需资金由印度家庭福利部提供。初级保健中心由邦（州）政府负责建立和维持，一般是每2万至3万农民设一个，为他们提供治疗、预防、家庭福利等医疗保健服务，每个保健中心还负责对6个保健站的监管工作。社区保健中心也是由邦（州）政府负责建立和维持，每10万农民配备一个社区卫生中心，配有完善的医疗设备和充足的医护人员，它同时还是4个初级保健中心的上级转诊医院。③

印度政府在"十一五"计划中特别强调要促进社会公平正义。计划中规定，将公共医疗支出从占印度国内生产总值的0.9%提高到2%—3%，各省和邦对公共医疗的预算投入至少每年要提高10%，用以支持农村卫生保健的各项支出。中央政府的资金直接下放到各

---

① 资料来源：《印度十一五计划》（Eleventh Five Year Plan of India），印度计划委员会网站：http://planningcommission.nic.in/plans/planrel/fiveyr/11th/11_v3/11v3_ch1.pdf。

② Bendapudi Arunima：《印度农村医疗的现状与对策》，姚振军译，载于《医学与哲学》2007年第8期。

③ 冯国忠、吴红雁：《印度医疗保障体制主要内涵及对我国的启示》，载于《上海医药》2007年第5期。

邦（州）政府，政策还向一些重点扶植的落后邦倾斜。

　　印度政府多次提出，初级保健中心是农村卫生保健的基石，是农村病人第一个投奔之所，是维护社会和经济稳定的基础。它构成了第一层次病人与医疗单位接触联系的国家卫生系统，使医疗服务尽可能接近人民的生活和工作。而保证医疗质量的关键是有优质的医生服务。虽然近年来印度医生的数量不断增长，由1981年每2543人拥有1名医生，上升到2004年的每1645人拥有1名医生。但是，据最近的《时代周刊》援引布鲁金斯学会的报告说，在印度，80%的农村医生"没有正式资格。他们有时甚至没有高中毕业文凭。"还有相当一部分受过良好教育的医生甚至护士，因为收入的关系到国外求职。据报道，在美国，有38%的执业医师和牙医来自印度。越来越多的优秀医生移民英国甚至引发了医疗就业竞争，其中参与竞争者包括来自印度的助产士、药剂师和其他护理人员。[1] 据统计，印度护士相比1981年每1199人拥有1名护士，下降至2004年每1230人拥有1名。医护人员的流失成为近年来困扰印度农村医疗发展的问题。鉴于在本土受过高等教育的医生受薪酬的诱惑移居富裕国家的情况无法控制，有相当一部分专家提出要建立有效的限制制度，防止优秀医生流失。[2]

　　为确保农村医疗人员的数量和质量，印度政府采取了许多措施，如将医生的退休年龄提高到65岁，将录取医生的权力下放到区级政府，提高农村医生待遇。农村医院可以高薪雇佣医生，让初级和高级的住院医生到"初级保健中心"和"社区保健中心"任职一段时间，以提高他们的技术水平。向"初级保健中心"和"社区保健中心"的医生和主要工作人员提供住宅设施和充足的住

---

[1] 资料来源：http：//www.thehindubusinessline.com/2006/09/08/stories/2006090800261100。

[2] 同上。

房补贴。在农村服务的医生,其子女在各级学校都可以优先录取,同时还为在"初级保健中心"服务的医生提供持续的医学课程。2009年2月4日,印度劳动和就业部部长奥斯卡·费尔南德斯向媒体表示,印度将设立15个培养农村医生的医学院,以改善农村缺少医生的现状。[1]

2005年,印度政府颁布了新的"国家农村健康计划",该计划的目标在于通过农村三级医疗网络,为广大农村人口提供公平的、负担得起的、优质的卫生保健服务。"国家农村健康计划"在村镇设置了50万名"值得信赖的女性社会医疗积极分子(ASHA)"。在18个健康指标低、公共医疗设施不完备的邦,平均每位积极分子负责1000名村民,以提高卫生保健的可利用性和可及性。这些积极分子是经过培训的社区志愿工作者,由村务委员会选出并对之负责。其主要任务是:加强社区机构医疗供给、生育服务和婴儿照料,预防饮水传染病和其他传染病等。[2]

此外,根据该计划,病人可以免费得到医生的诊治和基本的常用药,即便遇到重大疾病需要输血或手术,患者也只需负担5%左右的费用。如果病人生活在规定的贫困线以下,还可以获得"全国健康优惠基金"的全免费治疗。该计划敦促各村委会为自己所在村制定卫生保健计划,跨区域的卫生、饮水、营养等保健计划,为中央、邦、县卫生管理提供技术支持。

在推广"国家农村健康计划"的过程中,印度政府实行透明、监督的制度管理体系,定期公布各类保健中心及医院的运行状况及

---

[1] 资料来源:泰国印度人网站:http://www.thaindian.com/newsportal/india-news/15-new-medical-colleges-to-open-in-rural-areas-of-india_ 100151148. html。

[2] 参见 Bendapudi Arunima:《印度农村医疗的现状与对策》,姚振军译,载于《医学与哲学》2007年第8期;张奎力:《印度农村医疗卫生体制》,载于《社会主义研究》2008年第2期。

相关信息,并考虑实行管理问责制,提高人力、物力资源的使用率。2005—2006年度,印度政府用于农村公共健康事业的总资金投入约24亿美元。①

由于农村医疗条件的限制,印度政府提倡医院努力发挥印度传统医药的作用,积极使用印药,在农村建立草药中心,对那些医院不能免费提供的药物,鼓励病人使用印度草药替代,降低穷人的治疗费用。② 在使用传统医疗手段方面,印度医院还采用瑜伽、天然疗养、顺势疗法、尤纳尼治疗、指压疗法,甚至中医针灸治疗,以弥补现代医疗治疗的不足。

在印度政府的不懈努力下,据印度计划委员会的《第十一个五年计划》显示,截至2007年,印度的婴儿死亡率降至28‰,母亲死亡率降至1‰,而在1991年婴儿死亡率高达80‰。公立医院由2000年的4571家上升到2006年的7663家,增长了67.6%;床位从430539张增加到492698张,增长了14.4%,不包括私立医院和非政府组织设立的医院。印度政府还不断对自己的卫生医疗系统提出批评意见,在《第十一个五年计划》中提出,今后要改变由中央集中计划代替地区分散计划的缺点,增强区域政策的灵活性;公共机构的建立要以居住环境为标准来划分,不再以人口来划分,增强区域扶持力度;要长远考虑疾病的防治,而不要动辄使用特效药;继续改变基层医疗组织的效率低下和混乱状态;继续充实医疗人员,设立新的医疗质量监督标准;增强动员机制,在水安全、卫生设施、

---

① 资料来源:《印度十一五计划》(*Eleventh Five Year Plan of India*),印度计划委员会网站:http://planningcommission.nic.in/plans/planrel/fiveyr/11th/11_v3/11v3_ch1.pdf.

② 资料来源:国务院扶贫办网站:http://www.cpad.gov.cn/data/2008/0331/article_337402.htm。

医疗保障、营养改善等方面加大激励机制等。①

二、推行医疗保险制度

印度医疗保险制度主要分为四类，即强制性社会保险、雇主保险、团体保险和自愿保险（或私人保险）。作为印度最大的社会保险机构，全印社会保险基金会负责管理印度的雇员医疗保险，基金会下设医疗保险理事会。

1. 强制性社会保险包括"雇员国家保险计划"（Employees' State Insurance Scheme）（ESIS）和"中央政府医疗计划"（Central Government Health Scheme）（CGHS）。

"雇员国家保险计划"是一个综合性的社会保障计划，为有组织部门工人和他们的家属提供社会保障，对于在突发事件如疾病、生育、死亡或由于工伤或职业危害受伤而导致残疾的工人及家属提供保险。该计划根据1948年《雇员国家保险法案》设立，1953年推出。截至目前，通过覆盖40个地区的100多所医疗机构为大约3300万被保险人提供服务。适用于雇佣工人在20人以上的工业、商业或其他各类企业，如商店、饭店、餐厅、电影院、展览馆、剧院、电机交通事业和报刊等单位。雇员国家保险计划的主要资金由雇主和雇员共同缴纳，其中雇主缴纳工资的1.75%，雇员缴纳工资的4.75%，每天收入低于50卢比的员工免缴保险费。该计划为雇员提供必要的福利保险，如康复津贴、职业康复和失业津贴。地方办事处负责发放保险赔偿金。② 该计划还为雇员和其家属提供医疗保障，

---

① 资料来源：《印度十一五计划》（*Eleventh Five Year Plan of India*），印度计划委员会网站：http://planningcommission.nic.in/plans/planrel/fiveyr/11th/11_v3/11v3_ch1.pdf。

② 参见慕尼黑大学图书馆网站：http://mpra.ub.uni-muenchen.de/9601/ MPRA Paper No. 9601, posted 16. July 2008 / 12:59。

投保人享有如下的权利：门诊治疗、住院治疗、居家治疗、医生到他们的住处访问、专家咨询、免费药品供应敷料和假肢、艾滋病防治和相关用具、医学成像和实验室服务、免疫和妇幼保健方案以及其他的保健项目等。

"中央政府医疗计划"的覆盖范围包括中央政府雇员（在职和退休）和他们的家属，以及在职和退休的国会议员、邦长、法官及其家属等，铁路和在军队领取抚恤金和德里行政部门的人员除外。该计划85%的资金来源于中央政府的税收收入。具体的缴费比例是：缴费人月薪或养老金低于3000卢比的，月缴费15卢比；高于3000卢比但低于6000卢比的，月缴费40卢比；高于6000卢比、低于10000卢比的，月缴费70卢比；高于10000卢比、低于15000卢比的，月缴费100卢比；高于15000卢比的，月缴费150卢比。给付的内容包括：投保人生病期间10天内最多赔付4次诊疗费，药品的费用，10次以下注射减免费用。对于特殊疾病的治疗的赔付包括：在指定的医院或诊所进行首次治疗和预防的服务，在指定医院或诊所进行咨询，转院专家治疗以及在私立医院或国外进行急诊。

2. 雇主保险。主要是铁路、国防、农场和采矿部门为雇员提供的医疗保险，大约有3000万—50000万人参加，占总人口的2.8%—4.7%。

3. 非政府组织或团体保险基金。主要是以公司合营、政府补助、捐款的方式为穷困地区的穷人提供医疗保险服务，目前这类保险覆盖率还很低。

4. 自愿保险。购买者自愿向保险公司缴纳保费，属于私人行为。在印度，医疗保险都是由购买者自愿购买。保险水平是由投保人的风险程度和期望保险获益程度决定的。印度保险总公司（General Insurance Corporation）下面有四个子公司，分别是国家保险公司（National Insurance Corporation）、新印度保险公司（New India Assurance

Company)、东方保险公司（Oriental Insurance Company）和联合保险公司（United Insurance Company）。在公共部门，私人保险是由印度保险总公司和生命保险总公司（Life Insurance Corporation）提供。这些公司提供的保险产品主要包括基本医疗、大病医疗、癌症医疗保险等。其中，参加人数较多的是 1986 年引入的医疗申请保险，覆盖了 5—80 岁的人群，5 岁以下 3 月以上的儿童和他们的父母一起投保。医疗申请保险主要是住院治疗和住家治疗保险，保费是按照年龄和保险额（从 15000 卢比到 500000 卢比）来计算的。1995 年至 1996 年，参加医疗申请保险的人有一半获得了保险费补偿。随后，在 2001 年又有 720 万人参加了医疗申请保险。此外，专门辅助穷人的医疗保险，还包括一种住院和居家保险。成年人一年只要交纳 70 卢比，他们的 25 岁以下子女交纳 50 卢比，一旦生病住院，就可得到高达每人每年 5000 卢比的保险给付。如果全家加入住院和居家保险的话，交纳保费可以打 30%。①

三、积极发展农村医疗保险

多年来，印度政府认识到，因为疾病导致的贫困问题是急需解决的社会问题。为了让印度国民，特别是居住在农村的贫困人口能够享受到高质量的医疗服务，印度政府十分重视发展覆盖弱势群体的医疗保险制度。起初，适用于农村人口的医疗保险主要有非政府组织或团体保险基金。团体保险基金的对象主要是农民和城市贫民。保险基金的来源包括病人缴纳的费用、政府的专项补助和大公司、非政府组织的捐款等。由于此类保险的覆盖率较低，约占总人口的 2.8%—4.7%，因此，近年来政府积极探索医疗制度的创新，为农户推出了农产品加工企业合同农户向保险公司集体投保、非政府组

---

① 左学金、潘光、王德华主编：《龙象共舞》，上海社会科学院出版社 2007 年版。

织为成员设计保险项目向保险公司投保的健康福利项目,以应对发病率较低但医疗费用较高的大病风险。为大幅提高农村地区的寿险服务水平,2001年,印度政府开始对农村保险进行改革,面向私营经济开放寿险和非寿险市场,采取强硬手段规范保险公司的行为,促使其照顾弱势群体。

为了进一步提高农村居民的医疗保险普及率,印度政府于1999年通过了《印度保险管理发展法案》。该法案允许医疗领域向私人保险公司和外国保险公司开放市场,外国投资者可以在印度的保险公司中持有股份,但不能超过26%。[①] 2000年,印度保险监管和发展当局(IRDA)颁布了《关于保险人对农村的责任》,规定开展农村保险业务的数量和比重。要求自2001年起,各寿险公司开展农村寿险的保单数和农村保单占比(农村保单/全部保单)分别不得低于如下标准:第一年5000份,比重为7%;第二年7000份,比重为9%;第三年10000份,比重为12%;第四年15000份,比重为14%;第五年及以后20000份,比重为16%。目前,印度国家寿险公司在农村已经开展了普遍的寿险销售网络普及,私营寿险公司则与国有银行和农村专业金融机构如地区农业银行(RRBS)合作,利用地区农业银行拥有的广泛分支机构,扩展服务渠道。印度政府对这些保险公司进行强制登记,定期对其服务进行评价,质量加以控制,以保证服务水平。

1995年10月,世界银行会同印度政府在旁遮普邦发放医疗豁免卡。广大低收入患者可以凭政府发放的医疗豁免卡就医,有150多个公共医疗机构根据病人的医疗花费情况对其进行医疗费减免。2002年,在卡纳塔克邦私营保险公司亚沙斯维尼(Yashaswini)推出了针对农民的外科手术保险计划,农民只要支付60卢比(1.5美

---

① 左学金、潘光、王德华主编:《龙象共舞》,上海社会科学院出版社2007年版。

元) 就可参保。2008年,印度政府发起了新的针对穷人的国民健康保险计划,穷人只要在专门的医疗卡上存上一美元,就可以得到700美元的医疗保费,在公立医院和私营医院都可以使用。家庭只要支付一美元就可以得到至少100美元的医疗保费,约150万人已报名,并且计划在逐渐扩大。为了吸引外资加入医疗保险行业,印度政府还打算在未来两三年立法取消保险关税。①

四、重视发挥私营医院的医疗保障作用

虽然印度政府努力促进其公共医疗服务,但对私人执业医生是放开的,对他们的管理和限制很少。为了弥补公共医疗系统的不足,政府鼓励私营医疗机构提供医疗保健服务。私营医疗保健部门在印度取得了相当大的政策支持和各方筹资。这些私营部门形式多样,包括自愿组织、非营利组织、信托公司、独立的专家服务、诊断服务以及医疗药品商店等。

如今,私营部门已占印度卫生系统的77.4%。2002年有大约70%的医疗支出是在私人医院,全国有60%—79%的执业医师在私营医院工作。另外还有大约10%的优秀医生在美国、英国、澳大利亚等国工作。目前的趋势是,越来越多的印度医生选择私营部门或出国行医。政府对私营医院的管理较为松散,只有在德里和孟买的保健之家设立了管理条例,其他类似的医疗机构并没有严格的管理规定。虽然专业协会制定了相应的行业自律规定,但有相当一部分医生没有加入协会,对他们也就不能形成有效的约束。至今印度没有制定任何法规限制优秀医生离开印度。这些自由放任的政策,在一定程度上刺激了医生自由选择医院,同时带动了私营医疗部门的

---

① 参见全球展望网站:http://www.globalenvision.org/2008/08/26/indias-healthcare-plan-poor-put-it-card2。

发展。①

　　印度私营医疗部门的迅速发展与政府的扶植政策密切相关。针对公立医院出现的缺少医生、就医环境较差、怠工和满足不了需求等问题，印度政府提出要通过发展私营医院来缓解穷人就医难。为了鼓励私营医院为穷人服务，"十一五"计划提出了免税和土地换服务的政策。凡是为穷人和农民提供廉价医疗服务的私营医院，在税收上都给予减免，减免进口医药和器械关税。此外，政府专门拿出土地以优惠价出让给私营医院，以换取这些医院免费对穷人和农民的医疗保健。政府还支付一部分专门为穷人服务的私营医疗部门医生的工资。②

　　利用非政府组织、大公司的资金发展医疗部门也是印度政府近年来推出的一项重要举措。世界银行以及世界上一些知名大医药公司纷纷在印度开展医疗赞助计划，对这些组织和大公司的准入放开在一定程度上也缓解了印度医疗资源的紧缺。

　　据世界卫生组织 2000 年的报告显示，印度医疗系统的性能表现在全球 191 个国家排名第 112 位，中国排在第 144 位。按照美国兰德公司的研究，这一结果首先是与印度私营医疗部门的相对发达有关，其次是印度在药品价格管制方面也相应地更趋向于市场化。根据世界卫生组织 1997 年对 191 个国家卫生筹资公平性的排名，印度位列第 43 位，中国排名 188 位。这与印度农村医疗服务网络十分健全密不可分。由于私营医疗的活跃与发达，政府能集中投入增加卫生服务公平性的部门，尤其是农村卫生部门。大多数农民最基本的医疗需求能够在农村医疗服务机构中得到满足，而私立医院公平竞争的

---

　　① 资料来源：兰德公司网站，亚太政治中心国际项目，Center for Asia Pacific Policy International Program at Rand. http：//www. rand. org。
　　② 资料来源：BMJ（英国医学杂志）集团网站：*The private health sector in India*——Sengupta and Nundy 331（7526）1157——BMJ. mht。

市场环境较成熟,满足了较高层次的医疗服务需求。由于印度私营医院就医环境、一些专科医疗水平几乎达到世界先进水平,加上医疗费便宜,近年来,来印度"医疗旅游"的外国人人数正在以每年15%的速度递增。私人医院的发达与政府对公立医院的投入,保证了投入与服务的公平性。

第五节 印度的妇女儿童和残障人士保障制度

一、印度女性社会问题和法律保障

据联合国一份调查显示,尽管职业妇女数量在增加,但与此同时,在一些国家,雇佣条件也在恶化。在非正规经济部门工作或自雇的妇女工资低,不那么稳定,也不太可能被纳入社会保障计划的范围。传统上妇女从事的工作的报酬低于要求类似技能水平但主要由男子把持的工作的报酬。在许多国家,从事临时工作的妇女格外多,因此她们经常被排除在劳工统计之外,被劳工监察系统所忽视。合同工制也是一个与之相关的对妇女影响极大的全球趋势,因为妇女在谈判中处于弱势,而且普遍的成见认为妇女无法全身心投入职业。[①]

长期以来,印度极高的性别不平等和女性权利被剥夺已经引起印度全社会的高度重视。在基本的营养、健康、生存、教育和就业领域,女性的处境都弱于男性,妇女参与公共生活和政治行动的程度非常低。(详见下表)

---

① 《2007 年世界社会状况报告:就业规则》,联合国大会 2007 年 7 月 30 日。

印度劳动力性别比率（1972—2005）（%）

年度	农村		城市	
	女性	男性	女性	男性
1972—1973	31.8	54.5	13.4	50.1
1987—1988	32.3	53.9	15.2	50.6
1996—1997	29.1	55.0	13.1	52.1
2000—2001	28.7	54.4	14.0	53.1
2004—2005	28.7	54.6	16.6	54.9

（资料来源：印度国家统计局）

印度政府已经认识到，性别不平等不会随着经济的增长而自行减少消失，因此开始致力于通过公共行动开展更快速的社会变革来提高女性的社会地位。在保护劳动妇女的权益问题上，印度政府首先从立法上对她们进行一些比较现实的保护。以下为保护雇佣妇女的相关法律条款：

编号	法案名称	保护条款
1	《卷烟和雪茄工人（雇佣条件）法案》（1966） The Beedi & Cigar workers (Conditions of Employment) Act, 1966	规定雇佣50名女工以上的工厂应为女工提供福利托儿所。
2	《种植园劳工法案》（1951） The Plantation Labour Act, 1951	雇佣女工超过50人或者种植女工孩子总数超过20人的种植园，都要提供幼儿园。要为女工提供照顾孩子的时间。
3	《劳动合同（规章和废止）法案》（1970） The Contract Labour (Regulation & bolition) Act, 1970	按照劳动合同，雇佣女工超过20人的工厂要提供幼儿园。女工的工作时间应在早6:00—晚7:00，助产士和护士除外。

4	《邦际间流动工人（就业和服务条件的规章）法案》（1979） The Inter State Migrant Workmen (Regulation of Employment & Conditions of Service) Act, 1979	雇佣20名以上外来女工的企业，应为在本企业工作超过3个月的外来女工设置托儿所。
5	《工厂法案》（1948） The Factories Act, 1948	所有雇佣女工超过30名的工厂，都要为正常受雇佣的女工提供托儿所。
6	《矿井法案》（1952） The Mines Act, 1952	矿井禁止女工到地下工作。女工地上工作时间段应为早6:00—晚7:00，晚10:00—早5:00禁止工作。在地面工作的女工休息时间不得少于11小时。矿井要为女工提供单独的厕所和洗浴房。
7	《孕妇福利法案》（1961） The Maternity Benefit Act, 1961	对连续工作80天的怀孕女工提供福利。女工分娩或流产6周不得工作。怀孕女工不得从事危险艰苦的工作。生育女工应获得相应的补助和医疗费减免。
8	《平等薪酬法案》（1976） The Equal Remuneration Act, 1976	男女同酬，不得对女工进行歧视。
9	《雇员国家保险（总）规则》（1950） The Employee's State Insurance (General) Regulation, 1950	对因病或医学流产、早产的女工提供福利。

10	《手工卷烟工人福利基金法案》(1976) The Beedi Workers' Welfare Fund Act, 1976	对女工的相关福利进行了强制性规定。
11	《铁锰铬矿劳工福利基金法案》(1976) The Iron Ore Mines, Manganese Ore Mines and Chrome Ore Mines Labour Welfare Fund Act, 1976	
12	《石灰岩和白云石矿劳工福利基金法》(1972) The Limestone and Dolomite Mines Labour Welfare Fund Act, 1972	
13	《云母石矿劳工福利基金法》(1946) The Mica Mines Labour Welfare Fund Act, 1946	
14	《建筑和建工工人法案》(1996) The Building and Other Construction Workers (Regulation of Employment and Conditions of Service) Act, 1996	建立了代表女工福利的福利委员会。为怀孕女工和其他女工提供福利基金。正常雇佣女工人数超出50人的要建立托儿所。
15	《工业雇佣法案》(1946) The Industrial Employment (Standing Orders) Act, 1946	提供女工防止性骚扰经费。

二、保障妇女权益的计划和措施

印度的劳动培训在发展中国家中是走在前列的，截止2001年8月底，印度共有初、中、高级各类职业培训院校4499所，可同时培训65.7万人，其中政府所辖的有1700多所。初步培训完成之后，培训机构必须组织学员到生产和其他相关单位实习，实习的内容和时间约占整个培训期的70%。一般来说，学员手持学历证书和实习合格证，总能找到一份固定或临时的工作。在培训科目方面，劳工部把信息技术培训放在特别重要的地位，列为职业培训中的必修课。除甘愿以出卖劳动力为生的"苦力"外，目前要在印度拥有一份固定体面的工作，没有一定的电脑知识几乎是不可能的。

印度政府在劳动培训中把妇女、残疾人和传统手工艺者放在非常重要的位置，并为此制定了专门的法令。政府实施了多项工程和计划，出台了许多保障妇女权益的措施，主要有：

1. 妇女能力建设计划

为了帮助妇女摆脱弱势地位，使她们能够自强、自立、自救，印度政府设计了"自助小组"方案。通过在全国范围内成立自助小组，以帮助贫困妇女提高生产和工作的能力，完成自我救助。自助小组的主要内容是：由每个村子或者城镇街道中的贫困妇女们自由组建一个"自助小组"，在小组里，贫困妇女自我帮助、自我教育，通过信贷互助、学习生活技能等活动，增强信心，提高能力。她们还可以从小组成员那里获得维护自身权益的帮助。自助小组设立互助金，由参加互助组的妇女将零钱存放在互助组，有急用的妇女可以提出申请使用。此外，"妇女能力建设计划"与英迪拉·甘地开放大学合作，通过远程教育，开设有关课程，对妇女们进行培训。全国一共建设了150个学习培训中心，通过卫星接收系统，使接受培训的妇女代表能够与专家互访。

2. 就业妇女招待所计划和就业培训支持计划

为了支持更多妇女走出家门参加工作，1972年，印度政府开始实施就业妇女招待所计划。它是专门为妇女参加工作或培训而制定的，为找工作的妇女建立临时住所，以使她们能够安心工作，有些招待所还设有托儿设施。这类招待所收费十分低廉，也很安全。这项计划的受益人主要是单身职业女性、寡妇、离婚妇女和求学女青年。目前全国共建有800多所招待所，三分之一的招待所设有托儿设施，为近 6 万名受助妇女提供过服务。

妇女就业培训支持计划实施于 1987 年，主要是为提高妇女的劳动技能而设置的，由政府出面对妇女进行培训，并在就业上给予支持。这一计划支持的领域主要包括农业、小型家畜家禽饲养业、奶业、鱼类养殖业、手工编织等，该计划已经使大约 33 万妇女获益。①

3. 设立国家妇女基金和联合国人口基金

设立国家妇女基金的目的是为了向贫困女性提供资金帮助，属于国家信贷基金。在该基金的支持下，妇女可以通过小额贷款进行生产活动，受助妇女组织起来成立自制小组，开展劳动互助，增加收入。目前已有 20 余万妇女接受了小额贷款。

联合国人口基金是联合国在印度开展的支持妇女项目，主要体现在帮助妇女提高性别意识、增强妇女各方面能力。1994 年，哈里亚纳帮妇女儿童发展部制订了一个"妇女发展综合计划"。该计划关注女性的卫生健康，向社区发放医疗用品，以补充政府原有医疗体系的供应不足。为了减少死亡率，该计划向孕妇、女童和幼儿等高危人群发放交通补助，使她（他）们在患重病紧急情况下可以及时被送到医院得到救助。

4. 妇女自立计划

1995 年由印度人力资源发展部实施。该计划目标是：为没有任何社会和经济支持、在困难的条件下生活、被边缘化的妇女（女孩）提供住房、食品、衣着、基本需求和照顾；为这些妇女提供情绪支援和辅导；提供情感支持和咨询；通过教育提高职业技能等，恢复她们在社会上和经济上的地位。受益人有：被家人和亲属遗弃的寡妇和被剥削的受害者，从监狱中释放没有家庭支持的女犯人，因自然灾害无家可归的没有任何社会和经济支持的女性幸存者，被救出

---

① 资料来源：印度妇女儿童发展部网站：http://www.wcd.nic.in。

的遭受贩卖的妇女（女童），离家出走的妇女，因各种原因不想回到各自的家庭中的性犯罪的受害女童，受恐怖主义、极端主义暴力迫害的没有任何家庭支持、没有任何经济生存手段的妇女，（除需要在精神病医院精神病护理的）没有家庭或亲属支持的智障妇女，因染艾滋病毒、艾滋病失去丈夫的妇女，没有社会、经济支持的遭遗弃的艾滋病妇女，同样处于困难的情况下妇女，等等。① 2006年有21464名妇女受益。②

5. 生殖和儿童健康工程

印度政府从1997年开始开展生殖和儿童健康工程，旨在保证妇女生殖过程的健康和安全以及儿童的健康成长，这项工程还包含儿童免疫工程。因为印度妇女在家分娩的比率很高，加之一些基层医疗机构缺乏，印度妇女的孕产妇死亡率一直很高，印度育龄妇女有70%患有贫血症。开展生殖和儿童健康工程后，据印度相关调查系统调查，在1997年至2003年间，孕产妇的死亡率下降了约24%。

6. 妇女产假福利

2008年9月1日，印度人事部开始实行新的政府女雇员产假制度。规定从此日开始，女雇员的产假由原来的135天延长至180天。规定女雇员可以有两年的照顾孩子的请假期，包括孩子生病、检查等，不扣除工资。

与此同时，印度十分重视农村妇女的保障问题。印度宪法规定，在农村自治机构中，妇女应占有席位的1/3，而其中1/3要保留给少数民族的"贱民"和妇女，1/3的自治机构官员和议长席位应保留

---

① 参见印度人力资源发展部妇女儿童发展项目：http://www.swadharpune.org.

② 资料来源：《印度十一五计划》（*Eleventh Five Year Plan of India*），印度计划委员会网站：http://planningcommission.nic.in/plans/planrel/fiveyr/11th/11_v3/11v3_ch1.pdf。

给妇女等。① 但由于性别歧视和历史原因，印度农村妇女的贫困状况仍然是一个不可忽视的问题。据《印度十一五计划》显示，印度农村妇女的贫困率由 1993—1994 年的 28% 上升至 2000 年的 29%。② 女性的死亡率也比男性高，而识字率却相对低，男性和女性享受到的医疗保健和营养差别比较大。③ 为了改变农村妇女的贫困状况，历届政府都对妇女发展问题十分重视。早在 1953 年，印度中央社会福利委员会就开始推广农村妇女儿童福利计划，到 1987 年共实施了 500 多个服务项目。此外，1982 年开始实施家庭顾问方案，帮助遭到暴行和受虐待的妇女儿童。对农村贫困妇女实行了宣传教育规划，主要内容是：确认农村妇女和贫困妇女的需求，促进妇女参与社会活动，有计划地为农村妇女提供讲坛，方便妇女交流经验和思想。④

1971 年，印度妇女创建了"自我就业妇女协会"（self-employed women's association）。这是一个行业联盟性质的组织，向全印度所有自愿就业的贫困妇女开放。协会的主要目的是：组织妇女实现自我就业，帮助妇女自主、自信、自立，改善生活状况，获得发展机会。加入该协会的妇女每年需要交纳 5 卢比的会员费。协会成员按照 1% 的比例选举她们的行业代表，形成两级管理机构，组成行业协会。协会成员全部为自我就业的女性，多数为绝对贫困者。大概有 60% 的协会成员居住在农村，大多从事手工业、编织业和农产品加工等。

---

① 中国改革研究院课题组：《印度乡村治理考察报告》，载于《转轨通讯》2006 年第 1—2 期。
② 资料来源：《印度十一五计划》（Eleventh Five Year Plan of India），印度计划委员会网站：http：//planningcommission. nic. in/plans/planrel/fiveyr/11th/11 _ v3/11v3_ ch1. pdf。
③ ［印度］阿玛蒂亚·森、让·德雷兹著：《印度：经济发展与社会机会》，社会科学文献出版社 2006 年版，第 165 页。
④ 王晓丹：《印度的社会保障措施》，载于《当代亚太》，1996 年第 4 期。

"自我就业妇女协会"成立了一些服务性的组织,如信贷服务组、儿童照料组等,其中比较成功的是"自我就业妇女协会银行"。它成立于 1974 年,开始的时候由 4000 名妇女每人出资 10 卢比,后来储户发展到近十万户。协会银行专门为需要资金的妇女提供小额贷款,帮助她们从事经济活动。

由于采取了上述保障妇女权益的措施,印度妇女的地位得到了提高,妇女在政府部门所占的职位数由 1981 年的 11% 增至 2004 年 18.5%。在基层,妇女在村委会组织发挥了更加积极的作用。她们在乡村行政委员会的代表,已由 1995 年的 33.5% 增至 2005 年的 37.8%。妇女在议会的人数从 1989 年的 6.1% 增至 2004 年的 9.1%。①

三、儿童的福利保障与消除童工问题

据联合国调查报告显示,目前全世界大约有 1 亿 9 千万 14 岁以下的儿童正在进行某种形式的工作。几乎 2/3 的童工生活在亚太地区,其中农村地区的童工要多于城市。童工中男女的比例大致相当,男孩子主要是做有薪水的工作和在家庭作坊劳动,而女孩子主要是做家政工作。女孩子开始工作的年龄比男孩小,特别是在农村地区,而且经常比男孩挣得少也不能支配自己的收入。② 最近几年,全世界消除童工现象的政治共识越来越强烈,童工问题也得到印度政府的很多关注。政府认识到消除童工现象的关键因素之一,在于建立长效的社会方案,打破贫困的恶性循环,采取提供免费教育和培训、

---

① 资料来源:《印度十一五计划》(*Eleventh Five Year Plan of India*),印度计划委员会网站:http://planningcommission.nic.in/plans/planrel/fiveyr/11th/11_v3/11v3_ch1.pdf。

② 《2007 年世界社会状况报告:就业规则》,联合国大会 2007 年 7 月 30 日。

安全的网络、保健服务,以及能给家庭成员带来收入的各项措施。

　　截止2005年,印度仍有44%的15岁儿童生活在贫困线以下,这些儿童面临营养不良、发展机遇缺乏等问题。① 为尽早改变这一状况,印度于1970年开始实施3—6岁儿童营养补充计划。中央政府还出台政策,在全国小学实行免费教育的基础上,条件好的邦中学也实行免费,学生可免费得到书本甚至免费午餐。② 政府先后出台了儿童教育津贴计划、儿童发展福利服务计划、流浪儿童福利计划、消除童工计划、普遍基础教育国家项目、女童初期教育国家项目以及低种姓女童优先教育计划等,以保障儿童营养、健康、教育等权益,消除童工现象。

1. 儿童教育津贴

　　2008年,印度人事部规定,政府雇员可以依据儿童教育津贴计划向政府申请12000卢比/年的补助,直到孩子升入12年级,托儿所补助是每月3000卢比。残疾女雇员可以得到每月1000卢比的照顾孩子的特别津贴。从孩子出生到2岁,如果雇员生的孩子有残疾,可以得到双倍于正常儿童的教育津贴,每年24000卢比。

2. 儿童发展福利服务计划

　　早在1975年,印度政府就制定了"儿童发展福利服务计划"。这项计划是印度中央政府为改变儿童营养不良、健康状况、教育问题而设置的。计划采取一揽子服务方式,主要包括向6岁以下儿童以及孕产妇提供定期健康检查、计划免疫、转诊治疗,向营养不良儿童提供营养支持,以及环境卫生、饮用水、女性发展等等。该计

---

　　① 资料来源:《印度十一五计划》(*Eleventh Five Year Plan of India*),印度计划委员会网站:http://planningcommission.nic.in/plans/planrel/fiveyr/11th/11_v3/11v3_ch1.pdf。

　　② 任大鹏:《印度的农业和农村发展政策》,载于《世界农业》2002年第11期。

划的受益群体是最贫困家庭中的 6 岁以下儿童,以及贫困家庭中 15—45 岁年龄阶段的孕妇和哺乳母亲。在印度全国各地,普遍建有"儿童活动中心"。政府要求每 200 个家庭或 1000 人设立一个"儿童活动中心",每个活动中心配有一名儿童福利工作者。据调查统计,印度大概要建 170 万个活动中心才能满足需求,目前建成的只有一半多。

3. 流浪儿童福利计划

1993 年,政府开始实施"流浪儿童福利计划"。这是针对流浪儿童的一个救助工程,主要是为流浪儿童修建临时庇护所,同时对流量儿童的营养、医疗、卫生、教育等问题提供帮助。做这些事情的主要是非政府组织,方式是政府向非政府组织提供 90% 的资助,剩余 10% 由非政府组织自行解决。印度政府实施这一计划也是为了支持和加强志愿组织以从事街头流浪儿童的福利工作。该计划要求参与"流浪儿童福利计划"的志愿组织承担照顾 300 名流浪儿童的责任。志愿组织按照计划要求,向街头儿童提供照料等综合服务。对女童和受虐待儿童优先提供保护。

4. 消除童工计划

印度宪法对儿童的受教育权规定,国家应为 6 岁至 14 岁以下所有儿童提供免费和义务教育。关于童工的规定,禁止工厂雇用 14 岁以下儿童,14 岁以下儿童不得受雇于任何工厂、矿场或从事其他任何危险就业。1986 年出台了《童工(禁止和管理)法》,该法禁止雇佣儿童在 13 个职业和 57 个工种劳动,违反规定雇佣儿童处以不少于 3 个月至 1 年的监禁,罚款额不得少于 10000 卢比,最高 20000 卢比。

消除童工国际计划是一个全球性计划,1991 年 12 月由国际劳工组织发起。印度是第一个参与国家。1992 年,印度与国际劳工组织签署了一份谅解备忘录(MOU)。消除童工国际计划的长期目标是促进有效废除童工；其近期目标是：在国际劳工组织三方成员和非政府组织的干预下，开展童工能力的提高和评价童工方案，为确保消除童工进行社会动员。

印度已在1992—2002年期间为消除童工建立了165个行动方案。印度劳工部还发起了一项在全国10个州21个地区消除危险部门童工项目，主要针对马哈拉施特拉邦、中央邦、泰米尔纳德邦、北方邦和德里首都。该项目由劳工组织实施。据估计，通过这一项目的实施，将有80000名童工被撤回，10000个工人家庭受益。印度政府还与国际组织和相关国家展开合作。2004年与英国国际发展部共同开展安得拉项目，在童工聚集的地区开展了以实施技能培训为内容的青少年儿童职业培训战略。

5. 国家童工项目

这是针对童工的康复计划。根据该计划，政府在地区一级社团资助建立因工致残儿童特殊学校和康复童工的康复中心。特殊学校和康复中心为童工提供正规教育，主要包括职业培训、补充营养、津贴等，如果不能提供这些条件，政府将撤出资助。童工在这些学校和中心得到正式和非正式的教育，技术和工艺培训，每人每天可以得到政府给予的5卢比的营养补助，每月可以得到100卢比的助学金。每20所学校设立一名医生，提供卫生保健设施。该计划始于1988年，到2001年，有400200名童工已被囊括在该计划，约3.08万儿童已纳入正规教育系统。该计划已扩大到印度的150个地区。印度政府预算斥资4000万卢比。①

---

① 以上内容参见印度人事公共投诉和养老金部：《2008—2009年度报告》，*Annual Report 2008—2009*，The Ministry of Personnel, Public Grievances and Pensions。

6. 普遍基础教育国家项目

该项目 2001 年制定，规定 2010 年在全印度各阶层实现普遍基础教育。2006 年 9 月，该计划已经兴建 164477 所新学校（中小学），兴建饮水设施 150202 个，构建厕所 193608 间，为 5780 万儿童提供免费书本，任命 66.684 万名教师。该计划覆盖 97 万所中小学，3.695 万名教师，每年有大约 30 万名教师接受培训。这项工作是通过 4P（public，private，panchayat，partnership，即公共部门、私人部门、村长老会、合作组织）来实现的。

7. 女童初期教育国家项目

该项目始于 2003 年，是针对女童初级教育的工程。在 24 个邦建立起 3164 个女童示范学校，主要有专门的教师对女童进行知识教育和性别保护教育，为女童提供必要的学习用品、制服等。在这一项目下，成立了 51345 个早期儿童教育保育中心，对那些没有享受到正规教育的女童免费开放。到 2006 年，大约有 2000 万女童受益。

8. 低种姓女童优先教育计划

2004 年实施，政府出资专门为低种姓和少数民族文盲女童开设免费住宅式学校，该项目的入学计划 75% 提供给低种姓女童，25% 提供给贫困线以下女童。中央政府负担 75% 的费用，邦政府承担 25%。①

四、其他社会福利和社会救助

与正常人相比，残疾人更有可能失业或就业不足。贫穷和残疾之间存在一种很强的相关性。长期以来，印度社会构建的是一种低水平、广覆盖的保障体系。印度政府通过给残疾人创造教育、训练和娱乐的机会，支持残疾人就业和社会参与，赋予残疾人权力并促

---

① 以上内容参见印度计划委员会网站：http://www.planningcommission.nic.in。

使他们融入社会，减少对残疾人的歧视。此外，土著人民占社会最贫穷人口的比例极大。在多数国家，土著人民的失业率都远远高于国家平均水平。这些问题是导致社会不能进步的关键所在。为此，印度宪法第46条规定：国家将特别照顾贫弱人民，特别是表列种姓和表列部落的教育和经济利益，保护他们免受社会歧视和一切形式的剥削。提高表列种姓和表列部落的社会经济权益。第330条规定：在人民院中为表列种姓和表列部落保留席位。第332条规定：在各邦的立法会议中为表列种姓和表列部落保留席位。第335条规定：照顾表列种姓和表列部落的求职工作。

印度的福利救助对象主要包括表列种姓、表列部族、其他落后阶层、少数宗教族群、残障人士、老年人和妇女儿童等。印度的社会福利覆盖面较广，社会福利资金主要由政府财政支出。"十一五"计划期间，印度政府在私营部门共投入180亿卢比，以保证为残疾人提供职业。印度的社会福利和救助项目较多，全国性的项目主要有公共分配系统、表列部族福利、营养工程、住房计划、培训工程以及就业保障计划等。

1. 设立公共分配系统

公共分配是印度政府的经济政策之一，主要是保证居民的口粮供应，以给贫困人口一定补助。公共分配系统是由一个自上而下的遍布全国的平价零售系统构成，通过该系统，国家以财政补贴的方式，向低收入居民提供粮食和生活必需用品。政府向低收入居民发放购买卡，居民持卡到平价商店购买低于市场价格的生活必需品。为了保证公共分配系统的正常运行，印度政府每年都要拨出巨款，还成立消费监督委员会，防止分配过程中发生腐败。为了保证这一系统发挥更大的实效，2000年，印度政府启动"粮食补助计划"，将分配的重点放在对极端贫困人群的补助上。根据政府制定的贫困线，对贫困线下的家庭给予十分优惠的补助粮。计划启动的当年就有 1000 万户贫困家庭受益,此后受益家庭比重逐年增加。

2. 开展国家社会救助项目

该项目 1995 年设立,主要是针对印度贫困人群设计的社会救助项目,完全由政府出资,对贫困人群的老年、生育、死亡等提供保障救助。该项目主要包括三个计划:

(1) 国家老年养老金计划 (National Old Age Pension Scheme)。根据该计划,没有任何收入来源的赤贫 65 岁以上无人赡养的老人每月可以获得养老金 200 卢布。2005—2006 年度全印度大约有 728 万人受益。

(2) 国家家庭福利计划 (National Family Benefit Scheme)。该项计划救助那些因家庭主要劳动力死亡而丧失经济来源的在贫困线以下家庭,申请人的年龄在 18 岁—65 岁,政府一次性给付求助家庭津贴 1 万卢比。2005 年—2006 年,印度政府已经支付了 2.11 万卢比。

(3) 国家产妇津贴计划 (National Maternity Benefit Scheme)。该计划对 19 岁以上的居于贫困线以下的产妇给予 500 卢比的补助。2000 年—2001 年有 115.2 万产妇获得补助。

3. 扩大表列种姓和表列部族的福利

向表列种姓和表列部族提供的福利项目主要有:

(1) 特别中央补助计划。这是印度政府消除贫困的工程之一。主要内容有:帮助表列种姓和表列部族发展就业能力,发展以家庭经济为主的经济活动,中央政府提供特别的补助金。

(2) 培训计划。中央政府拨出专款,为表列种姓、表列部族、少数民族和其他落后阶层学生提供考前培训。由于这些弱势群体受教育程度较低,为使他们能够参加考试竞争,政府专门制定了这一计划。培训机构公私都有,中央政府向培训机构提供 90% 的所需经费。目前这项计划已在全国设立 130 多个考前培训中心。

(3) 书库计划。书库计划是向学习医学、工程、农业、兽医和技术课程的表列种姓和表列部族学生提供课本。每两位学生为一组，可以免费得到一套课本。

（4）大学前奖学金。主要为从事所谓不洁职业者的表列种姓的教育而设置的。这项奖学金专门为这类家庭的子女而设的，为其提供大学前的教育补助。从小学到中学，按照学年和不同年龄以及是否有住宿需要，提供数额不等的现金补助。中央政府和地方政府各负担50%。

（5）表列种姓大学奖学金。开始于1994年，主要为通过了大学入学考试的表列种姓和表列部族学生提供经济补助。已有近200万学生得到补助。

（6）国家海外高等教育奖学金和旅费资助。1994年建立，每年为30名学生提供国家海外高等教育奖学金，9人提供旅费资助。

（7）表列部族宿舍。从第五个五年计划开始，中央政府开始兴建表列部族女子、男子寄宿所，方便青年男女求学住宿。中央补助各邦寄宿所建设费用的50%。①

此外，为了改善表列种姓、表列部族和农村贫困线以下贫民的居住条件，中央政府推广英迪拉·阿瓦斯计划，拨专款为他们建盖住所提供财政补助。具体金额是：平原地区每单元补助25000卢比，山区补助27500卢比。截止2006年6月30日，有1380万家庭得到了补助，中央政府为此支付2520.8亿卢比。②

印度政府还特别关注保护其他落后阶层和少数宗教族群的福利。印度宪法规定，政府部门必须为落后阶层在其部门保留27%的职位。在考试的时候放宽落后阶层的笔试和口试标准，放宽申请人的年龄上限。1992年，印度政府组建了国家落后阶层资金和发展公司。该

---

① 以上内容参见王晓丹：《印度社会观察》，世界知识出版社2007年版。
② 印度计划委员会网站：http://planningcommission.gov.in/aboutus/11strindx.html。

公司属于非营利机构，主要是为促进其他落后阶层的经济发展活动，帮助他们就业。中央政府负担大部分资金。

印度政府界定的全国性的少数宗教族群共有5个，即穆斯林、锡克教徒、基督教徒、佛教徒和索罗亚斯德教徒。为了提高少数民族在公共部门的就业能力，提高他们在各类考试中的成功率，1992年，印度政府开始实施针对少数宗教族群的考前培训计划，当年通过培训的人群考试成功率达到27%。

4. 制定残疾人福利政策

在印度，社会公正和权益部负责制定残障人福利政策，一些政府部门以及非政府组织也参与其中。1995年、1996年，相继出台了《残疾人（平等机会、权利保护和充分参与）法案》（1995）（the Persons with Disabilities (Equal Opportunities, Protection of rights and Full Participation) Act, 1995）、《残疾人平等机会、权利保护和充分参与条例》（1996）（the Persons with Disabilities (Equal Opportunities, Protection of Rights and Full Participation) Rules, 1996）以保障残疾人的合法权益。①

政府实施的福利项目一般包括教育、培训和康复等内容。残障人的康复工程主要有：政府给从事残障人教育、培训和康复训练的志愿组织提供90%的资金，资金可用于房屋建设、购买设备、出版刊物、支付工作人员工资等等。对低收入者免费提供辅助器具安装，对收入较高者给予50%的补助费用。资助麻风病人、脑瘫和智力障碍者进行智力开发，建立和开发特殊学校。在一些服务领域，印度政府专门制定特别的服务价格为残疾人提供方便。公交、铁路、航空、邮政等专门有为残疾人服务的特殊通道，并减免资费和提供低价服务。在缴纳所得税方面，政府也给予残疾人优待。各邦政府还

---

① 参见《印度社会公平和权益部年鉴》，2-4/2007-DDIII (Vol. II) government of india ministry of social justice & empowerment (Disabilities Division)。

制定了各自的优待残疾人制度，如残障人失业补助、婚姻补助、奖学金等等。

5. 实施老年人综合福利工程

印度政府于1992年开始实施老年人综合福利工程，由政府向非政府志愿组织提供90%的资助，为老年人提供福利服务，开办一些老人之家和流动医疗机构等。老年之家是政府为60岁以上贫困老人提供住所而实施的一项计划。按照该计划，每一所老年之家至少招收25名符合标准的老人，老年之家有兼职医务人员和经过训练的社会工作者向他们提供健康指导。在城市贫民窟、农村和部族地区，凡是每家接收超过50名老年人的托老所，均可得到政府的资助。政府还对在农村和城市贫民区中工作的有经验的志愿组织和专家给以奖励。

2000年，印度政府针对老年人的粮食供给问题，发起"粮食补助计划"，为符合条件的老人每人每月补助10公斤免费粮食。凡是65岁以上的老人没有被国家老年金计划覆盖的，可以享受这项补助。

由于印度政府不断根据实际情况调整残障人士、老年人、表列种姓和表列部族等落后阶层以及少数宗教族群的福利保护措施，在一定程度上维护了社会各阶层的稳定。

第六节　印度社会保障制度的特点

实践证明，一个国家社会保障制度的选择，取决于多方面的因素，需要各国根据自己的国情自主决定，没有一个统一、共同的模式可循。印度在长期探索和发展过程中，逐步形成了独具特色的社会保障制度。

一、重视对农民等贫困人口的社会保障

针对贫穷人口较多的情况,印度社会保障制度立足于保障贫困人口的基本生存条件,消除贫困,在此基础上按层次、根据不同人的需要设计保障内容。印度政府对贫困人口实行低价粮食政策,贫困人口不需要按照市场价格购买粮食,可以以低于市场价的国家指定价格购买粮食。在农村,以保障农民的基本生存需求为目标,采取向贫困农民倾斜的政策。如采取多种形式开展农村养老保险救助;为农民提供多种形式的金融服务,确保农民有机会得到生产性贷款;无房的农民可以获得政府的建房补助,甚至可以通过"信贷及补助计划"获得政府小额扶助资金进行住房改造。政府在经济发展过程中还不断调整农村经济政策,对农民的生产进行补贴,以提高农民收入,特别是保障农业工人的工资收入。为此,印度政府采取了一些专门针对农业工人的保障性措施,如废除农业奴隶、实行最低工资法等。一些发达地区还为低收入的农村工人制定了一项不用交纳保险费的养老计划。国家层面也开始实施农村低收入工人无偿人寿保险计划。同时,印度政府在农村还实施了各种反贫困计划、农村综合发展计划、农村青年职业培训计划、农村妇女和儿童发展计划、干旱地区发展计划,有针对性地进行扶贫,这些计划所需的资金分别由财政和贷款解决。在发展农村养老保险和拓展金融服务方面,政府引进私人资本加入,逐渐在农村建立起庞大的金融服务网络,对农民贷款实施一系列优惠政策,对农村金融机构采取了利率补贴计划,保证农民能够获得优惠利率,目的就是"满足农村地区到目前为止受到忽视的那部分人的专门需要"。上述计划和政策的实施,对保障贫困人口的基本生存需要以及印度农村发展产生了深远的影响。

二、关注对社会弱势群体的保障

印度重视对妇女、儿童及残障人士等社会弱势群体的社会保障。在印度，女性在基本的营养、健康、生存、教育和就业领域的处境都弱于男性，妇女参与公共生活和政治行动的程度非常低。为此，印度政府开始致力于通过公共行动开展更快速的社会变革来提高女性的社会地位，并首先从立法上对劳动妇女的权益进行了一些比较现实的保护。为了帮助妇女摆脱弱势地位，使她们能够自强、自立、自救，印度政府设计了一系列救助方案。通过在全国范围内成立自助小组、妇女能力建设工程等，帮助贫困妇女提高生产和工作的能力，完成自我救助。在教育方面，逐步提高教育经费在国内生产总值中的比例，其中一半费用用于发展中小学教育，提高妇女识字率。对于儿童，政府通过实施普遍基础教育国家项目、低种姓女童优先教育计划等，使儿童受到良好的教育。对于残障人，印度政府也制定了残障人福利政策，主要的福利项目包括教育、培训和康复等内容。在一些服务领域，印度政府专门制定特别的价格为残疾人提供方便。在缴纳所得税方面，政府也给予残疾人优待。各邦政府也制定了各自的优待残疾人制度，如残障人失业补助、婚姻补助、奖学金等等，使他们的生活切实得到保障。

三、把增加就业放在突出位置

印度政府在解决收入和社会政治不平等问题的前提下，制定政策和战略以促进充分就业和体面工作。政府每年都在增加就业问题上下工夫，大力吸引外资，调整产业结构，发展制造业，支持劳动密集型产业发展，以创造大量就业机会。通过实施各种就业计划，向贫困线以下人群提供就业的机会，使他们获得一定的工资性收入，从而缓解社会矛盾。同时以法律的形式对就业制度予以规范，建立务工人员最低工资保障、以劳动换食品、对个体经济进行扶持等制度。2006年2月，印度《全国农村就业保障法案》正式实施。法案规定，政府每年要为农村每个家庭提供100天的就业机会，每天工资不低于60卢比（1美元约45卢比）。该法案首次赋予农民就业的权利，为农民增收提供了法律保障。

四、坚持社会保障资金来源的多元化

为解决养老金缺口大的问题，印度政府除了以财政为依托外，还走出了一条发挥私营基金在养老保险基金运营中的作用，预备放开退休基金投资限制，以市场为基础来决定投资回报率的盘活养老保险基金的道路。从2005年开始，印度政府放宽了对养老金的限制，养老基金的5%将直接投向股票市场。政府部门帮助个人进行养老金的安全投资，每年定时发布各类国家债券、公司债券、基金保险、国内外证券的安全系数、增值水平等指标。由于有政府的扶植和指导，在一定程度上防范了参保人员在投资过程中发生金融风险。同时允许参保人自由选择自己的个人账户的基金管理公司和管理人员。2001年，印度政府开始对农村保险进行改革，开放寿险和非寿险市场，采取强硬手段规范私营保险公司的行为，促使其在各类保险项目上照顾弱势群体。政府制定行业政策规范商业保险公司行为，鼓励保险公司为非组织部门中就业的劳动者设计医疗保险等产品，这些保险产品由非组织部门劳动者以集体形式向保险公司投保。一些非正规部门行业工会还通过建立自己的福利基金，向会员提供福利，缴纳会费的会员享有医疗、养老、伤残、生育和失业等方面的补助。

五、强化对农民和城市贫民的医疗保障

印度政府致力于实行公平的医疗保障政策，逐年加大对农民和

城市贫民群体医疗保障的力度,在连续 11 个五年计划中都提到要提高农村医疗保障水平,解决农村人口看病问题。为此,实行了以全民免费医疗为基础的医疗保障制度。印度政府在努力促进其公共医疗服务的同时,还鼓励私营医疗机构为不同层次的病人提供医疗保健服务,以弥补公共医疗系统资源的不足。由于私营医疗的活跃与发达,政府能够集中投入增加卫生服务公平性的部门,尤其是农村卫生部门,因而大多数农民最基本的医疗需求能够在农村医疗服务机构中得到满足。而私立医院公平竞争的市场环境较成熟,满足了较高层次的医疗服务需求。私人医院的发达与政府对公立医院的投入,保证了投入与服务的公平性。此外,为了让印度国民,尤其是居住在农村的贫困人口、妇女和儿童能够享受到高质量的医疗服务,政府还十分重视发展覆盖弱势群体的医疗保险制度。适用于农村人口的医疗保险主要有非政府组织或团体保险基金。团体保险基金的对象主要是农民和城市贫民,其来源包括病人缴纳的费用、政府的专项补助和大公司、非政府组织的捐款等。由于此类保险的覆盖率较低,约占总人口的 2.8%—4.7%,近年来,政府为农户推出了农产品加工企业合同农户向保险公司集体投保、非政府组织为成员设计保险项目向保险公司投保的健康福利项目,以应对发病率较低,但医疗费用较高的大病风险。

第七节 对中国的启示与借鉴意义

印度与中国同属发展中国家,两国的国情具有许多类似之处:都是有着悠久历史的世界文明古国,又都先后遭受西方资本主义与帝国主义的入侵并成为殖民地或半殖民地国家,经济命脉都为外国资本所控制,民族资本始终不能充分发展,社会生产力十分落后。

都是世界上人口众多的国家，且农村人口都占绝大多数。因此，在走向现代化的过程中，有许多经验和做法可以相互借鉴。正如毛泽东所说："印度人民是亚洲历史悠久、人口众多的伟大民族之一，它的过去的命运和将来的道路和中国有许多类似之点。"① 邓小平也指出："中印两国都是发展中国家，但在世界上都不是无足轻重的国家。中印两国人口最多，加起来有十七亿，占世界人口三分之一以上。我们两国又是近邻。"② 半个多世纪以来，印度致力于社会保障制度的建设和改革，为维护社会的和谐与稳定发挥了重要作用，其成功做法和经验对中国的社会保障制度建设极具启示与借鉴意义。

一、以农村为重点，逐步扩大社会保障的覆盖面

印度基本上是一个农业国，农村和农业在经济社会发展中占据重要位置。因此，印度在社会保障制度建设中，把农村放在十分突出的地位，以农村为重点建设社会保障体系，逐步扩大社会保障的覆盖面。这一做法值得我们借鉴。

一直以来，"城乡分治"是我国的基本社会格局，社会保障制度二元化特征明显：我国城镇国家机关、企事业单位的就业人员享有在医疗、退休等方面的保障，而占全国人口绝大多数的农民基本上被排除在现代保障制度体系之外，农村居民仅仅拥有以合作医疗、社会救济和"五保"户供养为内容的较低层次的社会保障，城乡社会保障之间差距很大。有关统计数据表明，1991年至2005年，城市人均社会保障支出占人均 GDP 的比重平均为15%，已经达到某些发达国家20世纪70年代的社会保障水平；而农村的这一比例只有

---

① 《建国以来毛泽东文稿》第一册，中央文献出版社1987年版，第146页。

② 《邓小平文选》第三卷，人民出版社1993年版，第19页。

0.18%，城市人均享受的社会保障费用支出是农村的 90 倍之多。①
2005 年，全国社会保障支出 5401 亿元，其中城市社会保障支出占支出总数的 88.6%，而农村支出只占 10% 左右；城市人均 413 元，农村人均 14 元（其中包括农村特困户救济和优抚军烈属等），相差近 30 倍。② 城乡分割的"二元社会保障"格局使社会保障制度的收入再分配功能严重扭曲，附着于户籍制度之上的城市福利不断累加，形成了市民与农民事实上的权利不平等。

近年来，我国不断扩大社会保障的覆盖面，重视对农民以及农民工的社会保障。目前，我国农民工总数约为 2.3 亿人，其中在城市就业的约 1.4 亿人，与用人单位有劳动关系的 7000 多万人。截止 2008 年底，全国有 2400 多万农民工参加了城镇企业职工基本养老保险，4200 多万农民工参加了城镇基本医疗保险，4900 多万农民工参加了工伤保险，1500 多万农民工参加了失业保险。同时，政府还加强了被征地农民和水库移民的社会保障。在被征地农民社会保障方面，我国已有 17 个省份出台方案，筹集保障基金达 2000 多亿元，1000 多万被征地农民被纳入了基本生活保障或养老保障制度。在水库移民社会保障方面，国家先后设立了库区维护基金、库区建设基金和后期扶持基金，用于库区移民安置。2006 年，国务院又下发了《关于完善大中型水库移民后期扶持政策的意见》，纳入扶持范围的是大中型水库的农村移民，每人每年给予补助 600 元，补助期限为 20 年。③ 2009 年 9 月 1 日，国务院印发《关于开展新型农村社会养老保险试点的指导意见》，全国新农保试点工作正式实施。这被视为

---

① 中华人民共和国国家统计局：《中国统计年鉴（2005）》，中国统计出版社 2006 年版。

② 李惠兰：《浅论我国社会保障制度的作用及现状》，载于《黄河论坛》2007 年 2 期。

③ 华建敏：《加快建设中国特色社会保障体系》，载于《国家行政学院学报》2007 年第 6 期。

继取消农业税、农业直补、新型农村合作医疗等政策之后的又一项重大惠农政策。调查表明，城乡居民对于社会保障的满意度明显上升。2008年与2006年相比，城乡居民对政府社会保障工作满意的比例，由2006年的47%上升到2008年的63%，不满意的由42%下降到31%；城乡居民对医疗服务满意的比例，由2006年的58%上升到2008年的72%，不满意的由37%下降到24%。①

但总体而言，社会保障的覆盖面和社会保障水平还比较低。据2008年国家统计局公布的数据，我国基本养老保险制度覆盖了城镇企业8745万职工和2451万离退休人员。但按全部城镇企业职工计算，覆盖面还只有78%。养老、失业、医疗等社会保险还没有覆盖到多数非公有制企业及其职工，有相当一部分经济实力较强且社会保险负担相对较轻的外商投资企业、私营企业的职工和个体劳动者还没有参加社会保险。我国城乡处于绝对贫困线以下的4798.3万人中，已获最低生活保障救济的为2722.9万人，占绝对贫困人口总数的56.7%，尚有1/2的绝对贫困者（2075.4万人）处于最低生活保障之外，且不包括近5000万农村低收入人口和数量庞大的濒临低保线的城市贫困"边缘人"等。与纳入低保救济相比，近4800万绝对贫困的城乡人口中，能获得医疗、教育、住房等较高层面救助的就更少了。② 因此，今后我们要借鉴印度经验，以农村为重点，进一步扩大社会保障的覆盖面。按照城乡社会保障项目基本一致、资金管理原则基本一致、政策法规基本一致的要求，加快建立健全农村社会养老保险、医疗保险、社会救助、社会福利制度，逐步实现城乡社会保障的接轨，最终建立起一个覆盖城乡居民的、城乡一体化的

---

① 中国社科院"中国社会状况综合调查"课题组：《我国城乡居民社会保障状况调查》，载于《光明日报》2009年第326期。

② 申曙光、孙健：《论社会保障发展中的七大关系——基于社会公平的视角》，载于《学习与探索》2009年4期。

社会保障体系。

二、不断加强社会保障法制建设

印度社会保障制度的形成早于中国，这与英国统治时期遗留下的法律体系和管理体系有着不可分割的关系。早在19世纪中期，印度就开始陆续出台保护工人权益的法案，如1850年的《学徒法案》等。这些早期的法律虽然并没有从真正意义上给工人带来多少保护，但从司法角度来看，印度已经把对工人利益的保护纳入了立法议程。而关于妇女儿童的保护法律也出现较早，说明印度在立法上对劳动者以及弱势群体权益的足够重视。通过不懈努力，印度已建立了长期有效的社会保障法律体系。这一做法值得我们借鉴。

应该看到，改革开放以来，我国加强了社会保障的制度建设。如1986年颁布了《国营企业职工待业保险暂行规定》，1991年国务院颁布了《关于企业职工养老保险制度改革的决定》，1993年国务院颁布了《国有企业职工待业保险规定》，1995年国务院发布《关于深化企业职工养老保险制度改革的通知》，1997年国务院发布《关于建立统一的企业职工基本养老保险制度的决定》，同年国务院发布了《关于在全国建立城市居民最低生活保障制度的通知》，1998年国务院颁布《关于建立城镇职工基本医疗保险制度的决定》，1999年国务院颁布《城市居民最低生活保障条例》，2000年国务院颁发《关于印发完善城镇社会保障体系试点方案的通知》，2005年国务院发布《关于完善企业职工基本养老保险制度的决定》，2006年国务院颁布了《国务院关于解决农民工问题的若干意见》，国务院办公厅转发《劳动保障部关于做好被征地农民就业培训和社会保障工作指导意见的通知》，等等。尽管制定颁布了一系列规定条例，但我国社会保障的法制化水平并不高，大都停留在政策层面，尚未上升到法律法规的高度。我国自1979年以来，没有制定和颁布实施专门调整社会保障关系的基本法律，没有建立起统一的、适用范围较大的社会保险法律规范，社会救济、社会福利和优抚安置的立法相当欠缺。此外，在农村社会保障方面，只有《农村五保供养工作条例》这一部专门法规，导致现阶段农村社会保障工作的法制化、规范化水平不高。这就需要我们在总结多年来社会保障制度成功做法的基础上，经过充分的调研和论证，加快制定和颁布社会保障法律法规，明确每一种社会保障项目的目的、原则、标准和实施办法，确保我国的社会保障制度沿着法制化的轨道健康有序地发展。

三、多渠道加大对社会保障资金的投入

社会保障资金是社会保障支出的源泉，是社会保障制度运行的物质基础。印度在推行社会保障制度过程中，政府发挥了十分重要的作用，所需资金主要由政府提供，但同时也注意拓宽渠道，积极吸纳各种社会资金用于发展社会保障。如印度除了推行强制性社会保险外，保险公司、信托公司等在医疗保险、失业保险领域非常活跃。印度政府曾一度设立保险公司准入门槛，但随着市场经济的不断发展，政府认识到这类保险公司在社会保障领域发挥着重要的作用，逐渐开始与它们展开合作。由这些公司提供符合社会经济现状、能够被人们接受的保险项目，必要的时候，政府负担补贴一定的保费。这种由政府承担部分支出，以商业保险为主的各类医疗、养老保险，补充了政府在医疗和养老等方面的资金不足，对于急需保障的人群来说，无疑是一个重要的补充手段。这种做法值得我们参照。

近年来，我国政府加大了社会保障资金投入的力度，政府财政用于农村社会保障等方面的投入不断增加。据统计，1992年至2006年，随着总体经济实力的增强，我国不论是社会保障支出总额，还是人均社会保障支出，均有大幅度增长。若不考虑物价上涨的原因，2006年社会保障总支出是1992年的7.41倍，年均增长速度为

14.29%；人均社会保障支出2006年是1992年的6.23倍，年均增长速度为12.97%。从1998年到2006年，我国财政社会保障支出由559.63亿元增长到4361.78亿元，年均增长29.26%，占财政支出的比重从5.5%增长到11%。而且1999年至2006年，我国财政社会保障支出增长速度快于GDP增长的速度，这意味着在社会保障制度建设方面政府的责任在不断加强。① 但从整体上来说，我国财政的公共性可以说是严重不足，对社会保障的财政供款仅相当于财政支出的12%左右，即使财政支出加上社会保险基金支出，占GDP的比重亦不到5%。这个指标比上世纪90年代的韩国等国占GDP7%以上的指标都要低得多，即使相对于印度这样的发展中国家也是很低的。公共卫生经费支出占国家财政支出甚至由1996年的5%强下降到近年来的3%。社会保障与国民福利支出在整个GDP结构中明显偏少，这表明新增财富并未让国民福利同步得到改善。②

　　政府投入不足，就会导致企业社会保障负担过重。根据《关于完善城镇社会保障体系的试点方案》规定，目前企业依法缴纳基本养老保险费的缴费比例是企业工资总额的20%左右，医疗保险费的缴费比例为6%左右，工伤保险的最高缴费比例为2%，失业保险的缴费比例为2%，生育保险为1%。再加上2005年《关于住房公积金管理若干具体问题的指导意见》中规定的住房公积金5%至12%的缴费比例，中国社会保障的各项缴费率已高达职工工资总额的40%以上。因此，再让企业承担更高的缴费比例很不现实。③ 这就需要我们多措并举，实现社会保障资金来源多元化。如可以充分利用

---

　　① 宋士云、李成玲：《1992—2006年中国社会保障支出水平研究》，载于《中国人口科学》2008年第3期。
　　② 李学举：《国务院关于农村社会保障体系建设情况的报告》，载于《中国社会工作》2009年第6期。
　　③ 宋士云、李成玲：《1992—2006年中国社会保障支出水平研究》，载于《中国人口科学》2008年第3期。

社会资源,调动民间力量。我国现有的社会资源还是相当丰厚的,这些资源应该很好地挖掘和利用。可以帮助保险公司有序地参与到社会保障中来,由政府监督,在一些保险项目设计上向贫困人口倾斜,发挥保险公司商业保险作用,以补充政府的不足。还可以发挥慈善机构在社会保障中的作用,等等。通过多种方式拓宽资金筹集渠道,为我国社会保障体系的可持续发展提供较充足的后备基金。

四、采取有效措施,千方百计增加就业

就业是民生之本、安国之策、稳定之基,也是对人民生活的最大保障。印度推进社会保障制度建设的一条重要途径是扩大农村的就业。通过推行农村综合发展计划、加强农村基础设施建设等,着力改善农民的生产条件,提高农业的劳动生产力,同时转移了农村剩余劳动力,拓宽了农业就业渠道,为农民提供了更多的就业机会,为解决他们的生存提供了可靠的保证。这一做法值得我们效仿。

长期以来,我国政府高度重视就业工作,采取各种有效措施,解决群众特别是广大农民的就业问题。党的十六届五中全会审议通过的《中共中央关于制定国民经济和社会发展第十一个五年规划的建议》,提出了推进社会主义新农村建设的重大战略决策,通过扎实推进社会主义新农村建设,加快建立以工促农、以城带乡的长效机制,不断加大对农业农村的投入,扩大公共财政覆盖农村的范围,实行城乡劳动者平等就业的制度,促进农村居民的就业。党的十六届六中全会通过的《中共中央关于构建社会主义和谐社会若干重大问题的决定》明确提出,要把扩大就业作为经济社会发展和调整经济结构的重要目标。大力发展劳动密集型产业、服务业、非公有制经济、中小企业,多渠道、多方式增加就业岗位。实行促进就业的财税金融政策,积极支持自主创业、自谋职业。健全面向全体劳动者的职业技能培训制度,加强创业培训和再就业培训。深化户籍、劳动就业等制度改革，逐步形成城乡统一的人才市场和劳动力市场。强化政府促进就业职能，统筹做好城镇新增劳动力就业、农村富余劳动力转移就业、下岗失业人员再就业工作，加强大学毕业生、退役军人就业指导和服务。据统计，到2006年底，全国城乡就业达到7.64亿人，其中，城镇就业为2.83亿人，比上年增长3.58%，城镇登记失业率为4.1%。2006年，实现农村劳动力转移达到1.19亿人，比上年增长6.3%。2008年1月1日，我国颁布实施了《中华人民共和国就业促进法》，为促进经济与就业协调发展、建立平等公平的就业制度、推进城乡统筹就业和完善积极就业政策体系，提供了强有力的法律依据。

近几年，我国面临的就业形势严峻复杂。预计2010年全国城镇需要安排就业的总人数超过2400万，其中，新进入人力资源市场的劳动力将达到1500万人，这其中高校毕业生将超过630万，而全年能够提供的就业岗位约为1200万个，供大于求的矛盾十分尖锐，而且这一问题在今后较长的时间内还将继续存在。这就需要我们制定实施更加积极的就业政策，抓好就业政策的落实工作，不断拓宽就业领域，增加就业岗位，切实解决人民群众的生计问题，为维护社会稳定奠定坚实的基础。

五、加快医疗卫生制度改革进程

印度高度重视国民的健康问题，把国民健康视为人们一项基本权利，在宪法中明确规定所有国民都享受免费医疗。政府把有限的投入公平地配置到最需要医疗服务的地方。印度医疗卫生制度始终坚持"两手抓"：既扶持公立医疗机构的平稳运转，又鼓励私立机构健康发展。针对公共医疗不能完全满足病患需要的情况，印度政府放宽对私营医院的经营限制。患者在私营医院看病，也可以通过医疗保险进行报销，一定程度上缓解了公立医院的压力。这种"两条腿走路"的办法，使得印度的富人和穷人患者各有所依。特别是印度的三级医疗保障体系保障了穷人病有所医，住院能补助。一些小病可以在基层诊疗所得到救治，大病则有多种多样的医疗保险提供保障。这种分层次提供医疗服务的做法，减缓了政府的压力，也降低了医患矛盾发生率。印度在医疗卫生保障方面的成功做法值得我们采纳。

新中国成立以来，特别是改革开放以来，我国医药卫生事业成就显著。各级政府投入不断加大，公共卫生、农村医疗卫生和城市社区卫生发展加快，覆盖城乡的医药卫生服务体系基本形成。疾病防治能力不断增强，医疗保障覆盖人口逐步扩大，卫生科技水平迅速提高，人民群众健康水平明显改善，居民主要健康指标处于发展中国家前列。2002年颁布了《中共中央、国务院关于进一步加强农村卫生工作的决定》，个人缴费、集体补助、政府资助相结合的新型农村合作医疗制度于2003年开始在我国农村试点和推广，到2008年底已全面覆盖有农业人口的县（市、区），参合农民达8.15亿人，参合率为91.5%。全国累计15亿人次享受到补偿，其中有1.1亿人次享受到住院补偿，11.9亿人次享受到门诊补偿，对2亿人次进行了健康体检，补偿基金支出1253亿元。参合农民平均住院补偿金额从试点初期的690元提高到1066元。① 新型农村合作医疗制度的实施，改善了农村缺医少药的状况，提高了农民健康水平。2009年4月，《中共中央、国务院关于深化医药卫生体制改革的意见》正式发布，我国深化医药卫生体制改革进入全面实施的新阶段。但必须看到，我国医疗卫生领域还存在城乡和区域医疗卫生事业发展不平衡，资源配置不合理，公共卫生和农村、社区医疗卫生工作比较薄弱，医疗保障制度不健全，药品生产流通秩序不规范，医院管理体制和

---

① 李学举：《国务院关于农村社会保障体系建设情况的报告》，载于《中国社会工作》2009年第6期。

运行机制不完善，政府卫生投入不足，医药费用上涨过快，个人负担比较重等问题。这就需要我们全面加强公共卫生服务体系建设。完善以基层医疗卫生服务网络为基础的医疗服务体系的公共卫生服务功能，建立分工明确、信息互通、资源共享、协调互动的公共卫生服务体系，提高公共卫生服务和突发公共卫生事件应急处置能力，促进城乡居民逐步享有均等化的基本公共卫生服务。进一步完善医疗服务体系。坚持非营利性医疗机构为主体、营利性医疗机构为补充，公立医疗机构为主导、非公立医疗机构共同发展的办医原则，建设结构合理、覆盖城乡的医疗服务体系。加快建设医疗保障体系。加快建立和完善以基本医疗保障为主体，医疗保险和商业健康保险为补充，覆盖城乡居民的多层次医疗保障体系。[①] 切实保障广大群众看病就医的基本需求。这不仅是人民生活质量改善、社会保障水平提高的重要标志，也是人民共享改革发展成果、社会公平正义的重要体现。

---

① 参见《中共中央、国务院关于深化医药卫生体制改革的意见》，载于《人民日报》2009年4月7日。

第四章 中国香港地区社会保障制度

1840年鸦片战争后,香港成了英国殖民地,受英国的管辖,但它的绝大部分居民一直都还是中国人。这样,香港的社会保障不可避免地既受西方社会保障理念的影响和制约,又深受中国传统文化的影响。从这个意义上说,考察中国香港地区社会保障制度对于中国内地社会保障制度的建立与发展具有重要的借鉴意义。

第一节 香港地区社会保障制度的历史沿革

所谓社会保障,就是指一个社会的成员当他因年老、体弱、疾病、伤残或失业等原因无法维持基本生活的时候,可以从国家和社会获得基本生活的保障。一般而言,社会保障包括社会保险、社会救济、社会福利、优抚安置等几个方面的内容,它是国家和社会向弱势群体提供的物质帮助,以此达到老有所养、病有所医、困有所济、死有所恤的目的。

由于香港特殊的历史地位,其社会保障制度的发展有着特殊的历史过程。总体说来,可以划分为20世纪50年代以前、20世纪50年代—60年代中期、20世纪60年代中期—1997年、1997年香港回归后四个发展阶段。

一、第一阶段：20 世纪 50 年代以前

1840 年后，尽管香港被英国割让，但由于它与中国内地山水相连，仍然不断地有大批中国内地劳工前来谋生。但是，出于对在香港生活前景的担心，这些人中的相当一部分都是只身赴港，而将父母妻儿留在了家乡。因此，来港的内地居民，多数为单身男性，只有一些经济条件较好的居民才携眷在香港居住。据 1882 年的统计，当时华人男性人数为 68000 人，女性为 19000 人，而家庭仅有 9724 户，数量非常之少。① 20 世纪以后，这种情况有了某种程度的改变，但相对于内地的大家庭而言，仍然显得人单势孤。本来，在中国社会的传统习惯中，一般人的生、老、病、死等生活问题都是依靠家庭或宗族成员之间的相互扶持而得到解决的，家庭或宗族是绝大部分中国人生活的最后屏障。但这一切对于那些只身来到香港的内地人来说，都不起作用了，他们在港失去了家庭的屏障，也失去了原有的社会关系纽带。一旦遭遇到失业、疾病、伤残等天灾人祸时，他们很容易陷入求助无门的悲惨境地。因此，从一开始，这些来自内地的华人在陷入困境时除了指望政府和社会伸出援手外，别无其他指望。然而，在 20 世纪 50 年代以前，香港的英国殖民当局对于居民的社会保障制度并不关心，他们拒绝为香港居民提供任何社会服务。理由就是香港人口流动性太大，且大部分华人无意久居香港。迫于此，在这一时期，香港居民的社会保障主要立足于民间自救与互济。具体而言，承担这一时期社会保障主要责任的有两类民间组织，一类是华人社团，另一类是宗教团体。而在形形色色的华人社

---

① 1882 年查德威克关于香港卫生状况的报告（Mr Chadwick' Report on the Sanitary Condition of Hong Kong, November 1882），引自科大卫编：《香港历史资料：社会》（David Faure: *A Documentary History of Hong Kong: Society*），第 30 页。

团中,带有社会保障性质且面向全体民众的慈善团体首推东华三院和保良局。

东华三院是香港首家华人慈善团体,它的问世与1869年的太平山义祠事件有着极大的关系。香港开埠初期,大规模的建设工程吸引了不少单身汉从中国内陆来港谋生。他们中的一些人因遭遇不幸而客死异乡,但又无人认领及安葬。华人团体有鉴于此,于1851年发起兴建义祠,供奉死者灵位,待其家人来港接返故乡安葬。当时的港督文咸顺应民意,批准拨地。义祠约于咸丰六年(1856年)建成,供奉地藏王。地藏王为地府十王之一,专责降福于死者,使冤魂得以安息。义祠内同时又供奉不同姓氏的人,因而又称百姓庙。19世纪50—60年代,中国国内发生太平天国及白莲教起义,大量华人从内地来港逃难。这时义祠内增设诊所,成为无家可归者及病危者的集中地。久而久之,义祠变成了病人等死的场所。但由于管理不善,义祠的卫生环境非常恶劣。1869年4月,太平山附近的一所义祠尸体横陈,引起周围居民骚动。闻讯前去采访的记者将义祠描绘为人间地狱,轰动一时。港英当局于是下令封闭该祠。这引起了香港华人对医疗设施缺乏的关注。当时在港的一些华人杰出人士便筹划建立一所华人医院,以取代义祠及附设的诊所。此举得到了港督麦当劳的支持,1869年,港英当局拨出上环普仁街12英亩地面,并资助11.5万元,由华人筹款建立医院。1872年医院建成,取名"东华医院",似有"广东华人医院"之意。这是香港第一家华人医院。东华医院的主要工作包括医疗、救济、教育、接生、丧葬五大类。在发生灾害时组织救济,如1906年的台风风灾、1918年的马场大火、1934年石塘咀煤气爆炸等灾变发生后,救济工作都是由该院主持的,东华医院由此成为惠及全体市民的慈善组织。

东华医院建立以后,1911年广华医院在九龙建成,1929年东华东院在港岛东区扫杆埔建成。1931年三所医院统一管理,合成东华三院。东华三院的主要业务是赠医送药,早期主要是利用中医药为贫苦病人免费治疗。

在香港,与东华医院齐名的还有以"防范诱拐、保障妇孺"为宗旨的华人慈善机构——保良局。19世纪末期,香港色情业泛滥。由于有厚利可图,拐卖妇女儿童的现象非常严重,而且愈演愈烈。当时歹徒的惯用伎俩是,先以当女佣相骗,然后逼良为娼,或把这些妇孺贩卖到外洋,谋取金钱。而香港法律规定,船舶运载20名以下妇女出境,毋须取得移民官同意,这无疑为拐卖妇孺出洋打开了方便之门。据官方统计,从1865至1891年,香港拐卖妇孺案共1481宗,平均每年54.9宗。从1893至1900年,香港被拐失踪的共1527人,平均每年190人,即每两天便有一人失踪;16岁以下儿童729人,平均每年90人,即每4天有一名儿童失踪,其中尤以女性为多。鉴于此,一群热心的华商于1872年9月求见港督,要求立即禁止逼良为娼,保护妇女。次年5月,经港督同意,东华医院雇用暗探,缉拿拐匪,并特设平安、福寿两楼收容被拐的妇女儿童。① 然而,这并未能遏制拐案的发生,拐案仍然日增。在此情况下,1878年11月,东莞县侨商卢赓扬(礼屏)、冯普熙(明珊)、施笙阶、谢达盛等联名上书给当时的港督轩尼诗爵士,要求组织"保良公局"。这一要求得到了港督的支持,并于1880年5月正式获得港督的批准。1882年8月,保良局章程又获得英国理藩院的核准。港英当局确认保良局是专为协助政府保护妇孺而设的机构,因此特别赋予其权力以打击拐卖歪风,保赤安良,这也是保良局成立的初旨。随着香港经济的发展和社会的变化,保良局的服务范围后来不断得以扩大。20世纪30年代末,港英当局厉行禁娼,实施禁止蓄婢条例,香港诱拐之风得以逐步减弱。接着,日本侵华,大量难民涌到

---

① 参见 http://zhidao.baidu.com/question/9946675.html。

香港，妇孺无依、被虐待及被遗弃等的社会问题随之而来。此时，保良局的工作范围转以对妇孺进行收容教养与技能培训为主。后来香港虽然沦陷，但保良局对妇孺的教养没有停止。二战结束后，香港人口逐渐增长，保良局的服务范围也不断扩展，逐步涵盖住宿服务、儿童之家、孤儿助养、弱智儿童培育、扶幼、安老、医疗、康复、康乐、中小学教育等项目。时至今日，香港保良局已经发展成为一个多元化的庞大的社会服务机构，为广大市民提供高素质的社会服务，以配合社会需要。

由此可以说，东华医院和保良局在为香港华人解危济困方面作出了很大的贡献。

除东华医院和保良局外，同乡会、宗亲会也是为香港居民提供社会服务的民间机构。在香港社会，出于华人文化传统中深厚的家族与乡土观念，以及漂泊异乡的现实需要，出现了为数众多的地缘团体和血缘团体——同乡会和宗亲会等。这些社团组织多以救助同乡为宗旨，如旅港福建商会和福建同乡会均以"谋同乡福利"为主要会务；旅港潮州同乡会则明确指出："本会为吾潮侨港同乡之集团，即同乡之家庭也；故所负使命为赞襄社会公益，拱护桑梓安宁，辅助同乡事业，排解同乡纠纷，联络同乡情谊，救济同乡疾苦……"。这些团体所提供的实际服务包括排难解纷、职业介绍、金钱接济等。有些组织完善的同乡会还举办赠医施药，开办义学，遣送棺柩骨骸回籍等。如旅港福建商会的主要工作为创办义学、为同乡贫苦无法殡殓者施棺、救济来港难民、为本港及内地慈善事业捐款等等。宗亲社团是传统的社会保障形式在城市环境中的延续，虽然其救助的对象往往局限于同乡、同宗，但由于20世纪以后此类社团大量涌现，其保障服务亦可以覆盖很多的人口。

此外，香港还有大量的街坊福利会等社会救助组织，其中心工作是办理义学以救济失学，赠医施药以济贫病，派送棉衣、派发粮食以救饥寒等。每当有天灾发生时，街坊会都会挺身而出，到场协助救援，在社会救助方面起到了重大作用。正因为如此，街坊福利会得到了港英当局的支持。特别是二战以后，港英当局大力支持街坊福利会的发展，到 1960 年，香港共有 60 个街坊福利会。①

香港是一个多元文化共生共存的社会，其表现在香港存在着大量的东西方宗教团体，这些宗教团体所属的各种机构也对香港社会保障起到了重要作用。在香港，各大宗教都利用其雄厚的人力、物力与财力，兴办各类学校、医院、诊所、孤儿院、老人院及各种慈善与福利事业。教会还向穷人提供形式不同的救济，在一定程度上帮助了贫穷无依者渡过困境。例如，1860 年间，天主教及基督教会开始在港创办保护妇女和收养儿童的慈善福利机构。19 世纪末 20 世纪初，又创办为老人和残疾人士服务的机构，如广荫老人院、心光盲人院、香港聋人学校等。20 世纪 30 年代，教会创办的慈善机构更多。香港佛教界也兴办了许多佛教医院、诊疗所、护理院、安老院、托儿所、青年康乐营等，这些佛教慈善机构除了提供火灾、水灾、风灾等救助外，每年均举办慈善赈济活动。宗教团体在推动香港社会福利保障事业的发展方面发挥了很大的作用。现在香港社会 3000 多个大大小小的民间福利机构中，属宗教团体主办的就占了近半数。

此外，国际救援组织、国际志愿团体也对香港的社会救助起过重要作用。特别是当 20 世纪五、六十年代大批难民涌入香港后，香港社会的困境引起了国际社会的关注。在原有的一些国际性救济机构的基础上，更多类似的国际性机构出现在香港。它们得到海外的财政支持，可以在本地举办救济活动。

可以说，一直到 20 世纪五、六十年代，香港的社会保障制度带有浓厚的社会慈善性质，严格地说，这种保障形式不能称作现代意

---

① 亚历山大·葛量洪：《葛量洪回忆录》，香港广角镜出版社 1984 年版，第 155 页。

义上的社会保障。而港英当局在这一阶段社会保障方面表现不积极，基本上处于缺位状态。正如香港学者莫泰基先生所说："在1965年香港政府的社会保障白皮书出版之前，香港并没有一个明确的社会保障制度。当时，社会保障服务主要以紧急援助的形式出现，提供干粮及热饭。只有少数的志愿福利机构及国际援助组织为赤贫者提供少量现金援助。"①

二、第二阶段：20世纪50—60年代中期

然而，与早期的香港相比，到了20世纪五、六十年代，香港社会的变化越来越大。首先，香港的人口规模越来越大，大批的移民不断涌入香港。移民多是从中国内地而来。其原因有两方面：一是战争。据统计，二战结束后，香港人口迅速恢复。到1946年，香港人口已达到160万，恢复到二战以前的水平。其后，由于国内战争的影响，大量难民蜂拥而至，1950年春估计达到236万人。二是香港本身的工业化。20世纪50年代以后，香港开始了工业化进程。特别是20世纪60年代初期，香港经济发展开始进入转型期，制造业开始兴盛，大批移民因此涌入香港，香港人口因为大规模的移民潮而剧增。香港由此逐渐成为一个人口密集和工厂林立的大都会。而此时的香港经济发展水平有限，且又处于从贸易港转向工业化城市的起步阶段，一下子消化吸收如此众多的人口十分困难，所以，许多人的生活陷入困顿，连最起码的衣食住都难以得到保障。而且，屋漏偏逢连阴雨，20世纪五、六十年代香港各种灾害频频发生，火灾、水灾、风灾，不一而足，动辄便使数万人无处栖身，衣食无着。

这些新情况的出现，使得香港原有的社会保障体系面临极大的挑战。一方面，急剧增加的人口使香港原有的带有社会慈善性质的

---

① 莫泰基：《香港贫穷与社会保障》，香港中华书局1993年版，第66页。

救助性社会保障已远远不能适应工业化后社会保障的新形势。当时的香港总督葛量洪不得不承认,"社会福利事业已不是华民社会和志愿团体的服务所能应付的了。"① 而且对于香港华人社会来说,迅速的工业化破坏了传统的家庭结构,使原有的家庭保障濒于崩溃,传统的由家庭照顾老人、儿童、残弱、失业者的功能开始削弱。所以,伴随着工业化以及随之而来的各种各样的社会问题,整个香港社会对于社会保障的需求不断增加,要求建立统一的社会保障制度的呼声越来越高。

然而,尽管形势发生了变化,但香港社会保障在 20 世纪 60 年代中期以前仍然属于"救火队"式的紧急援助,并不能为民众提供制度性的保障。港英当局当时的指导思想仍将社会服务视为一种施惠,而不是政府责无旁贷的责任,仍然指望借用民间团体的力量,解决种种社会保障问题。港府社会福利署虽然参与了多项福利工作,但正如港督葛量洪所说,"它谨慎地避免取代或控制志愿机构的工作。这个部门主要是提供指导及统筹工作"。慈善团体的救济再加上政府的援助,使得当时香港的社会保障充满着悲天悯人的慈善味道。港府的这种想法和做法受到了学者们的大力抨击,有学者认为:"一个正常的社会不需要慈善机关,需要的是一种合理的社会福利制度;一个正常的社会的公民不需要他人的怜悯,需要的是就业的机会,与疾病、意外、失业时的生活保障"②,这无疑说出了香港社会保障制度的问题的实质,同时也指出了此时香港社会保障制度的症结所在。

---

① 亚历山大·葛量洪:《葛量洪回忆录》,香港广角镜出版社 1984 年版,第 155 页。

② 马森所作《香港亿万富翁列传》序言,转自王敬义:《香港传奇人物列传》,香港文艺书屋 1985 年版,第 192 页。

三、第三阶段：20世纪60年代中期—1997年

面对香港社会形势的巨变，为缓和社会矛盾，保证社会稳定和持续发展，同时也是从人道主义的角度出发，港英当局从20世纪60年代中期以后，开始逐步建立起面向低收入者和弱势群体的社会福利计划。其具体做法如下：

1. 着手香港社会保障制度的法律建立，为社会保障提供法律依据

1965年，港英当局发表了第一个社会福利政策白皮书，标志着香港社会保障事业的真正起步，进入发展阶段。1966年，香港政府的社会保障顾问、英国伦敦大学教授威廉斯发表了题为《香港社会保障服务提供及有关问题之可行性研究》的报告。威廉斯在报告中指出，香港的大家庭制度开始崩溃，家庭的传统的角色担当，如照顾老人、儿童、残弱、失业者等已经开始削弱。因此，政府必须制订一个社会保障计划以解决短期的疾病及死亡等危机，以及长期的老年问题等。1967年，香港政府成立了一个跨部门工作小组，专门研究香港的社会保障制度问题。该小组在同年发表《社会保障的若干问题报告书》，建议港英政府循序渐进地实施社会保障计划，首先解决疾病、医疗、体弱和生存的社会保障问题。

20世纪70年代以后，港英当局终于不得不面对现实而将社会保障视为政府理应担当的责任，开始了社会保障的制度化建设。香港社会保障的范围逐渐扩大，赤贫、年老、失业、伤残等多种需要帮助的情况逐步被纳入社会保障的范畴。70年代初，港英当局开始建立社会救助制度——公共援助制度。1971年，港英当局推行"公共援助计划"，从志愿机构中接过了现金援助的责任。1971年底，第25任港督麦理浩到任。麦理浩主政下的港英当局从维持香港社会稳定的角度出发，提出了改善民生的多项举措。社会保障作为改善民

生的基本措施之一，得到了港英当局的高度重视。1973年，港英当局公布了"香港福利未来发展计划"，设立老弱伤残津贴和实施伤亡赔偿计划。随后，港英当局又发布了多次社会福利和社会工作白皮书，从法律上奠定了社会保障的基础。它提出了港英当局与社会团体之间的合作伙伴关系，标志着香港社会保障制度进入了崭新的历史发展时期。

1977年，港英政府发表了《社会保障——为最不能自助者提供帮助》绿皮书，建议改进现行公共援助计划，引进长期补助金，将领取老人津贴的年龄降至70岁。绿皮书还建议设立一个由中央统筹的半自愿性疾病伤亡社会保险，由雇主和雇员各供款20%。港英政府接受了绿皮书的部分建议，于1978年设立入息豁免制度，使一些赚取微薄入息的享受公共援助金人士能保留小量收入。至于"半自愿性供款社会保险计划"则由于各方的强烈反对而被搁置。1979年，港英政府发表第三份题为《进入80年代的社会保障》白皮书，设立交通意外无辜受害者计划。20世纪70年代末80年代初，香港工伤事故频繁，通过工会和各种社会组织的斗争，港英当局立法提高工伤赔偿金额，并强制雇主为雇员购买劳工赔偿保险。肺尘埃沉着病等职业病也开始受法律规定享受赔偿保障。另外，在劳工和妇女团体的努力下，还通过了妇女享受有薪分娩假期的立法。

整个20世纪80年代先后提出过几个老人退休养老计划，均由于遭到各方面的反对而无法付诸实施。如一个叫"社会保障关注委员会"的民间团体在1983年发表《民间社会保障计划》绿皮书，要求设立一个全面性社会保障计划，为退休、工伤、失业及分娩提供保障。1985年，社会保障关注委员会与社会服务联会、社会保障委员会共同推出"中央公积金人寿伤残保险计划"的新方案。1986年，港英政府发表一份内部咨询文件"中央公积金评估分析"，建议设立"中央公积金制度"。

1991年,港英政府发表《跨越90年代的社会保障》的第四份白皮书。它反对由10个民间团体一致要求的建立供款式社会保障制度的建议,但该白皮书也承认老人退休保障确有需要,认为政府应该继续研究为老人提供经济支持的问题。

2. 采取实际行动,实施多项社会援助计划

(1) 实施公共援助

1971年,港英当局改进公共援助,开始实行入息审查的公援计划。此前,只有某些志愿机构向贫困者发放少量现金,而港英当局公共援助一概以实物形式派发。改革后,公共援助改以现金形式发放,其金额随物价变动而调整,以保证受援者的生活不致因通货膨胀而下降。此后,公共援助真正成为保障经济困难人士基本生活的一项措施。1978年,港英当局进一步完善公援计划。一方面,实行入息豁免制度,使一些收入微薄的公援人士能够保留少量的收入;另一方面,设立长期补助金,发放给领取公援超过1年的人士。1971年到1983年间,公援总额由1200万港元上升到3亿港元。其间8次提高援助标准,从1971年4月的每人70元提高到1982年6月的450元,受资助人数从也1.8万人增加到6.9万人。①

(2) 修建公共房屋

香港地窄人稠,弹丸之地挤住着600多万人口。虽说有1000多平方公里面积,但大多是陡峭山坡,真正能用于建房的地方,主要是在港岛北岸港边一带,九龙半岛及东西两翼,建筑地盘很有限。除澳门外,香港是世界上人口密度最高的地区,人口增长使香港有限的空间日益挤迫,1991年为平均每平方公里5385人。要解决居民的住所问题,实非易事。

二战结束后,大批内迁居民返港,又有因内战而流入香港的移

---

① 张丽:《香港社会保障制度变迁》,载于《中国社会科学院近代史研究所青年学术论坛·1999年卷》。

民众多，一时间居住问题十分突出。特别是一些劳苦大众流落街头，栖身山边住铁皮屋、木板屋的不在少数。有的几十户人挤住在狭窄的旧楼里，居住和卫生条件十分恶劣，遇上火灾，漏水倒塌，甚至造成家破人亡。这一社会问题引起了香港社会人士的关注，敦促政府出面解决居民的居住问题。于是成立了非牟利团体"香港房屋协会"，出现了"公屋"这种方式。办法是港府廉价拨地，并给予长期低息贷款。1952年兴建"上李郑屋村"，解决了1800多人的居住问题。1953年，九龙石硖尾木屋区火灾，促使政府直接参与公屋建设，提供大量公屋，徙置灾民，遂开始实施以灾民、低收入居民为受惠对象的公屋政策。

政府的廉价公屋政策大体经历了四个发展阶段：①1954—1972年为第一阶段。1954年成立了徙置区，安置木屋区居民。同年成立了屋宇建设委员会，为月收入在900元以下、居住环境极为挤迫的家庭提供廉租屋。到1972年，已有150万人居住政府修建的公共房屋。②1973—1977年为第二阶段。港府成立房屋委员会，统筹公屋规划、建设和管理，同时制定了"十年建屋计划"（后改为四年建屋计划），标志着有计划兴建新型公共屋村的新时期开始。到1977年底，入住公屋居民增至200多万。③1978—1987年为第三阶段。港府推进"居者有其屋"计划，采取以房委会建房为主，与私人机构参与居屋计划相结合的方式，加速了公屋建设。1980年起，每年建成公屋单位3万个以上，比70年代平均增长一倍以上，以低于市场价30%左右出售给公屋租户或入息有限的家庭。④1988年至今为第四阶段。1988年，港府正式提出了长远房屋策略白皮书，这是港英当局解决居民住房问题的长期计划。港府从50年代开始推行"公共房屋计划"，70年代实施"十年建屋计划"，随后推出"居者有其屋计划"，及私人机构参与建居屋计划，使住房紧张局面有所缓和。但香港人口不断增长，民众住房条件要求日高，港府对这一情况及现行策略进行评估,对未来经济发展及房屋需求进行预测,于1987年制订新的长远房屋策略。总目标是:确保所有家庭在其自身能够负担的楼价和租金范围内,都能够购买或租用适当的住所。

(3) 参与社会救济

二战后,港英当局成立了社会局,1958年改为社会福利署。该机构以救助受灾人口和贫困人口为主要任务,实施应急式的社会救济。"当一场木屋大火或其他天灾发生,社会福利署便会立即派发食物、衣服及其他物品给灾民"。如1956年九龙暴动发生后,暴乱所及地区贫苦居民日常生活受到严重影响。社会局曾展开大规模救济,有2.6万人受益。① 1960年,在港九两地,社会福利署下设了6个社会服务处,每天为1万多人供应救济膳食,救济对象为因失业、疾病、年老无依、残废或施手术而一时无法生活者。1963年,社会福利署救助了天灾、火警、危楼倒塌、覆舟等不测灾祸的受害者。是年12月,坚尼地城发生爆炸事件。福利署在事发翌日即以公款购买干粮给予亟须救济的死伤者家属。②

除应付突发性的各种灾变外,政府对社会特殊人群的救助也开始施行。社会福利署下设公共援助部,负责经常性的援助工作,主要是向赤贫者提供物质资助。不过值得指出的是,这种援助规模小,水平低。如根据1970年的规定,在港居住5年以上、其收入扣除房租和学费后不足33元的人方可领取援助。据此只有7300个家庭与个人得到资助,且资助的主要形式是发放干粮和熟食。当时港府每年用于公共援助的资金仅为500万港元。由于资助标准极为可怜,此项公援仅仅是聊胜于无。③

---

① 《香港年鉴》第10回,华侨日报社1957年版,第111页。
② 《香港年鉴》第17回,华侨日报社1964年版,第108页。
③ 张丽:《香港社会保障制度变迁》,载于《中国社会科学院近代史研究所青年学术论坛·1999年卷》。

(4) 推行公医制度

沿袭英国的公医制度,港英当局在各地区设立收费低廉的公立诊所和公立医院,以保证市民病有所医。

(5) 向有需要的社会群体发放各种资助

主要有:①伤残老弱津贴。1972年4月,港英当局开始发放伤残老弱津贴。到1974年,有5万余人领取残疾津贴和老年津贴,津贴数额也比刚开始发放时增加了62%,用以抵消生活费用上涨的影响。1978年,领取老年津贴的年龄标准从75岁降至70岁,惠及更多的老人。另外,增设老人补助金,发放给60—70岁之间接受公共援助的老人。① 到1982年初,领取伤残老弱津贴的人数超过了20万人。②失业救助。1973—1974年,世界石油危机引发了香港的经济衰退,通货膨胀严重,工人大量失业。工会等团体发起行动,要求政府放宽公共援助领取资格,容许失业人士领取公援或设立失业金。在各种压力下,港英政府被迫采取措施,放宽领取公共援助金的资格,允许15—55岁失业人士领取公共援助金。② ③意外伤害救助。1979年,港府发表题为《进入80年代的社会保障》白皮书,设立交通意外无辜受害者计划,以缓解受害者的财政困难。70年代末期,香港工伤问题严重。1980年,在数十个工会、宗教组织及劳工团体的要求下,工伤赔偿金额得以提高。1982年,政府作出规定,强制雇主为雇员购买劳工赔偿保险。③

此外,政府还介入志愿团体的社会救助工作,开始给这些团体以大量的补助。1978—1979年度,政府给予志愿团体的补助金额达1亿港元。通过这种方式,港英当局便将志愿团体变成政府社会保障体系中的辅助成分,使其工作与政府提供的社会服务相得益彰。

---

① 《香港年报》1978年,第90页。
② 莫泰基:《香港贫穷与社会保障》,香港中华书局1993年版,第68页。
③ 同上,第68—69页。

经过多年建设，港英当局成功地建立起社会保障的基本架构，社会保障的规模和水平有了长足的进步。1967—1968 年度，港府投入社会福利的资金仅为 3500 万港元；1970—1971 年度为 4300 万港元；1978—1979 年度为 5.3 亿港元；1982—1983 年度达到了 13 亿港元，比 1970—1971 年度增长了 30 倍。①

四、第四阶段：1997 年香港回归后

1997 年香港回归后，新成立的香港特区政府在基本沿袭原有的香港社会保障架构以外，还对香港社会保障体系进行了必要的改革和完善。此中特别值得一提的是强制性公积金计划和医疗制度改革。

强制性公积金，简称强积金，是香港执行的一项社会养老保障制度。该制度是通过雇主和雇员共同供款，协助就业人士累积退休储蓄，以加强香港就业人士的退休保障。1995 年，立法机关通过了《强制性公积金计划条例》。2000 年 12 月 1 日，香港特别行政区政府开始实施该计划，从而结束了香港缺少社会养老制度而主要依赖职业福利安排退休雇员老年生活的历史。尽管自推行以来，强积金经常被批评回报率不高，加重市民负担，但不可否认，经过 6 年的运作，强积金已广受港人的认同和接受。正因为如此，短短几年内强积金计划便取得了惊人的发展，绝大多数香港就业人士参与了这项计划。截至 2009 年 6 月底，已有超过 240 万名雇员及自雇人士和 23 万名雇主参加了强积金计划，而在强积金制度下累积的总资产已超过 2590 亿元。② 目前，强制性公积金计划连同无须供款的社会保障制度，包括综合社会保障援助计划以及提供高龄津贴和伤残津贴

---

① 张丽：《香港社会保障制度变迁》，载于《中国社会科学院近代史研究所青年学术论坛·1999 年卷》。

② 2009 年 11 月 25 日香港立法会会议上，劳工及福利局局长张建宗对立法会议员叶伟明提问答复。

的公共福利金计划,加上个人自愿储蓄已成为香港退休保障制度的三根支柱。

在医疗制度改革方面,香港回归后,特区政府也做了大量的工作。1997年11月,香港回归后不久,特区政府就由政府卫生福利局出面,委托美国哈佛大学一个由经济学、医学、流行病学和公共卫生专家组成的专家组对香港的医疗卫生制度进行分析研究。在全面细致的调查研究的基础上,哈佛专家小组于1999年4月完成了题为《香港医护改革,为何要改?为谁而改?》的咨询报告。在报告中,哈佛专家小组对香港医疗制度进行了评估及建议。报告同时提出了香港医疗保障制度改革的五大方案。在哈佛小组报告之后,香港卫生福利局医护改革小组也发表了《你我齐参与,健康伴我行。医护改革咨询文件》。2008年3月,在多方咨询和研究的基础上,香港特区政府发布了长达131页的题为《掌握健康 掌握人生》的医疗改革咨询文件,提出了包括让医护人员与市民携手增进健康、建立电子病历资料库、强化公共医疗安全网、推动公私营医疗协作、制定医疗辅助融资方案等5大改革方向。特区政府给出3个月的时间让全体港人对该文件进行公开讨论。2008年6月13日,香港食物及卫生局局长周一岳在总结医疗改革第一阶段咨询记者会上表示,在归纳各界意见后,2009年上半年展开第二阶段的医疗改革咨询文件。2008年3月13日,香港特区行政长官曾荫权就香港医改公众咨询发表声明,他表示:"这次医疗改革,对全港市民将来、我们的下一代和香港未来发展非常重要。特区政府上下一心,致力为市民带来一个更完善的医疗制度。"此前,2008年2月27日,香港特区财政司司长曾俊华在立法会宣读《2008—2009年度财政预算案》时重申,在2012年医疗开支增至占政府经常开支17%前,从财政储备中拨出500亿港元推动医疗改革,从而为医疗改革提供了必要的财政支持。目前,香港医疗制度改革仍在进行中。

客观地讲，1997年香港回归后，特区政府在香港社会保障和福利方面是做了大量工作的，也取得了很大的成绩。香港特区政府劳工及福利局局长张建宗在"社会福利界庆祝香港回归祖国十周年庆典"上对此曾作过介绍。他说，在2006—2007年度，特区政府在福利方面的开支达328亿港元，是特区政府投放资源第二多的政策范畴（第一是教育）。而特区政府对社会福利经常性开支的拨款总额由1997—1998年度的约200亿港元增加到2007—2008年度的360亿港元，增幅高达八成。与此同时，1997年至今，社会福利署给予非政府慈善机构的资助也由约45亿港元增加至约68亿港元，增幅超过五成。除了增加对社会服务基础资源的投入外，特区政府还与各非政府慈善机构间紧密合作，完善民众信息反馈机制，保证社会保障工作的具体实施能真正切合服务对象的需要，提高民众生活质量。

纵观香港社会保障和社会福利的历史与现实，我们不难看出，尽管香港的社会保障体系并非十全十美，但从整体上看，为社会成员提供生活安全网的目标已经达到，它保证了市民的基本生活，在维护社会稳定方面发挥着重要的作用。

第二节 香港地区社会保障制度的主要内容

目前，香港特别行政区社会保障制度主要包括政府税收支付的社会保障和社会福利，除此之外，还有各种社会机构构成的多种形式的社会救济。其中由特区政府税收支付的各种保障又包括直接援助和非直接援助两大类。

一、特区政府直接援助项目

香港特区政府直接援助的社会保障项目有以下五个方面：综合

社会保障援助金计划、公共福利金计划、交通意外伤亡援助计划、暴力及执法伤亡赔偿计划和紧急救济服务。后三项也可统称为"意外事故赔偿计划"。其中,综合社会保障援助计划又分为三大类:一是"基本标准援助",以应付日常生活必需的费用;二是"长期个案补助金",发放给长期领取"基本标准援助"的人士,以补助其购置大型耐用消费品;三是特别津贴,以支付个人或家庭的特别需要。详述如下:

1. 综合社会保障援助(综援)计划

综合社会保障援助计划,简称综援计划。起初称为公共援助计划,1993年改为综合社会保障援助。它的目的是通过政府提供资金、以收入补贴等方式,为那些在经济上无法自给的社会成员提供安全网,使他们的收入达到一定水平,以应付生活上的基本需要。该计划类似于内地的对贫困社会成员所实施的社会救助制度中的最低生活保障。综援计划的实施以个人申请为原则,生活陷入困境的社会成员向所在地的社会保障办事处递交申请后,主管部门将对申请人进行资格鉴定和经济状况调查。

综援计划受益申请人必须符合下列条件:已成为香港居民最少7年,且在紧接申请日前连续居港最少一年。除此之外,还规定一些灵活性的实施策略以应对意外情况。如:在特殊情况下,社会福利署署长可考虑运用酌情权,向未符合居港规定的综援申请人发放援助。对申请人的经济状况调查包括收入调查和资产调查两项内容。其中收入调查要求:申请人及其家庭成员每月可评估的总收入必须低于他们在综援计划下所认可的每月需要总额,否则不予受理。资产审查要求:申请人及其家庭成员所拥有的资产(包括土地/物业、现金、银行存款、保险计划的现金价值、股票及股份的投资及其他可变换现金的资产及财物)总值不得超过规定限额。

综援计划的资金援助包括援助金、特别津贴和补助金三项内容。

通过审核评估，申请人可获得称为"标准金额"的援助金，以应付生活上的基本需要。除标准金额外，还设有补助金和特别津贴项目。特别津贴主要应付个人或家庭的特别需要，如租金，学费及其他教育费用，必需的交通费用，医生建议的膳食、复康及医疗用具等支出。援助金主要用于维持基本生活的支出，保障基本生活；特别津贴则考虑到了基本生活以外的额外支出，具有福利特性。补助金大致可分为长期个案补助金、单亲补助金和社区生活补助金三种。长期个案补助金：有高龄、伤残或经医生证明为健康欠佳成员的受助家庭，如连续领取援助金达12个月或以上，可按家庭中这类合格成员的人数，获发每年一次的长期个案补助金，作为更换家居用品和耐用品之用。单亲补助金：单亲家庭每月可获发单亲补助金，以顾及单亲人士独力照顾家庭所遭遇的特别困难。社区生活补助金：残疾程度达100%或需要经常护理而非居于院舍的受助人，每月可获发社区生活补助金，以顾及严重残疾人士在社区生活可能需要较多的费用。

2. 公共福利金计划

公共福利金计划是为严重残疾或年龄在65岁及以上的香港居民，每月提供现金津贴，以应付因严重残疾或年老而引致的特别需要。这项计划包括普通伤残津贴、高额伤残津贴、普通高龄津贴及高额高龄津贴。除普通高龄津贴外，在该计划下发放的津贴均无须申请人接受经济状况调查。

公共福利金计划的申请人必须符合下列规定才有资格领取津贴：已成为香港居民最少7年；在紧接申请日前连续居港最少一年（在该年内如离港不超过56天，亦视为符合连续居港一年的规定）；于领款期间继续在香港居留；没有领取本计划下的其他津贴或综合社会保障援助；非被拘禁或监禁人员；经由卫生署署长或医院管理局行政总裁（或在极为特殊情况下由私家医院的注册医生）证明符合享受普通伤残津贴、高额伤残津贴、普通高龄津贴和高额高龄津贴的人员。

3. 交通意外伤亡援助计划

交通意外伤亡援助计划旨在向道路交通意外受害人或这些人员的亲属迅速提供经济援助。该计划不考虑受惠人的经济状况和有关交通意外的责任人。援助金按受害人的伤亡情况支付。至于财物损失，则不在援助范围内。

该计划的申请资格如下：有关意外须属于《交通意外伤亡者（援助基金）条例》（香港法例第229章）所指的交通意外，并已向警方报案；受害人在意外发生时在香港合法居留；申请须在意外发生日期后的6个月内提出；受害人因该意外死亡或永久伤残；留医不少于3天或由注册医生或注册中医证明病假不少于3天。

4. 暴力及执法伤亡赔偿计划

暴力及执法伤亡赔偿计划的目的，是提供经济援助给因暴力罪行或因执法人员使用武器执行职务以致受伤的人员或这些人员的亲属能够有体面的生活。该计划申请人无须接受经济状况调查。

暴力及执法伤亡赔偿计划需要进行资格认定以确定受益人资格。首先，暴力伤亡事件已成为刑事诉讼案件或已在合理时间内向警方报案；受害人在事发时在香港合法居留；申请须在事件发生日期后的3年内提出；受害人因该事件死亡或永久伤残；留医不少于3天或由注册医生或注册中医证明病假不少于3天。

5. 紧急救济

紧急救济服务是为自然灾害或其他灾祸的受害人提供膳食（或现金代替膳食）及救济物品，主要用紧急救援基金支付。紧急救援基金旨在给因火灾、台风、水灾或其他自然灾害而需要紧急救援的人员提供现金援助，所发放的补助金属援助而非赔偿性质。社会福利署负责发放伤亡补助，其他补助金则分别由地政总署、海事处及渔农自然护理署负责。

二、特区政府非直接援助项目

除了直接援助的社会保障项目外，香港特区政府还有由其非直接援助的社会保障项目。主要是社会劳工保障及社会福利、由政府提供廉价的公屋、公共医疗和公共教育设施等，以使一般的中低收入阶层能够"居者有其屋"，并且有机会享受到起码的教育、医疗服务和其他社会福利。现分述如下：

1. 社会劳工保障及社会福利

在香港，劳工享有的社会保险和社会福利种类，主要包括：①老年保障方面，政府公务员享有长俸或年积金恩俸等。一些私营公司和社会公用事业机构的雇员享有公积金或年积金。②在失业保障方面，雇员主要享有长期服务金或遣散费，破产欠薪保障，部分雇员享有公积金或年积金，被解雇时可领取。政府公务员被辞退时，亦可领取年积金。③在工伤保障方面，雇员主要享有工伤死亡赔偿、伤残赔偿和职业病赔偿。④在医疗保障方面，雇员主要享有疾病假期和医疗津贴。⑤在生育保障方面，女性雇员主要享有分娩假期和分娩期工资。⑥在福利方面，雇员主要享有有薪假期。政府公务员及一些社会公用事业机构人员还享有房屋津贴、子女受教育津贴等。

香港市民所享有的带有社会福利性质的社会服务种类主要包括：①收入保障方面，凡收入低于公共援助计划厘定标准的个人或家庭，可获得包括基本援助金、长期个案援助金、老人补助金、伤残补助金等公共援助的现金补助。②老人保障方面，高龄人士可享有高龄津贴，政府和慈善机构对他们提供包括房屋、安老院、健康、医疗、住院照顾、社区支持服务等老人社会服务。③伤残、弱智人士保障方面，伤残、弱智人士可享有伤残津贴，政府和志愿机构对他们还提供包括教育和训练、职业康复、医疗、日间照顾等社会服务。④在遭受灾害的灾民保障方面，灾民可享受现金援助和物资援助，包括殓葬补助、死亡补助、伤残补助、受伤补助和临时补助,相关部门对灾民提供急需食品和必要的生活用品和临时住所等。⑤在暴力及执法伤亡保障方面,凡遭受暴力罪行或因执法而意外伤亡的人士及死者家属,均可享受现金赔偿。⑥在交通意外伤亡保障方面,凡因交通意外伤亡的人士及死者家属,均可享有援助金。此外,对孤儿、婴儿、儿童、青少年、未婚妈妈等需要援助的人士,以及需要援助的家庭,特区政府和社会慈善机构均提供相应的社会福利和社会服务。

2. 医疗保障制度

如前所述,香港早期的医疗服务主要由慈善机构提供。1872年成立的东华医院是全港第一间私人慈善医院。20世纪中期以来,香港政府一直是公立医疗服务的主要提供者。香港医疗服务体制是双重体制,即公营、私立机构并存。主要的服务提供者有医院管理局(管理所有公立医院)、私家医院和专科医生、私家医生以及中医师等。大部分的基层医疗护理服务由私家医生提供。第三层医护服务,即最复杂的医院服务和长期护理,全部由医院管理局提供。

目前,香港医院管理局下辖有41间公立医院/医疗机构、47间专科门诊诊疗所及74间普通科门诊诊疗所(包括于2003年接管卫生署59间普通门诊诊所)。在2005年3月31日,医管局下辖的病床有2万7千多张,即每千人约有3.8张公立医院病床,并聘用了5万多名员工。医管局负责透过其医护设施网络,提供综合性的中层及第三层专科医护服务,以及医疗康复服务,并在其辖下的基层医疗诊所提供部分基层医疗服务。医院管理局为所有香港居民提供近乎免费的公立医院服务。由于香港公立医院提供的住院和专科门诊服务质量高、收费低,目前,全港94%的医疗服务是由公立医院提供的。

香港特区政府在医疗保障方面的基本理念是:不会有市民因经

济原因而得不到适当的医疗照顾。因此，香港市民去公立医院和诊所看病只需支付少许费用。公立医院和诊所的收费标准是：普通病房每日收费 68 元（2002 年 11 月 29 日上调为 100 元），一切膳食、住院、化验、药物及手术费用均包括在内。公立普通科门诊诊所每次诊症收费 37 元，专科诊所每次诊症收费 44 元。香港的公立医院和诊所收费水平远低于成本，据测算，公立医院普通病房的成本是每天 3100 元，而收费标准连零头都不到。另外，病人如果有经济困难而未能负担医疗费用，可以到设立于公立医院的医务社会服务部申请减免收费。而政府则要对申请者进行家计调查（调查内容主要包括家庭储蓄、个人工作、劳动能力、年龄等），以确定申请者是否可以减收或豁免看病时的个人支付费用。由于对患者医疗服务的收费极低，就需要政府对公立医院进行补贴，这是一笔数额巨大的投入。据统计，为了维持整个医疗系统的运转，香港特区政府每年需要投入的经费大约是 300 多亿港币，占到全香港 GDP 的 3%。而随着人口老龄化的加剧，这个比例将会在 8 年后增加到 4%，占到香港政府财政支出的 23%。也就是说，到 2016 年，香港政府财政收入的 1/4 将用到保障医疗系统的正常运转上。

除公立医院外，香港也有私人诊所和医院。这些私人诊所和医院采取市场化运作，依据医疗服务成本自主确定价格，普通科门诊则主要由私营的普通科医生提供，主要原因有：一是病人向私营的诊所看病，可以自主选择医生，诊疗时间也更有弹性（公立诊所等待期长）；二是私营的普通科医生每次诊症收费约 150 元，大部分市民都能负担得起。私人医院提供全港医疗服务的 6%。

港府除逐步增加机构，扩充设备，注意提高医疗质量外，尤其重视对市民的保健服务。包括：①提供家庭健康服务，为已届生育年龄的妇女和 6 岁以下幼儿推行全面保健计划。②学生保健服务，资助学生医疗费、监察校舍的环境卫生以及注意控制传染病流行。

③健康服务，为病人、老弱者和弱智人士提供家居康复护理及治疗服务。④传染病控制，如推行乙肝防治计划等。⑤戒毒服务，为吸毒者提供美沙酮代用品的戒毒治疗。

香港特区政府的医疗保障制度对于保障香港市民的身体健康起到了巨大的作用，成绩斐然。在这套制度的保护下，香港市民的健康指数位居世界前列。拥有 698 万人口的香港，人的平均寿命名列世界前茅。1993 年，人口平均寿命男性 75.1 岁，女性 80.8 岁，是世界上长寿地区之一。根据世界卫生组织及香港地区政府统计处公布的 2005 数据，香港出生的婴儿预期寿命与澳洲和以长寿著称的日本相似，比英国、美国还长。香港的婴儿存活也是全球首屈一指。多年来，婴儿夭折率保持在 7‰ 以下。根据经济合作及发展组织、美国疾病控制和预防中心及香港卫生署公布的 2005 数据，香港的婴儿死亡属全球最低之一。盖洛普国际有限公司所进行的"民众信心"调查显示，香港的医疗保障制度在所有服务系统和政府机构中最获市民信任。

3. 为中下阶层提供廉价居所的住房保障制度

1953 年圣诞节，香港九龙石峡尾木屋区发生大火，区内木屋毁于一旦，5 万人无家可归。事件发生后，广大灾民以及社会舆论强烈要求港英当局介入救助。在各方的压力下，港英当局决定实行大规模公共工程，以解决居民住房问题。此后，在港府改善社会福利的各项计划中，房屋计划一直居于首位。政府修建了大量公共房屋，用以安置居住条件特别恶劣的居民。到 1964 年 3 月，共建成徙置大厦 247 座，新区居民达到 60 多万人。到 1965 年底，徙置居民将近 80 万人，这意味着每 5 位居民中就有 1 人住在徙置楼宇中。到 1968 年，港府总计动用 6 亿港元，开辟了 21 个新区，建成了 449 座徙置大厦。① 获准入住新区的居民主要包括灾民、贫苦家庭、危楼居民、木屋居民。新区楼宇的租金只等于私人楼宇租金的 1/4 或 1/5，大批低收入居民改善了居住条件，而经济上并没有增加负担。到 1978 年，居住在政府公屋中的居民已经达到 200 余万人，占全港人口总数的 46%。香港回归后，特区政府继续实施"居者有其屋"的公屋廉租房计划，从而使该项计划成为香港最重要和最具特色的福利制度。到 2007 年，居住在政府公屋中的居民已经达到 200 余万人，占全港人口总数的 30%，另有 20%（近 100 多万人）购买了居屋。也就是说，政府保障型的住宅解决了全港约 50% 的市民的住房问题。

香港政府就是从安置灾民入手，一步一步参与低收入居民的住房建设，使公屋这一住房形式成为香港的一项重要住房保障措施之一。由于申请入住公屋，购买居屋，都需具备严格的条件，特别是家庭人口及入息限额条件，所以能够保证中下层居民享受这一福利措施。一旦家庭成员各方面条件发生变化，特别是家庭入息超过限额数目，就要被迁出公屋单位，走自置居所、购买居屋或按市值价交租金或自行置业之路。公屋廉租房保障制度，为解决大多数中下阶层人士居住问题找到一条切实可行、卓有成效的途径，对香港社会的稳定和持续发展起到了很好的保证作用。

4. 教育保障制度

香港的学校教育有较悠久的历史。二战后，香港人口激增，大量移民涌入，经济蓬勃发展。港英当局适应形势，十分重视智力投资，逐步建立了多层次、普及和实用的学校教育体系，着眼于培养当地各方面的人才，促进了经济的腾飞。通过发展普通教育和职业教育，尤其是中等教育，提高了人力资源素质；在积极引进外来专业人才的同时，通过再教育、再就业培训和就业辅导，提高了本地

---

① 范育斐编：《欢送戴麟趾爵士纪念册》，香港评论出版社 1971 年版。

人才资源的利用率。通过教育培训，香港社会既有技术水平较高的普通劳动大众，又有经验丰富、技术精良、善于经营的工商业家、科技人才和管理人才。他们多数有较高文化素养，又善于与外商共事合作，共同拓展香港的经济，是香港经济腾飞的重要因素之一。

随着经济的起飞，香港教育在 20 世纪 70—80 年代发展很快。1993 年，全港约有 120 万名学生接受全日制教育，约占总人口的 20%。这些学生在 1946 所各类学校就读，为他们授课的教师有 5.5 万名，另有大量辅助人员提供协助。①

香港学校教育的特点是：①推行九年强迫免费教育。港府为每一位适龄儿童提供小学至中三免费强迫教育。香港法律规定：在政府为每一位适龄学童提供学位条件下，每一位儿童的家长都承担其子女入学接受文化教育的义务。从 1971 年开始，港英当局实行小学全部免费教育。1978 年 9 月开始，又为所有小学毕业生提供初中学位，并在大部分官立及资助中学取消了初中各级的堂费及类似的费用，从而实现普及的初中教育。至此，儿童从小一到初中三年级的九年里，都可以分配到官方资助学校或私立"买位"学校就读。适龄儿童没有充足理由而不进学校读书，家长要负法律责任，甚至受到法律制裁。九年免费强迫教育，使香港社会教育普及率几乎达到 100%。有的学校还提供学童交通车及免费午餐的服务。②政府与社团合力办学。政府的财政预算把教育列为优先考虑的一个项目。教育经费自 1975—1990 年平均占财政预算的 16.4%，1993—1994 财政年度，教育经费占政府开支的 16%，达到 251.03 亿元。教育开支占香港本地生产总值比重平均为 3%，且逐年增加。教育经费开支的比例已接近甚至超过 80 年代的加拿大、英国、澳大利亚和瑞士等发达国家水平。港府还注意调动社团的办学积极性，因而各种教会、慈

---

① 张广芳：《香港社会福利保障制度探微》，载于《人口研究》1997 年第 3 期。

善机构以及同乡会、商会等都出资办学，与政府一起各自发挥作用。③构建多层次、多渠道的教育体系，使之符合香港社会的实际需要。按常规教育的阶段划分，有学前教育、小学教育、中学教育与专业教育。按学校种类划分，有幼稚园、小学、中学、大学、专科学院、工业学院、成人教育学校、特殊教育学校、国际学校等。按办学经费资源划分，有官立、津贴、私立"买"位和独立学校。④注意应用技术类教育和成人职业教育。为了适应工商界的要求，港府注意发展各种类型的工业技术教育，加强发展摩利臣山等8所工业学院，以培养技术员及技工。在政府夜学部等多个机构推动下，现每年香港有50万人报读各种成人职业技术教育课程，他们都得到政府的资助。

这些教育大大地提高了香港青壮年劳动者的文化水平和技术素质，保证了源源不断地向各部门、企业输送各类人才。更重要的是，作为贫富比较悬殊的社会，九年强迫义务教育以及成人职业教育培训，为每个投身社会竞争的青年人提供了一个发展事业的平等条件和机会，使他们专注个人事业的发展，强调机会的均等而不是分配的平均主义；他们要求合理的分配，但更接受能否可以获得更大的报酬，相信竞争是推动社会进步的力量；尽管资本主义经济制度有其不平等的地方，但经过教育平等的洗礼，他们还是接受这种竞争性的制度；他们注重社会的开放程度和流动的机会。在香港大多数青壮年思想意识中，社会的流动竞争本身比竞赛的结果更重要得多。这种强调机会平等和资本主义竞争观念，是长期平等教育制度观念普及的结果，对香港社会发展有很深的影响。

第三节　香港地区社会保障的制度管理

20世纪70年代初以来，由于香港社会经济的发展，港英当局为协调社会矛盾、保持社会稳定、为经济发展创造一个良好社会环境，比较注意借鉴西方国家实行社会福利政策的某些做法，逐步推行社会保障工作。一方面增加资金投入，促使社会保障内容多样化；另一方面加强有关社会保障的立法工作，建立健全职责分明而又相互制约的执行监督机制。此外，港英当局在不同时期对拓展社会保障工作都有一个长远规划及与此相适应的政策措施，对各项社会保障和社会服务工作作出明确而详细的规定，每年一度的财政报告中也把社会保障作为一个重要内容加以检讨。

在实践过程中，香港形成了健全的社会保障组织管理体制。即由香港立法局负责社会保障立法事务、社会福利署等职能机构负责实施、民间团体参与协调的完整的社会保障组织管理体制，这是香港社会保障制度高效率实施的重要保证。

一、香港社会保障的立法工作

香港立法局负责社会保障立法事务。为使各项社会保障工作能得以推广和实施，港英当局制订并逐步完善各项有关法律规例。从1965年发布第一个社会福利政策白皮书起，港英当局多次发布了社会福利和社会工作白皮书，制订了大量的有关改善服务条件和工业安全的法例，对各种社会保障和社会福利赔偿的要求、享受资格等皆作了比较科学和明确详细的规定，从法律上奠定了社会保障的基础。从而使各项社会保障逐步做到有法可依，依法办事，达到利用法律手段强化对社会保障工作进行管理和监督的目的。香港回归后，特区政府也非常重视立法工作，以使香港社会保障工作在法律的框架内有条不紊地施行。

二、香港社会保障的组织架构

香港社会保障与福利服务的组织架构是非常完整的，主要由社会福利署、非政府机构、香港社会服务联会及香港公益金等组织构成，并通过这些组织架构的群策群力，使香港的社会保障与福利服务得以获得飞速发展。

1. 社会福利署

香港社会福利署是负责策划、统筹和推行各项社会福利服务的政府部门，其前身是港英当局华民政务司署下属的社会局。在过去的40年中，它一直致力于拓展各类福利服务以满足公众不断发展的需求。1948年社会局成立之初，其主要工作是执行与福利有关的法定任务、推行公共援助、发展青年活动、执行保障妇孺的法例、救助贫苦人士以及与非营利机构进行联络合作等。在职能上，社会福利署总办事处下的社会保障科、各区的社会保障办事处以及社会保障上诉委员会为香港社会保障制度实施的主要管理机构。社会福利署负责整个社会保障事务的实施与管理，社会保障科负责执行各项社会保障计划，区社会保障办事处负责具体政策的实施。上诉委员会主要由非政府人员组成，负责处理有关综合社会保障援助、公共福利金（包括高龄津贴和伤残津贴）及交通意外伤亡援助的上诉事宜。同时，还有特别调查组等对社会保障进行稽核。社会福利署与该署下设的各个职能部门实行分区管理制，再根据需要设立联络员和工作员等。

如今，随着时代的发展和社会需要的增加，社会福利署的整体工作范畴也日趋多元化，所提供的服务由单一的补救性服务发展成为集补救性、预防性、发展性、支援性为一身。社会保障、家庭及儿童福利服务、青少年服务、康复服务、安老服务、社区发展以及对于违法者的服务等，已被列入福利署直接提供的服务范围。到了20世纪90年代，香港社会福利署辖下的办事处达50个左右，各种社会服务中心逾200个，充分发挥了社会服务的功能。

除了直接提供福利服务外，社会福利署还担负着为香港186家非政府机构提供财政支援,以及持续监督、评估各受资助的非政府机构服务实施情况的重任,以此来确保各非政府机构为香港民众提供优质的福利服务。

2. 非政府机构

在香港,非政府机构是指由非政府组织主办的机构,这些机构按照香港法律到有关政府部门内登记注册,同时在税务部门申请税务豁免,成为非营利机构。它们是独立的民间组织,拥有自己的资产,自行雇佣工作人员,自行解决一部分经费,另一部分则由政府资助。目前,非政府机构是香港福利服务的主要供给者。像儿童福利服务、残疾人福利服务以及综合性社区安全须知,几乎全部由它们承办实施。除社会保障开支外,受资助机构目前所获得的津贴资助约占香港社会福利及康复服务方面总开支的75%,而超过了25000人的机构雇员,更占了全港全部社会福利工作人员的80%。

3. 香港社会服务联会

香港社会服务联会成立于1947年,1949年进行了社团登记,1951年成为法定团体。联会通过与其下属的250多家会员机构保持联络,征询并反映它们的意见,代表它们向政府争取资源及支持,并与政府积极、密切合作,成为非政府机构和社会福利署之间沟通的重要桥梁。此外,它还同社会福利署一道,担负着检讨、监察及咨询各项福利服务发展的任务。

4. 香港公益金

香港公益金是于1968年11月8日成立的财政独立及管理自主的非政府机构,其宗旨是为香港社会福利机构筹集款项,以照顾社会中处境不幸的人士。其目标主要是通过多年的募捐筹款活动,把社会各方捐赠的善款集中起来,合理分配给香港的143所社会福利机构以资助其福利事业。同时,香港公益金也为老人、伤残人士、儿童、青少年、问题家庭、精神病康复者、释囚、垂危病人等提供

各类服务,让市民可以安居乐业。目前,它的工作主要有以下几项:

(1) **综合筹款**。香港公益金的筹集活动主要包括:百万行、万众同心公益金、商业及雇员募捐计划和其他一般性捐款。"百万行"是香港公益金众多筹款项目中历史最悠久的一项,广受香港市民的欢迎。自1971年首次举办以来,已经成功举办了超过150次的步行筹款活动,参与人数已超过280万人,筹得的善款总额已超过4.8亿港元。"万众同心公益金"是由香港公益金和电视广播有限公司举办的一年一度的电视筹款节目,大批演艺明星都出席晚会做慈善演出。"商业及雇员募捐计划"是公益金制度的一项主要筹款活动,主要是为工商业机构及雇员提供一个简单直接的捐款途径,具体的捐款方式有组织员工自愿筹款活动或从员工月薪中扣除定额作为捐款。同时,公益金还组织了公益慈善马拉松比赛、"十大劲歌金曲"的评选活动、收藏品公益拍卖等资金筹集活动。公益金由热心服务社会、见识广博的领袖进行领导管理,其账目受到严密的审核和监管,高度透明化。而且,香港公益金的行政费用是来自基金的投资收益和其他机构的赞助而不是基金本身,因此成为目前世界上少数能够将所有善款全数捐给受惠者的筹款组织之一。

(2) **辅助工作**。公益金是香港目前最主要的拨款组织,负责资助社会福利机构的各项经常开支。作为社会福利署直接资助服务供应者的辅助性组织,公益金主要是资助以试验形式营办的新型福利服务,或对政府资助的服务提供一些额外补贴。

(3) **共建爱心社会**。除了筹款之外,公益金还通过不断举办多种形式的活动,积极鼓励全港市民支持福利服务,启发并培养各界人士对社会福利的认识,促进政府"建设爱心社会"目标的达成。

5. 香港志愿组织

除了以上这些机构外,特别值得一提的还有香港的志愿组织。在香港,志愿活动历史悠久,参与人数众多。目前,香港的志愿者大约有 200 万, 占香港总人口的 10%, 他们为香港的繁荣发展作出了巨大的贡献。

香港开埠初期, 志愿工作人员主要来自于传教士和修女。他(她)们本着对宗教的执著信仰和关爱世人的善心, 为解决当时的贫穷问题, 承担起了社会救济和社会救助的工作。同时, 香港的一些社会贤达也本着中国传统乐善好施的精神, 志愿创办了一些慈善机构, 提供救助性的服务。如东华三院、保良局、儿童游乐场协会(即现在的香港游乐场协会)和儿童会(即现在的儿童群益会)等。这些机构成立初期, 均由创办人和积极人士志愿提供服务, 而且一开始就招聘受薪职员。1937 年, 香港救济联会(即现在的香港社会服务联会)成立, 肩负起了协调和推动志愿福利机构工作的责任。它们的创立带动了后期颇具规模的社会福利服务机构的出现。而一批热心推动及领导服务发展的志愿工作人员, 在此期间亦曾作出过重要贡献。

二战结束后, 中国内地的移民潮给香港带来了严重的住房、就业、教育等方面的问题。各区的社会组织本着互助精神成立了街坊福利会, 针对各区的特殊需要, 为区内居民义务提供援助, 这便是早期由基层发起、为应付地区性居民需要而设的民间志愿组织。1966—1967 年间, 青年人因对社会状况不满, 为发泄激进情绪而引起的两次大暴动, 直接加速了志愿工作在香港的发展。为使青少年过剩的精力得以发泄和培养他们对社会的成就感, 政府便积极发展青少年健康娱乐活动和服务, 如举办度假营和形式多样的暑期活动等。此类活动提供了大量的志愿工作机会, 通过鼓励青少年参与策划及推动工作, 并以建设性活动代替破坏性行为, 使当时青年志愿者的比例大大增加, 社会犯罪率大大降低, 志愿工作在稳定社会方面起到了一定的作用。

为探索香港志愿工作的发展方向, 1968 年, 香港社会服务联会成立了服务咨询委员会及其下属志愿者服务部。1970年,在社会福利署的资助下,一个专门负责发展志愿工作的独立性机构——志愿工作协会正式成立。其宗旨是为香港志愿者建立稳固的基础,在推广志愿工作协调和发展中发挥主要作用。自此,香港志愿组织开始较有系统地开展工作。1981年7月,"志愿工作协会"正式更名为"志愿工作发展局"(Agency for Volunteer Service)。本着以往的工作宗旨,全力发展及推动香港的志愿工作,鼓励各界人士积极参与,为建造爱心社会贡献力量。目前,由于公民教育水平提高和大众传媒的普及,志愿组织通过不同的渠道广泛传播服务信息。社会各界人士都积极加入志愿者行列。其服务范围从福利工作推展到了改善环境、医疗及文娱康体活动等方面。

三、香港社会保障的监督机制

香港社会保障的监管机构主要是社会福利署社会保障科辖下的特别调查组,以及社会保障上诉委员会。

特别调查组的主要任务是防止及调查欺诈或滥用社会保障福利。它由社会保障科统辖,下设诈骗案调查队、资料核对队和重点调查队。诈骗案调查队共有两队,负责对涉嫌欺诈的个案进行深入调查。资料核对队负责与其他政府部门及有关机构,包括入境事务处、库务署、惩教署、土地注册处、公司注册处、运输署、学生资助办事处、医院管理局、雇员再培训局及劳工处等进行资料核对,从而侦查滥用社会保障福利。重点调查队负责全面复检被抽查个案并进行素质检查,以确保资料完整、所批核金额准确和符合社会保障工作程序指引。

社会保障上诉委员会是一个独立组织,主要职能是受理个别人员因不满社会福利署就综合社会保障援助(综援)、公共福利金(即高龄津贴和伤残津贴),以及交通意外伤亡援助的申请资格和发放情况所作决定而提出的上诉。委员会的决定是最终的决定,且对其他个案不会构成先例。上诉人可对社会福利署署长就拒绝付款数额、开始付款日期、款项并非付给申请人本人等事项的决定提出上诉。

除了这几个固定的机构按照自己的职责行事外,社会福利署还向公众公布社会福利署以及社会保障办事处的电子邮件、电话等通信方式,以增强社会保障政策实施的透明度,加强公众的监督。因此,香港社会保障的监管是由政府主导和公众参与共同构成的。

四、香港社会保障的资金来源

1971年以前,香港社会保障只是一种食物救济,向老弱伤残者和贫困家庭派发食品和干粮等实物。自1971年4月港英政府全面推行公共援助计划后,援助形式由发放食物转变为支付现金。社会保障逐渐扩大服务项目,由初期单一的公共援助发展到今天包括向全无入息或低入息人士、家庭发放低额援助金、高龄津贴、伤残津贴、死亡补助金、暴力及执法伤亡赔偿、交通意外援助、紧急救济等内容的一揽子社会保障计划。那么,如此之多的社会保障和福利项目的资金从何而来呢?基本来自以下几个方面:

其一,公共援助由政府拨款。对于生活水平低于某一程度家庭收入的居民,给予适当援助,使之能够维持起码生活。当这些居民的家庭收入达到某一程度或者有其他资源能维持基本生活时,即终止有关援助。

其二,特别津贴。由政府拨款给予符合特定条件的社会人士,目的是使那些无自主能力及因失去工作能力而减少收入的人士,包括老弱病残、幼童孤寡等,获得有限度的津贴,解决生活需要。这类特别津贴的内容有:高龄津贴、伤残津贴、暴力及执法伤亡赔偿计划、交通意外伤亡援助计划。据有关方面统计,20世纪80年代以来,仅上述两项,政府每年为此支出约13—15亿港元,占政府总支出的 2.5%—3%，近两年又上升至 5%—6%。

其三，雇主责任。由政府立法负起赔偿责任，以保障雇员在受聘期间遇到某些事故时可获得经济赔偿。

其四，公积金。由雇主和雇员共同供款的社会保障形式。公积金交由有关机构统筹处理，在雇员退休或符合提取条件时取回存款的本息，以保障老年生活。公积金目前在香港是强制执行的。香港立法机关于1995年通过了《强制性公积金计划条例》，并于2000年底开始实施。强制性公积金（强积金）制度通过雇主和雇员共同供款，协助就业人士累积退休储蓄，以加强就业人士的退休保障。截至2009年6月底，已有超过240万名雇员及自雇人士和23万名雇主参加了强积金计划，而在强积金制度下累积的总资产已超过2590亿元。

其五，大量的、名目繁多的各种社会捐款。比如，香港有各种各样的基金会，每年都要举办各种各样的募捐活动。现有的363家志愿社会福利机构是活动主办和资金管理的主体，长期从事向社会募集资金并定期举办各类慈善活动。主要包括明星义演；徽章、纪念品或类似物件的义卖；逐户募捐，特别是在公屋区；在指定地点设置捐款收集箱；慈善义演及传奉献袋等。丰富多样的筹款活动受到了慈善机构、演艺界、新闻媒体、大公司以及数十万市民的积极参与。为了最大程度地从社会各界力量中汲取捐赠资金，募捐活动会在市民生活中的各个角落举行，同时也有利于公益意识的宣传。香港赛马、彩票业的捐款也是社会捐款的重要来源之一。当然，香港政府对所有这些社会捐款都进行了严格的审查，为这些福利团体、慈善机构在公共场所进行的慈善募捐活动制订了严格详尽的申请、管理、资金用途监督等法律法规，以保证善款能真正用到善处。

第四节 香港地区社会保障制度的特点与理念

一、香港社会保障制度的理念

每一种社会制度的实施都有一套理论体系和价值观念作为支撑，不同的国家和地区因此形成了具有不同特点的社会保障体系。香港由于其特殊的历史遭遇，长期接受了来自东西方文明的巨大影响，形成了具有香港特色的特殊的价值理念，这种价值理念反映在对于社会保障制度的态度上就是香港的社会保障理念。要想了解香港的社会保障制度，就不能忽视香港社会对于社会保障制度的特殊理念。那么，香港社会对于社会保障的理念究竟为何呢？

1. 信奉自立、自强的价值观

受中国传统文化影响，在香港人的意识中，普遍存在自立、自强、不依赖社会的观念。香港中文大学社会学系1988年的一项社会调查表明，当香港人在遇到生活困难时，其求助途径为：45.8%的人靠自己，33.3%的人找亲戚，13.2%的人寻朋友，仅有6.2%的人求助于政府有关部门。[①] 香港人自立、自强的价值观也在香港社会中形成了一种强大的舆论导向，即"反对综合社会保障援助金养懒汉"，鼓励市民自我照顾、相互照顾，而不盲目依赖社会保障制度。因此，几十年来申请综合社会保障援助金的人数很少，领取援助金的人更少。绝大多数香港市民甚至把享受综合保障援助金看做是"丢面子"的事，而是努力通过就业与再就业服务去摆脱对福利的依赖，实现个人的自力更生。

这种观念决定了香港社会福利与保障制度的社会环境，而这种

---

① 王继：《试论香港社会保障模式选择的客观基础》，载于《复旦学报》（社会科学版）1999年第5期。

制度环境又决定了香港政府在设计社会保障制度时，其主导思想是力求减少政府责任，加大个人的自我保障，鼓励其社会成员自立、自强以及扩大就业。《香港社会福利发展五年计划 1995 年检讨》就曾指出，香港福利计划的设计和发展，是建基于市民自强、自立、互助、慷慨、避免依赖福利等观念。2000 年 10 月 11 日，时任香港特区行政长官董建华向香港立法会作施政报告时，重申了政府的社会政策理念："我们将一如既往，坚决维护自由经济体制，坚持审慎理财和小政府方针"，"特区政府致力提供理想的环境，让每个香港市民都有机会通过自己的努力，实现人生目标。香港具有最公平的竞争机制，是向上流动性最强的社会之一"。他表示，特区政府的社会政策之一在于"对失业、低收入和其他弱势社群人士提供支援，并注意增强而不是削弱他们自力更生的意志"，"解决贫困问题的根本出路，在于一方面令经济持续发展，创造充分就业机会，另一方面通过教育等手段，不断提高人口素质"。① 2005 年 1 月 12 日，他在立法会发表题为《合力发展经济，共建和谐社会》的 2005 年施政报告中再次强调指出，香港特区政府的施政理念是，首先致力促进经济增长，创造更多就业机会。其次是通过教育和培训，让每个市民都有机会发挥所长，提升自己，摆脱贫困。同时，特区政府在公共房屋、医疗、教育和福利（包括综援计划）等方面投放资源，编织可靠的社会安全网，给有困难的市民提供基本生活保障。香港社会乃至政府的这种社会保障的理念，直接导致了香港的社会保障具有减少政府责任、加大个人自我保障的低失业、高就业的模式特征。

2. 量入而出的低供给原则

香港特区政府在保障社会成员基本生活的需要方面，态度是积极的。但香港特区政府一直认为，香港的社会保障制度建设应以保

---

① 《香港文汇报》，2000 年 10 月 12 日第 1 版。

障基本生活为主，不盲目追求高福利的目标，以免对经济发展造成沉重负担。同时香港特区政府还认为，社会保障是贫困救助的最后防线，强调保障的贫困救助作用，主张向不能自助者提供经济援助，建立避免弱势群体陷于贫困的社会保障体系，以满足其基本人类需要为目的。因此，从一开始，香港的社会保障体系就保持了一个低水平的保障水准，以社会保险为核心的社会保障制度安排，在香港发展十分有限，而社会救助制度则发挥了重要作用。同时特区政府通过就业与再就业服务支持受助人员自力更生，这样可以减少政府支出。

3. 多元主义理念

香港的多元文化造就了政府、社会、家庭与个人责任相结合的多元主义社会保障理念。多元主义理念融政府主导与民间参与、政府调控与市场机制、政府责任与家庭、个人责任为一体，倡导人们自力更生地去改善生活状况，主张政府有限介入和创建高效灵活而非集中统管的社会保障系统。

4. 非全民性的重点保障理念

香港的社会保障主要面向部分社会成员，而不是现代社会保障制度通常面向的全体社会成员。本来，单就香港的经济发展水平和财政收入以及居民收入来看，香港社会是足以支撑一项面向全民的社会保障体系的。然而，香港特区政府认为，香港的社会保障应该保证有需要的人的最基本的生活需要，也就是帮助社会上需要经济或物质援助的社会成员，应付基本及特别的生活需要。这种理念导致在实践中，香港政府在实施社会保障和社会福利时不撒胡椒面，搞平均主义，而是重点面向收入较低的社会成员这一特殊群体。

5. 重视家庭在社会保障中的作用

尽管香港社会保障理念受西方社会保障理念的影响至深，但占主导地位的仍然是中国传统的社会福利观，而中国传统社会福利观则是建立在肯定个人、家庭道德责任的基础上的。正是在中国传统社会福利观的影响下，香港的社会保障制度特别重视扶持家庭。香港特区政府对家庭保障给予了高度关注，"我们的社会一向重视家庭。在融洽的家庭中，家人互相照顾和关怀，这种关系是难以取代的。"① 香港特区政府规定了向提供家庭经济资助、住屋、职业、医疗、照顾老人、教育儿童等项社会服务内容，并在综合社会保障援助计划中专门设立了家庭津贴项目，特区政府每年动用约17亿元提供家庭福利服务。可以说，在传统福利观的影响下，家庭保障已经成为香港社会保障的重要基础。

二、香港社会保障制度的特点

由上述社会保障理念所决定，香港的社会保障制度有着与众不同的特色。它既不同于北欧福利国家"从摇篮到坟墓"的高福利模式，也不同于以新加坡"中央公积金"为代表的东南亚国家社会保障模式。其特点主要表现在以下几方面：

1. 采取低标准、低水平和窄覆盖的社会保障模式

香港社会保障模式的标准与水平都是比较低的。当20世纪70年代香港社会保障制度建立时，社会保障开支仅占财政开支的1.5%。经过80年代的发展，也仅上升到财政开支的5%左右。又经过90年代的大发展，才上升到1996—1997年度财政开支的8.4%。而同一时期，世界发达国家和地区的社会保障开支在本国（本地区）财政开支中所占的比例早已超过30%，如英国为32.5%、美国为31.7%。就连一些中等收入国家的社会保障开支也占到财政开支的20%左右。香港的社会保障水平仅相当于一些低收入国家和地区的

---

① 任春雷、朱琳琳：《略论香港社会保障理念的选择及其启示》，载于《经济论坛》2004年第17期。

标准。① 特区政府成立后，香港的这种保障模式也未起根本的变化。有数据显示，2001年，香港社会保障开支占财政开支的比例也不过区区的10.5%。

香港的社会保障除了标准低和水平低外，其覆盖范围也很有限，只面向收入较低的市民。以香港综援计划受助个案为例，即便到2001年时，该计划受助个案数目也仅为242000宗，只相当于香港总人口数的3.6%。正如香港学者周永新所说："香港福利设施只为最需要的市民而设，所以香港的社会保障制度只有最穷、年老和严重伤残人士才可受惠。"②

2. 官助民办，官民合作办福利

香港社会福利保障制度的一个最大特点，也是优点，就是官助民办，民间志愿机构作用巨大。如前所述，香港的社会保障事业，最早是民间自发办起来的，然后政府因应情势，逐步建立起政府拨款资助民间志愿机构的方式进行。在香港，由非政府机构承包的福利服务涵盖全港社会福利服务的近九成。这些服务涉及市民生活的每一层面，服务对象从老年、中年、青年至孩童，从妇女、残障到康复人士，极其广泛。这种福利服务的运行模式是"官民合作、官管民营"，政府起到主导作用。为保证这种模式的正常运作，香港政府向民间志愿机构提供足够的资金支持。随着经济的发展，香港政府财力丰厚。自90年代以来，民间志愿机构每年80%的费用来自政府资助。1997年香港回归后，特区政府加大和改善了对民间组织的资助。自2001年起，香港社会福利署开始实施"一笔过"拨款政策，取代了以前实报实销的津贴方法，避免了一些浪费行为。目前，

---

① 王继：《试论香港社会保障模式选择的客观基础》，载于《复旦学报》（社会科学版）1999年第5期。

② 曹云华：《香港的社会保障制度》，载于《社会学研究》1996年第6期。

香港共有 360 多个非政府民间志愿机构及 3400 多个具体福利服务单位，为香港提供约 90% 的社会福利服务，受惠的人约 5656 万。这些机构的资金筹集除了少量来自服务收费和募捐外，大部分来自通过社会化渠道筹集得到的社保基金，由政府统一拨款，并不断增加。据统计，香港特区政府对社会福利的经常性政府开支的拨款总额由 1997—1998 年度的约 200 亿港元，增加至 2007—2008 年度的 340 亿港元。与此同时，自 1997 年回归至今，社会福利署给予非政府慈善机构的资助也由约 45 亿港元增加至约 68 亿港元。①

可以说，香港政府在全世界率先创造出政府出资、以招标方式请慈善和非营利性机构操作社会保障项目的模式，形成了独具特色的香港社会保障制度。香港的社会保障制度这个不同于西方福利国家的重要特征不仅保障了对弱势群体的货币福利，而且能够提供具有较高质量的福利服务。因为民营的福利机构之间存在比较与竞争，能够克服官办福利的效率低、服务差的弊端。香港这种"民营化"社会保障与福利模式，带来了福利服务水平的大幅提高。在家庭及儿童服务、青少年服务、安老服务、康复及医务社会服务、违法者服务、社区服务等方面取得了明显进展。

3. 重视社会保障立法与监管，以法律为后盾保障社会保障制度有条不紊地实施

中国香港是个法治社会，注意有关社会保障的法律完善工作。虽然政府没有出台专门的社会保障法，但政府却对每个社会保障项目制订了非常细致严密的法律法规，这些法律法规对社会保障事业运作的各方面都作了详尽严密的规定。各相关机构还根据这些法规条例制定实施细则，使操作过程细化，便于操作，不易引起歧义与纠纷，实现了有法可依。不仅如此，香港社会保障制度的执法也非

---

① 鲁波：《香港社会保障资金筹集社会化问题研究》（武汉科技大学硕士学位论文）。

常严格。另外,香港社会对于社会保障的监管也是非常有力的,监管的主体由政府、许可的管理机构、民众组成,其内容有以下几方面:首先,是对社会保障资金分配是否公平、公开的监管。社会福利署会定期把社会保障资金的运营和分配具体数据公布在公共网站上供公众了解和监督,同时也充分利用报纸、电视等传媒给予及时报道。其次,对那些投资社会保障资金的私营企业机构给予资格监管和利润监管。资格监管的实质是对准入公司的数量限制,具体包括注册、资源合理分配、限制进场、服务分类、行为监管、专营费收益与税收监管等,确保了社会保障资金投资的安全和增殖。另外,政府还设置了面向全社会的投诉机制,设立了社会保障上诉委员会和特别调查组等机构。并规定,凡是对综合社会保障援助、社会福利金、交通意外伤亡援助等项目有所不满的人士、发现欺诈滥用社会保障福利的人士都可提出上诉。

经过多年努力,目前香港社会保障制度已经有了比较完备的法律法规。这就使各项社会保障逐步做到有法可依,依法办事,达到利用法律手段强化对社会保障工作进行管理和监督的目的。

4. 社会保障日趋多元化和社会化

香港社会保障工作不仅是政府的职责,而且也日益引起社会各界的重视和参与。各种不同政治派别和社会团体、各社区发展机构、各种宗教教会组织都热心支持和积极参与,形成了既有官办又有民办,既有商业性又有非牟利性,既有私人机构又有志愿组织介入的多形式、多层次、多渠道的社会服务网络。在服务对象上,也从幼婴儿童扩展到青少年、老人、妇女等。服务项目和内容也从救济、津贴到青少年康乐、老人服务、法律指导以及教育、娱乐等。通过多元化的、综合性的服务,使那些需要得到帮助的对象享受到政府的社会福利救济。据统计,早在回归以前,香港从事社会保障服务的社会团体就已经发展到200多家。其中,包括香港社会服务联会和社会福利署资助机构在内的各种老人服务机构就有170个,遍布港岛、九龙和新界的各个地区。它们开展各种形式的设施服务,成为港英当局开展社会保障服务的得力助手。

5. 社会保障和社会服务高度专业化

香港的社会服务和社区服务主要依靠专业的社会工作者去操作。其专业化的主要标志是:首先,香港政府大力发展高等教育,在高校中普遍设立了与社会保障相关的专业及课程。这些课程的内容及训练水平与欧美国家相若,使香港的受训社会工作人员的专业资格可与其他国家和地区互相承认。香港的大学社会工作教育既包括正规的学历文凭教育,又包括各种生动活泼、很受社工欢迎的非正规非文凭教育。① 高校每年为香港的各社会福利服务机构提供高水平的专业人才,因而促使香港社会保障制度的专业化程度越来越高,形成了一种良性循环。其次,在香港从事社会保障工作已是一种专业化很强的职业,社会保障工作者有着较优厚的待遇,而从事社会保障工作的人员几乎是大学相关专业毕业的,这就保证了香港的福利服务体系专业性。

6. 重视家庭在社会保障中的作用

决定香港社会保障的一个基本观念是中国传统的社会福利观,即充分肯定个人、家庭在社会保障问题上的道德责任。香港社会保障中特别重视扶持家庭,甚至把家庭看做是社会保障的最基本单位。在《香港社会福利发展五年计划1995年检讨》中,把家庭福利服务的整体目标确定为,"保存家庭作为一个单位并加以巩固,发展人与人之间的融洽关系,使每个人和他的家人可以避免发生个人或家庭的问题,或当问题发生时可以应付,并解决家庭本身不能满足的需要。"为此,还规定了提供家庭经济资助、住屋、职业、医疗、照顾

---

① 张著名:《香港社会工作的内容、特点及启示》,载于《福建省社会主义学院学报》2001年第2期。

老人、教育儿童等 14 项服务内容。并且在综合社会保障援助计划中，专门设立了家庭津贴项目。政府每年为支持家庭所投入的经费，在社会保障总支出中高达 60% 左右。长期以来，家庭保障成为香港社会保障的重要基础。以养老为例，在现有近 89 万 60 岁以上的老人中，仍在家庭养老的占 86%，独居者占 11%，入住安老院者仅有 3%。[①]

7. 尊重受援助者的尊严和隐私

港英当局将受援助人称为"顾客"，社会保障办事处工作人员则为服务员，需要达到"顾客"满意才算做好工作。另外，把救助金直接汇到被救助人的银行账户上，同时能够保证资金不被挪用截留。

8. 社会保障服务的高质量和快捷性

为保证社会救助计划的实现，社会福利署在全港 19 个地区设立了 33 个办事处，受理救助申请，并公布了整套工作程序。为保障被救助人的权益，还设立了由民间人士组成的上诉委员会。其工作方法基本上达到了现代化、高效率和公开化。政府每年依通胀率调整一次救助标准，并每隔一定的年限对社会救助计划进行一次全面的检讨，以增加现行救助计划的科学性和实用性。香港政府是循着论证—计划—实施—检讨—再计划—再实施这样的工作思路进行社会救助工作的。目前，综合社会保障援助工作已全部采用电脑处理，全港联网。通过微机处理，可对申请援助人的财产、收入等情况进行登记查核。发放救济款的处理时间由过去的平均 10 个工作日，缩短到 6 个工作日，工作效率大为提高。社会福利署除了制作宣传册、录影、录音带外，还设置了热线电话，全天 24 小时提供电话录音服务、讲解社会保障计划的申请资格及手续，让前来办理社会保障事务的人更了解其工作程序，并规定工作人员有义务协助申请人填写

---

① 王继：《试论香港社会保障模式选择的客观基础》，载于《复旦学报》（社会科学版）1999 年第 5 期。

申请。这就保证了香港社会保障服务的高质量和快捷性。

第五节　对中国内地的借鉴意义

长期以来,香港的社会保障和社会福利政策取得了巨大的成效,但也有一些教训。作为深受西方文化影响,又始终坚守中国传统文化的香港地区,其在社会保障和社会福利制度建设方面的这些经验教训,无疑对于中国内地的社会保障制度建设具有重要的借鉴意义。简而言之,有以下几点:

一、要树立适应中国文化传统和社会现实的社会保障理念

什么样的理念产生什么样的制度,而什么样的制度又会导致什么样的效果。根据中国香港地区的实践,中国内地的社会保障和社会福利的理念应该兼收东西方社会保障理念之长,而避其所短。在社会保障理念上既不可以对西方的理念照单全收,也不可固守传统理念,而是兼收并蓄。总的来说,既要重视西方社会保障的社会性和多元化,也要重视中国传统社会的家庭伦理观、自力更生意识以及"老吾老以及人之老,幼吾幼以及人之幼"、"一方有难,八方支援"等思想。

二、加强法制建设,严格执法,严格监督

客观上讲,这些年来,我国在社会保障制度的立法方面是取得了一定成绩的。比如,目前全国人大常委会已审议通过了《劳动合同法》、《就业促进法》和《劳动争议调解仲裁法》,国务院还颁布了《残疾人就业条例》和《职工带薪年休假条例》。到2007年末,全国共有劳动保障监察机构3271个,劳动保障监察机构组建率为94.2%,各级劳动保障部门配备劳动保障专职监察员2.2万人。与

此同时，各省市自治区还制订了不少有关社会保障和社会福利的地方性法规和条例。但我们也不得不承认，目前我国的社会保障立法尚处于较低层次，大多是作为政府的行政法规或部门规章颁布的，或以政府政策的形式出现，不具备国家法律的形态，其刚性和约束力较弱。而且不少法规缺少细则规定，可操作性差。中国正面临着建立全国统一、完善、规范的社会保障制度体系的迫切任务，因此，国家需要加快出台社会保障的专门法律，用更高级别、更全面系统的法律法规来完善整个社会保障体系的资金收集和运行，让社会保障这个关系民生的重大问题在实施过程中也能做到有法可依。这里尤其要注意的是，要建立、健全并不断完善社会保障与社会福利的立法监督机制，防止社会保障和社会福利过程中的腐败行为。

三、必须坚持社会保障和社会福利的公平正义原则

由于我国人口众多、地区差异极大，而且目前又存在着严重的贫富不均、两极分化。因此，社会保障和社会福利的公平正义性尤其值得关注。要注意通过社会保障和社会福利给最需要的人提供最起码的生存和生活条件，要通过社会保障体系加大对于公平正义的保护。特别要注意的是，不要通过不公正的社会保障和社会福利政策加大社会生活中已经存在的严重的收入分配不公和贫富不均。社会保障和社会福利应该向弱势群体倾斜而不是相反，更不是向公务员等特殊群体倾斜。

四、加大媒体和舆论的宣传力度，提高公众慈善公益意识

在香港，之所以有那么多人积极参与慈善公益活动，是与香港媒体的大力宣传分不开。近年来，中国媒体逐步加大了对于社会慈善公益活动的报道。特别是互联网的普及，使越来越多的热爱社会公益事业的人士可以利用网络来聚集力量，伸张正义，扶贫济困。

从早年的"希望工程"到近年来对于严重自然灾害的救助,都与媒体的大力宣传分不开的。其实,我们必须充分认识到媒体对于社会保障制度的作用。我们应该明白,通过媒体,社会大众既可以对政府社保资金筹集管理进行适时监督,使得政府的各项社会保障政策实施透明化、民主化,又可以通过媒体对于各类慈善活动、公益活动的及时宣传报道,让慈善公益意识深入人心,从而进一步促进社会保障的社会化与多元化。

五、立足国情,量力而行

目前,中国仍然是一个发展中的社会主义国家。作为一个社会主义国家,我们更应该对社会大众的疾苦给予充分的人道关怀;但作为一个发展中国家,中国社会保障注定不能脱离国情一味追求"从摇篮到坟墓"的模式,不能强制推行西方社会保险计划。否则,将严重影响中国的发展,而中国的发展如果受到严重影响,则最终也必然会使社会保障体系土崩瓦解。所以,中国目前只能建立一个符合中国经济发展水平的、量入而出的渐进式社会保障体系。

六、大力建设一支高素质的社会保障队伍,提高社会保障和社会福利的专业化水平

根据香港地区的经验,我们应该建立一个体制完备、管理规范、队伍专业的社会保障体系。目前,尤其要注意对于社会保障从业人员的专业素质培养。毋庸讳言,当前我国社会保障经办机构人员不仅文化素质较低,而且缺乏依法行政和服务意识。要切实保障人民的根本利益,就需要不断地提高这支队伍的专业素养。应在大专院校中更多地开设社会保障专业,培养专门人才,为持续发展社会保障及福利服务事业提供专业人员基础。应举办各种类型的专业保障人员培训班,提升业余参与福利服务的志愿者们的服务水平。此外,

为提高社会保障与福利服务的专业化水平，应逐步开展社会保障及福利服务方面的教育和资格认证制度。

七、重视家庭的社会保障功能，鼓励自力更生精神

中国文化博大精深，一向重视家庭的作用，所谓"积谷防饥，养儿防老"，"老吾老以及人之老，幼吾幼以及人之幼"，"一方有难，八方支援"等中国传统的社会保障理念在今天的中国社会并未失去其一定的积极意义。因此，我们在建立和完善中国社会保障体系的同时，一定不能丢掉家庭保障与自强自立的优良传统。我们的社会保障政策应当考虑将国家、家庭和个人三者有机地结合起来，鼓励亲友互助、邻里互助、集体互助等优良风尚，甚至可以考虑对家庭的社会保障予以必要的资助，并在社会上大力倡导和鼓励自力更生、自立自强等精神和行为。

八、提倡社会保障和社会福利多元化

要大力鼓励民间组织、企事业单位从事社会福利服务工作。政府除了承担在社会保障和社会福利体系应该承担的责任外，还应发挥民间组织和企业在社会保障中的作用。政府可以通过政策制定、从业资格审查、审批，对民间组织和企业介入社会保障与社会福利事业进行必要的管理、监督和培训等工作。总之，我们应该在完善、健全政府社会保障作用的同时，创造条件推动社会保障的多元化，推进民间组织和社会成员之间的社会互助，形成以政府为主导、以非政府力量为补充、官民结合的社会保障和社会服务体系。

九、广开财路，支持社会保障资金筹集的社会化

除了政府的财政拨款外，大力支持民间社会性筹资，多方筹集社会保障和社会福利资金。首先，要大力发展民间筹资，补充社会

保障基金账户。如发行社会保障彩票、建立社会保障捐赠基金等。其次，鼓励民间企业及个人建立慈善基金。再次，鼓励机关、单位和个人为社会保障和社会福利捐款、捐物。对社会捐款进行法律和制度的规范，既要对发动捐款的部门和机构进行规范，也要对捐款人进行规范。特别是目前中国社会存在着不少沽名钓誉之辈，认捐之后却不履行承诺。拒不兑现认捐承诺者要通过法律加以管理。

特别值得提出的是，在大力支持社会保障和社会福利资金的社会化的同时，要加强对于社会筹集资金的管理和监督，做到"公平、公正、公开"。根据香港地区在这方面的经验，要建立强有力的政府和非政府两方面的监督管理机构，制订严密而严格的监管法律和措施。其目的是要让社会所有公民都能看清楚自己的养命钱到底怎么花了，要使所有不满意政府福利分配的公民都可以通过专门的投诉部门维护自身的权益，更要使整个社会可以通过各种方式，对于社会保障资金管理和运营过程中的腐败行为进行强有力的监督和揭露。

第五章　中国台湾地区社会福利制度

"社会福利"是现代社会广泛使用的一个概念,在使用这个概念时,不同的国家和地区由于各自的历史传统和社会民情存在差异,其所指涉的内容并不完全一致。因此,研究某个国家或地区的社会福利,必须要从该国家或地区的实际情况出发,从它们自身的角度去理解它们所赋予"社会福利"的含义和范围。

第一节　台湾地区社会福利制度的概况

大体上来说,中国大陆一般使用"社会保障"这个词汇,而台湾地区使用的是"社会福利"一词。尽管名称不同,但两者所指涉的内容基本一致。具体来讲,在大陆学界中,"社会福利"与社会救济、社会保险等是并列的,同为"社会保障"所囊括。大陆学者一般将社会保障划分为三个层次,即最低社会保障——社会救助,基本保障——社会保险,最高保障——社会福利。[1] 而在台湾地区,"社会福利"与社会救济、社会保险等并不是并列关系,而是包含关系,前者包含后者。也就是说,大陆使用的"社会福利"是狭义的社会福利,而台湾地区使用的"社会福利"是广义的社会福利。

---

[1] 侯文若主编:《社会保障实务大全》,新华出版社1994年版。

一、台湾地区社会福利的含义与范围

1983年12月1日,台湾当局"行政院"召开了第1861次院会。根据当时的院长指示,"行政院研究发展考核委员会"组织人力对台湾社会福利进行了研究并提交了研究报告,即《我国社会福利定义与范围之研究》,该研究报告于1990年出版。报告参考了台湾地区的"法律"、传统仁爱思想、历年的相关政策及有关法规,并吸收了提交给"行政院研究发展考核委员会"的37本研究报告的精华,在经过200多人讨论的基础上,六度修改后而成。该研究报告认为,台湾社会福利"系以传统文化之仁爱思想及民生主义思想为基础,针对社会现实及未来变迁,并配合社会资源之运用,所推行的各种政策与措施;其目的在于预防、减轻或解决社会问题,进而增进个人、家庭、团体及社区的福祉,以提升民众生活品质,并促进'国家'建设的整体发展"。① 由此可见,从思想来源上看,台湾地区社会福利的思想来源主要有两方面:中国传统文化中的"仁爱"思想和孙中山先生"三民主义"之一的"民生主义"思想。从内涵上看,台湾社会福利包括台湾当局所制定的各项政策与措施;从目的上看,台湾社会福利是要增进台湾人民的福祉,促进台湾地区的发展。

除了明确界定台湾地区社会福利的含义之外,该研究报告还按照需要层次对台湾地区社会福利的范围进行了界定,提出它包括三大层次,即"(一)基本生活需要层次,计有社会保险、卫生保健、福利服务、社会救助、'国民'就业与'国民'住宅等六项;(二)小区生活需要层次,计有小区发展、社会教育两项;(三)环境质量及精神生活需要层次,包括环境质量维护、'国民'休闲及文化生活

---

① "行政院研究发展考核委员会"编印:《我国社会福利定义与范围之研究》,台北:"行政院研究发展考核委员会"1990年版,第20页。

两项。"① 第一个层次的目的是要解决"国民"基本生活需要问题，第二个层次的目的是要促进社会和谐，第三个层次则是为了提高环境质量和"国民"的精神生活。从这份研究报告所界定的范围来看，台湾地区的社会福利包括的内容非常广泛，其中既有目前正在进行的项目，也有未来需要发展的项目。与其说这是界定台湾地区社会福利的范围，不如说这是在制定台湾地区社会福利长远的发展规划。而根据"内政部"的资料，台湾当局大力推展的社会福利主要是社会救助、人民团体辅导与社会活动、志愿服务、社会役、社会福利慈善事业基金会、小区发展、儿童福利、少年福利、妇女福利、身心障碍者福利、老人福利、社会保险、合作事业、性侵害及家庭暴力防治。② 后来，"台湾宪法"增修条文第十条第八项对台湾地区的社会福利范围进行了明确的规定。根据这项条款，台湾地区的社会福利范围是指社会保险、社会救助、福利服务、"国民"就业及医疗保健等五项，这也是目前台湾地区列在社会福利预算里的五项。③ 下面主要对这五项进行介绍和分析。

1. 社会保险

社会保险是一个国家或地区社会福利制度的主体，也是该国家或地区社会安全制度中重要的一环，在保障社会成员的基本生活方面起主要作用。目前，台湾地区的社会保险体系分为几大类：一类是按职业来划分的、各自分立的职业类型保险。1995年以前，台湾地区的社会保险是根据参保人的职业类别来划分的，当时分为劳保、公保和农保。劳保是指劳工保险，参保人主要是台湾雇员，保险资

---

① 《我国社会福利定义与范围之研究》，台北："行政院研究发展考核委员会"1990年版，第1页。
② 台湾"内政部"编印：《中华民国内政部社会福利简介》，2003年版。
③ 林万亿：《台湾全志·卷九：社会志·社会福利篇》，台北："国史馆"台湾文献馆2006年版，第34页。

金来源于雇员缴纳的保险费和雇主为雇员缴纳的保险费;公保是指公务人员保险及其相关各种保险,参保人是台湾公教人员、军人及其眷属,保险资金来源于参保人缴纳的保险费和"政府"、学校为各自负责的参保人负担的保险费;农保是指台湾农民健康保险,参保人主要是台湾农民和渔民,保险资金来源于农民、渔民缴纳的保险费和"政府"为农民、渔民承担的保险费。其中,劳工保险和农民健康保险的给付方式既有现金给付的形式,也有医疗给付的形式;而公保体系中只有公务人员、退休人员、私立学校教职员才可以同时享受两种给付方式,对其他参保人只提供医疗给付。① 以上三种保险原来都具有健康保险的功能,但1995年台湾当局实施《全民健康保险法》以后,全民健康保险对社会保险体系进行了整合,将公保、劳保和农保的医疗给付分立出来发展成为单一的健康保险体系并强制投保,使台湾地区所有民众在同一体系内享有同样的给付。全民健康保险由台湾当局"行政院卫生署"主管,由"卫生署"下设的"中央健康保险局"统一经营。这形成了社会保险的第二种类型,即健康医疗保险。社会保险的第三种类型是近年来出现的年金制度。2008年10月1日,台湾地区开始施行《国民年金法》。"国民"年金制度的目的是为了确保那些未能在相关社会保险中获得足够保障的"国民"在年老时以及发生身心障碍时的基本经济安全,并确保其遗属的生活的稳定,而那些已经参加劳保、公保和农保的民众不包括在"国民"年金之内。2009年1月1日起,劳工保险年金制度也开始实施,台湾地区正式进入全民都有保险年金保障的新时代。年金制度确保了每一位公民在年满65岁以后能拥有最基础的生活

---

① 乔宗铭:《台湾和新加坡社会保障制度比较》,载于《当代亚太》1995年第3期,第30页。

保障。①

在台湾地区，社会保险没有统一的主管部门，不同的保险体系有不同的主管机关，如全民健康保险的主管机关是"行政院卫生署"，劳工保险的主管机关是"行政院劳工委员会"，公教人员保险的主管机关是"行政院铨叙部"，军人保险的主管机关是"行政院国防部"，农民保险的主管机关是"行政院内政部"。② 目前，台湾地区在尝试为社会保险规划统一的行政组织体系，以改变"多头马车"的现象，节约行政成本，提高行政效率。

2. 社会救助

在台湾地区，社会救助主要是处理贫穷的问题。例如，低收入户问题一直困扰着台湾当局，而这些弱势群体正是社会救助所要帮助的对象。1980年，台湾当局颁布了《社会救助法》，使社会救助政策有了明确的法律依据和指导。根据《社会救助法》的规定，台湾地区的社会救助秉持"主动关怀、尊重需求、协助自立"③ 的原则，并结合民间慈善公益资源，办理各项社会救助措施，目的是要确实保障台湾地区民众的基本生活水平。

目前台湾地区的社会救助又可详细划分为生活扶助、医疗补助、急难救助、灾害救助、低收入户精神病患收容治疗以及流浪人员收容辅导制度。

（1）**生活扶助**。包括家庭生活补助、就学生活补助、以工代赈补助、子女教育补助以及节日慰问等。

（2）**医疗补助**。包括保险费补助、部分负担费用补助、全民健康保险给付没有涵盖的医疗费用补助。

---

① 詹火生：《国民年金周年之回顾与展望》，载于台湾"国家政策研究基金会"2010年《国政研究报告》。
② 《中华民国内政部社会福利简介》，2003年版，第30页。
③ 同上，第7页。

(3) **急难救助**。"凡户内人口死亡无力殓葬、遭受意外伤害或负家计主要责任者罹患重病、失业、失踪、入营服役、入狱服刑、或其他原因,致生活陷于困境者,得检同有关证明,向当地主管机关申请急难救助。流落外地,缺乏车资返乡者,得申请当地主管机关酌予救助。死亡而无遗属与遗产者,应由当地乡(镇市区)公所办理殓葬。"①

(4) **灾害救助**。包括死亡救助、失踪救助、重伤救助、安迁救助及其他救助。

(5) **低收入户精神病患收容治疗**。全民健康保险实施后,由病患持健康保险卡前往精神医疗机构诊治。台湾"小康计划"委托收治的病患,"行政部"会继续委托收治。②

(6) **流浪人员收容辅导制度**。对于流浪人员,首推是让其回归家庭,无家可归者予以收容安置,辅导其自立。对于不愿被收容者,气温在10℃以下时,由公立机构或者私营机构提供热食保暖服务。③

3. 福利服务

福利服务主要是针对不同的人群提供相关的福利服务措施,如儿童福利、青少年福利、身心障碍福利、老人福利等。④

随着台湾地区社会多元化的发展,社会暴力、家庭解组、酗酒吸毒等已经严重影响到社会中的弱势群体——儿童的发展。为了有效地保护儿童,台湾各地区县市都设置了"儿童保护专线",接受个案举报和咨询。另外,还邀请社政、医疗、教育、司法、传媒、企业等不同领域的人员组成"儿童保护委员会",帮助推动受虐儿童的

---

① 《中华民国内政部社会福利简介》,2003年版,第7页。
② 同上,第8页。
③ 向运华:《台港澳地区社会福利体系研究》,社会科学文献出版社2010年版,第28页。
④ 江玉龙:《台湾社会福利发展的课题及其展望》,载于台湾:《台湾文献》2000年6月第51卷第2期,第227—229页。

保护服务。从 1988 年起,台湾当局委托中华儿童福利基金会提供儿童保护服务。1995 年台湾当局颁布《儿童及少年性交易防治条例》后,中华儿童福利基金会除了继续关心和协助身心受虐的少年外,又根据该条例在五个县市设置了关怀中心与紧急收容中心。

根据联合国设定的标准,台湾地区已经步入老龄化社会。为了照顾老人,台湾当局"行政院"通过并实施了"加强老人安养服务方案",主要措施有:建立老人保护网络体系、居家服务与家庭支持、机构安养与疗养、医疗保障、休闲娱乐等。

截止到 2007 年 6 月底,台湾地区共有 100.0729 万人领取了身心残障手册,身心残障者占总人口的比例已达 4.4%。① 为了照顾身心残障同胞,台湾当局在医疗服务、生活照护、就学、就业及无障碍环境等方面都做了努力。

4. "国民"就业

20 世纪 90 年代中期以来,台湾地区的失业率持续上升,失业问题已经成为影响台湾地区社会稳定的重要问题。对此,台湾当局于 2001 年颁布《就业保险法》,从而为失业者提供了制度化的社会保障。

《就业保险法》明确规定了就业保险的投保对象和投保单位。该法规定:除特殊规定外,年满 15 岁以上、60 岁以下,受雇之台湾籍劳工,必须以其雇主或所属机构为投保单位参加本保险,受雇于两个以上雇主者必须择一参加本保险。

在给付方式上,《就业保险法》中规定提供四种方式的给付:失业给付、提早就业奖励津贴、职业训练生活津贴和失业之被保险人其全民健康保险保险费补助。其中,失业给付领取要求被保险人于非自愿离职办理退保当日前 3 年内,保险缴付和积满一年以上,具

---

① 参见《马萧社会福利政策:远离贫穷 投资未来 健康心灵 祥和社会》,http://www.npf.org.tw/post/11/4126。

有工作能力和继续工作意愿,已向公立就业服务机构办理求职登记,自登记日起 14 日内仍无法取得就业或安排职业训练。此外,对于新接收的工作工资低于离职退保前 6 个月平均投保薪资 60% 者,新工作的工作地点距离日常居住地 30 公里以上者,以及以伤病治疗持有证明而无法参加职业培训者和因参加职业培训需变更住所者仍可以申请领取失业给付。

此外,《就业保险法》还对未能依法保险的相关企业、机构和就业者规定了具体的处罚条例,以保证失业保障的覆盖率。①

5. 医疗保健

目前,台湾地区的医疗保健系统主要是 1995 年《全民健康保险法》实施以后所形成的全民健保制度。现行全民健保制度的目标是健全医疗体系,提升服务品质,建构全民医疗保障网。

全民健康保险属于强制性的社会保险,提供全民平等的就医权益。该法规定,凡具有"中华民国国籍",且在台湾地区设有户籍满 4 个月以上的民众,都必须依法参加全民健保,成为全民健保的保险对象。而领有台湾地区居留证件之"非本国籍人士",在台湾地区居留满 4 个月,也应依法参加健保。

全民健保的被保险人根据其就业身份与所属投保单位分为六类:第一类是公营和民营事业机构职工、自营作业者或雇主、公务或公职人员、私立学校教职员。其余的几类分别为:职业工人及外雇船员、农民或渔民、军人眷属、低收入户、荣民及荣眷。以上类别中有所得收入的人应当通过所属单位进行投保,没有工作的人可以通过乡(镇、市、区)公所投保,其家属依附于被保险人办理投保。具有被保险人身份者,不得以家属身份参保。

除了根据职业进行划分以外,全民健保制度还根据人口群的不

---

① 张颖、范思凯:《台湾社会保障制度改革及评价》,载于《辽宁行政学院学报》2003 年第 6 期,第 83—85 页。

同进行了细分。如对于 6 岁以上的保险对象,"健保局"① 发给"全民健康保险卡",简称健保卡。可以登录 6 次就医记录,6 次记录用完后,可以到投保单位或各个换卡据点申请换发新卡;对于儿童发给儿童健康手册,孕妇则领取孕妇健康手册就医;重大伤病患者则领取重大伤病证明,方便就医以及免除医疗负担。

全民健保的精神在于让全体民众都能享有完善的医疗照顾,因此保障弱势群体就医权益是重要政策之一。对于经济困难的民众,"健保局"提供一定的协助措施,如办理分期摊缴保险费、开办舒困基金贷款、紧急医疗保障措施及转介公益团体补助保险费等。另外,加强对山地离岛地区提供医疗服务也是"健保局"的工作重点。

二、台湾地区社会福利的理念及其思想来源

根据台湾"内政部"2003 年编印的《中华民国内政部社会福利简介》一书,现阶段台湾地区社会福利政策的理念是,"依社会福利政策纲领,以社会救助保障生活、就业安全达成自助、社会保险迈向互动、社会福利提升生活质量、'国民'住宅安定生活、医疗保健增进全民健康,逐步建立社会安全制度为社会福利政策目标"。② 与这种社会福利理念相配合,台湾地区社会福利政策的具体规划原则是"(一)着重社会与经济均衡发展,兼顾'政府'财力、倡导权利义务对等之福利伦理。(二)健全社会福利行政体系、法制,适时修订社会福利相关法规,以因应社会变迁产生之需求。(三)建构以

---

① 1986 年,台湾当局提出 2000 年实现"全民健康保险"计划的目标。1991 年成立"全民健康保险规划小组",1995 年 1 月 1 日成立"中央健康保险局",简称"健保局"。在整合了以前的承保机构"中央信托局"和"劳工保险局"之后,"健保局"成为目前台湾地区唯一的健康保险人,直属"行政院卫生署"领导。"健保局"的主要职责是:收取保费、管理保险财务、提供民众医疗给付和支付医疗提供者的保险费用。

② 《中华民国内政部社会福利简介》,2003 年版,第 4 页。

家庭为中心之社会福利政策,以弘扬家庭伦理。(四)运用专业社会工作人力及方法,采专业社会工作方法,推展各项社会福利工作。(五)规划各类社会保险,本财务自给自足,不浪费、不亏损之原则,建立完整之保险体系。(六)福利服务应本民众福祉为先,针对现况与需求,着重城乡均衡发展,并结合民间资源,共同发展合作模式的服务输送体系。"① 台湾地区的社会福利政策之所以形成这种理念和具体规划原则,有其深层次的思想来源。

1. 中国传统文化

尽管"社会福利"是近代以来出现的词语,但社会福利的精神在东西方从古代开始就已经存在。在西方,古代的宗教启发了博爱慈善的观念;而在中国,传统文化尤其是儒家的思想和墨家的思想,是中国慈善思想的来源。

在儒家经典著作《礼记·礼运·大同篇》中讲道,"大道之行也,天下为公,选贤与能,讲信修睦。故人不独亲其亲,不独子其子,使老有所终,壮有所用,幼有所长,矜寡孤独废疾者,皆有所养;男有分,女有归;货恶其弃于地也,不必藏于己;力恶其不出于身也,不必为己。"② 在这样的大同社会里,每个人都能推己及人,把奉养父母、抚育儿女的心意扩大到其他人身上,使人人都能受到全社会的关爱;"老有所终,壮有所用,幼有所长"即对各个年龄段的人群都做出适当的安排;对"矜寡孤独废疾者"要使其"皆有所养",以保障其生活;"男有分"是指男人有自己稳定的职业,能安心工作。

在先秦所有思想学派中,墨家是除了儒家之外也主张社会福利的学派。墨子主张"兼相爱、交相利"。《墨子·尚贤》中提到"有

---

① 《中华民国内政部社会福利简介》,2003 年版,第 4 页。
② 杨天宇撰:《礼记译注》(上册),世纪出版集团、上海古籍出版社 2004 年版,第 265 页。

力者疾以助人，有财者勉以分人，有道者劝以教人。若此，则饥者得食，寒者得衣，乱者得治。"① 这里是说，如果有力气就去帮助别人，有钱就去与别人分享，懂得道理就去教导别人。如果是这样的话，饥饿的人就会得到食物，寒冷的人就会得到衣物，混乱的情况就能得到整治。

不难看出，儒家和墨家的这些思想与现代社会的福利思想根本就是一致的。可以说，一个国家或地区的社会福利制度无论是自生的还是外来输入的，必须要符合当地的文化传统和理念才能得以巩固和发展。正是有了中华民族乐善好施的优良传统和社会福利思想方面的深厚的文化积淀，现代台湾地区的社会福利才能在此基础上蓬勃地发展。

2. 西方的影响

除了本土文化之外，台湾的社会福利思想也受到了西方文化的影响。

（1）**平等**。近代以来，西方的启蒙运动将自由、平等、博爱的理念传遍世界，从而在世界范围内对人们的思想和理念产生了深远的影响。到了20世纪50年代，"平等"的观念作为普世价值在世界已经深入人心，在台湾地区更是如此。因此，"在台湾的社会福利论述中，'平等'已成为支持福利发展最重要的价值，甚至是最终的指导原则"。②

（2）**人权**。近代以来西方的人权观念也对台湾地区的社会福利发展产生了一定的影响。最初，台湾地区的社会福利是从属于经济的发展，到了后来，台湾民众的权利意识越来越强，社会福利已经与人权密切相关。"社会福利是基本人权的一环"，"经济及社会人

---

① 施明译注：《墨子·尚贤》（下册），广州出版社2006年版，第56页。
② 古允文：《平等与凝聚：台湾社会福利发展的思考》，载于台湾：《社会政策与社会工作学刊》2001年6月第5卷第1期，第147页。

权被视为第二代人权（从19世纪到20世纪初），包括：工作权、经济权、社会福利权、劳动人权、组织工会、医疗保健、教育训练等"，"台湾各界若能回顾社会福利等人权问题，当有助于台湾人权的真正巩固"。① 据此，社会福利问题在台湾地区已经成为人权问题。

（3）**工业主义逻辑**。18世纪末19世纪初，伴随着工业革命而来的是急剧的社会变迁，人们逐渐意识到工业化导致了普遍的贫穷、疾病和无知，因而出现了劳工以团体的方式对抗工业资本的斗争。英国是最早进行工业革命的国家，也是最早实行社会福利的国家，社会福利在当时是用来矫正19世纪自由资本主义的弊端经过长期积累而导致的社会问题的。在台湾地区，最初经济的发展掩盖了工业化所带来的问题，加上政治上实行威权统治，劳工团体受到严格的控制。但鉴于西方国家工业革命带来了很大的社会问题的教训，以及工业化的深入进行对社会福利产生的推力，台湾地区最初实行社会福利也是出于维持社会生产力和社会稳定、避免劳工革命和巩固政权的考虑。比如，最早在1947年"中华民国宪法"中的社会安全条款的思想基础就是"非常欧洲的"②，主要参考的就是第二次世界大战后欧洲福利国家的思潮。

3. 民生主义

中国国民党创始人孙中山早期在欧美国家留学，倡导革命，受到了西方当时的社会主义思想的影响，进而提出"三民主义"。1949年国民党退守台湾后，孙中山的"三民主义"成为台湾社会中的主

---

① 参见"探索台湾社会福利问题——家庭依赖人口照护与医疗"研讨会相关资料，该研讨会主办单位有"台湾国策研究院"、许潮英慈善基金会、台湾民主基金会，协办单位是台湾政治大学行政与社会工作研究所，举办时间是2008年10月30日（星期四），地点为张荣发基金会国际会议中心10F（台北市中山南路11号）。

② 林万亿：《台湾全志·卷九：社会志·社会福利篇》，台北："国史馆"台湾文献馆2006年版，第35页。

流价值，其中，"民生主义"强调社会主义和实施社会保险，它们引导着台湾社会问题的解决方向。时至今日，有人认为，社会福利事业的蓬勃发展，均以孙中山的"三民主义"为最高指导原则。①

三、台湾地区社会福利的行政组织结构

社会福利的推行需要相应的行政组织的配合，台湾地区的社会福利行政主管机关分为三个层级："中央"、"直辖市"、县（市）及乡（镇市区）。②"中央"层级的主管部门是"行政院内政部"，下设"家庭暴力及性侵害防治委员会"、"儿童局"、"社会司"、"北、中、南、东区、澎湖老人之家"、"北、中、南区儿童之家、少年之家"、"南投气质教养院、云林觉阳元、台南教养院"、"宜兰、古坑教养院筹备处"及"彰化老人养护中心、社会福利工作人员研习中心"。"直辖市"层级的行政主管机关分别为"台北市政府社会局"和"高雄市政府社会局"。而在县（市）及乡（镇市区）层级上，既有各县（市）"政府社会局"（或民政局），也有乡、镇、市区公所所设社会课（或民政课）。③台湾地区的社会福利行政组织体系在过去的60年里也经过了一个发展变化的过程。

1. 1945—1970年：社政、卫政、劳政隶属于"内政部"时期

1949年"国民政府"迁台后，在"中央政府"层级设立"社会司"、"劳工司"，连同"卫生司"一起归"内政部"管辖，因此，"内政部"是当时的最高社会福利主管机关。

在"地方政府"层级，1947年成立"台湾省政府社会处"，1968年通过改制出现了"台北市政府社会局"。另外，各县市政府

---

① "台湾省政府社会处"编印：《台湾的社会福利》，前言部分，1988年9月版，第6页。
② 参见《中华民国内政部社会福利简介》，2003年版，第6页。
③ 同上，第5页。

也有相应的社会福利行政机构。

2. 1971—1987 年：社政、卫政、劳政各自分立的时期

在"中央政府"层级，台湾于 1971 年成立"行政院卫生署"，而"社会司"、"劳工司"仍然留在"内政部"。当 1987 年"行政院劳工委员会"成立之后，"劳工司"也从"内政部"分离出来。

在"地方政府"层级，这一时期对原有的"台湾省政府社会处"和"台北市政府社会局"进行了一定的调整和明确的划分，又因 1979 年高雄市改为"直辖市"而出现了"高雄市政府社会局"。在各县市政府层级上，社会福利的行政组织结构出现了四种形态：第一种是 5 个"直辖市"基隆、新竹、嘉义、台中、台南的社会局；第二种是台北县政府的社会局；第三种是宜兰、桃园、新竹、苗栗、台中、彰化、南投、云林、嘉义、台南、高雄、屏东等 12 个县的社会科；第四种是澎湖、花莲、台东等 3 县在民政局下设的社会课。

3. 1987—1998 年：社会福利行政组织机构升级规划时期

这一时期，关于社会福利行政组织机构的改制问题，台湾地区内部出现了争论。1988 年，"行政院"通过的《行政院组织法修正草案》里有增设"卫生福利部"的决议，这个"卫生福利部"由"卫生署"改制扩编而成，但遭到了台湾地区社会福利界的反对，未能付诸实践。1989 年，又有人提出把"卫生福利部"改为"社会福利部"，但此提议"立法院"未通过。1990 年，"立法院"通过了"社会福利暨卫生部"的修正案，后 1992 年"行政院"又进行行政组织法修正，新的修正案又提议新设"厚生部"。

4. 1999—2004 年：精简机构时期

在卫生行政方面，"台湾省政府卫生处"并入"行政院卫生署"。在社会福利行政方面，"台湾省政府社会处"并入"内政部社

会司"。1999年,"内政部"下设了"儿童局"。① 2000年政党轮替之后,专门的"中央"社会福利主管机关的名称与地位仍未确定下来,直到2004年定名为"卫生及社会安全部",但仍未"立法"通过其组织。② 因此,目前"中央"层级的主管部门仍然是"行政院内政部"。

四、台湾地区的社会福利模式

在对社会福利模式进行划分时,帕克(Park)③ 把社会福利划分为自由放任主义模式、自由主义模式和社会主义模式三种(见表-1)。自由放任主义模式是意识形态的一端,指的是福利是个人的事情,政府不做任何介入,只有出现个人、家庭和市场无法处理的问题时,政府才介入,但只提供最低水平的福利;社会主义模式是意识形态的另一端,与自由放任主义模式相对立,认为政府应全面照顾人民;自由主义模式居于两者中间。

蒂特马斯(Titmuss)④ 把社会福利划分为残补模式、工业成就表现模式和制度性再分配模式三种(见表-1)。残补模式指的是只有在个人、家庭和市场无法处理时,政府才介入,这类似于帕克的自由放任主义模式。台湾地区过去的社会福利经常被视为是一种残补模式,例如偏重于社会救助、偏重于个人问题的处理等等。工业成就表现模式指的是福利不只是由政府提供,也可以由企业来提供,

---

① 林万亿:《台湾全志·卷九:社会志·社会福利篇》,台北:"国史馆"台湾文献馆2006年版,第60—83页。
② 同上,第410页。
③ 林万亿:《民意与社会福利》,收录于伊庆春主编《台湾民众的社会意向:社会科学的分析》,台北:"中央研究院"中山人文社会科学研究所1994年版,第254页。
④ 《配合我国社会福利制度之长期照护政策研究》,台北:"行政院研究发展考核委员会"1998年版,第60页。

个人福利的获得取决于他个人的成就表现,而并不是根据需求。制度性再分配模式指的是制度化、普遍性的保障,通常有明确的法令基础,台湾地区的全民健保、"国民"年金都属于此类模式。

乔治(George)和威尔丁(Paul Wilding)① 从集体主义的角度来区别不同的社会福利模式,分为四类:反集体主义、牵强的集体主义、费边社会主义和马克思主义(见表-1)。反集体主义是指政府对社会福利的干预最少最好,社会政策以社会救助为主;牵强的集体主义是指政府介入社会福利应该是有限的,社会福利通过社会保险的方式来提供;费边社会主义认为,政府应该修正市场体系的不正义,并致力于生产和分配的国家化;马克思主义认为,国家是为资本家服务的,福利国家是统治阶级为争取工人支持而使用的一种社会控制手段。

艾斯平-安德森(Esping-Anderson)则根据各国社会安全制度的结构与组织特征,将目前世界上的福利资本主义体系分为三种类型:自由主义式、社会民主式与保守主义式(见表-1)。② 其中,保守主义式的主要特点是针对不同职业身份的人分别制定福利措施,使不同职业身份的人享有不同的福利与权利。这种类型的体系具有统合主义色彩,它维持社会中原有的职业阶层的社会秩序,以争取个人对国家的效忠,通常供给给公务人员的福利比较好。这种统合主义式的福利模式会强化社会上职业身份地位的差别,造成社会阶层化。台湾学者傅立叶曾将台湾地区的情况同经济合作与发展组织的18个成员国家的资料作比较,根据有老年给付的社会保险方案数目,来衡量台湾地区的统合主义程度;根据公务人员退抚支出和公

---

① 《配合我国社会福利制度之长期照护政策研究》,台北:"行政院研究发展考核委员会"1998年版,第72—73页。
② Gosta Esping-Anderson: *The Three Worlds of Welfare Capitalism*, Cambridge, UK: Polity Press, 1990, pp. 9–34.

保的老年给付支出占全部社会安全支出的百分比,来衡量台湾地区的等级主义程度。研究结果显示,台湾地区的社会福利体系,有相当的保守主义特征,尤其是表现出文官特殊优厚待遇的等级主义特征。①

表-1:不同学者对社会福利模式的分类

学者	类型
帕克(Park)	自由放任主义模式、自由主义模式、社会主义模式
蒂特马斯(Titmuss)	残补模式、工业成就表现模式、制度性再分配模式
维克·乔治(Vic George)、保罗·威尔丁(Paul Wilding)	反集体主义、牵强的集体主义、费边社会主义、马克思主义
艾斯平-安德森(Esping-Anderson)	自由主义式、社会民主式、保守主义式

(资料来源:林万亿:《民意与社会福利》,收录于伊庆春主编《台湾民众的社会意向:社会科学的分析》,台北:"中央研究院"中山人文社会科学研究所1994年版,第254页。"行政院研究发展考核委员会"编印:《配合我国社会福利制度之长期照护政策研究》,台北:"行政院研究发展考核委员会"1998年版,第60、72—73页。Gosta Esping-Anderson: *The Three Worlds of Welfare Capitalism*, Cambridge, UK: Polity Press, 1990, pp. 9 - 34.)

由此可见,不同的学者对社会福利模式的划分并不一致,这也使得很难把台湾地区的社会福利模式进行简单单一的归类。比如在帕克、乔治与威尔丁的分类中,很难把台湾地区的社会福利模式归属到其中的哪一类;而在蒂特马斯的分类中,台湾地区过去的社会

---

① 参见傅立叶:《台湾社会福利体系的阶层化效果初探》,收录于伊庆春主编《台湾民众的社会意向:社会科学的分析》,台北:"中央研究院"中山人文社会科学研究所1994年版。

福利模式从总体上看是残补模式，而后来的全民健保、"国民"年金又属于制度性再分配模式下的内容。当台湾地区的社会福利还处于不断发展完善的过程中时，更无法对其进行绝对的归类。

台湾学者林万亿认为，从历史的发展轨迹来看，20世纪80年代末以前，台湾地区社会福利的提供，基本上是由上而下的、恩庇式的福利侍从主义的，不是反映人民需求的、以人民为导向的公民福利国家的社会福利提供模式。[①] 20世纪80年代末以来，台湾地区进入政治转型期，开始由原来的威权政治转向民主政治。同样，台湾地区的社会福利模式也开始了转型，由原来的执政者的施舍、德政，转变到人民的积极参与与抗争，正如林万亿所说，"当时的'国民党政府'的福利意识形态基本上是保守的，又没有适时引进进步的思想，除非有持续赢得'执政'的所谓选举冒险的沉重压力，否则，国民党在社会福利制度推进的路径依赖，实在没有一改过去采取福利侍从主义的'国家'治理模式，而突然跃进推出系统的、进步的社会政策的可能。然而，政治民主化使得制度结构产生某种程度的变迁，民间力量施压政策的创新，造就了这一波民间与在野力量引导，执政者被动因应的社会福利扩张。"[②] 正是由于政治向民主化的转型和民间力量施加的压力，台湾当局开始实施普遍性福利，如1995年的全民健康保险，同时通过"立法"和社会政策使社会福利逐步走向制度化。

本章对社会福利模式分类的阐述，除了可以深化对中国台湾地区社会福利模式的认识之外，原因还在于福利模式会影响到社会福利政策。就台湾地区而言，在"政府"福利模式和意识形态上，长期执政的国民党与后来执政的"民进党政府"一直有着差异。中间

---

① 参见林万亿：《1990年以来台湾社会福利发展的回顾与展望》，载于台湾：《社区发展季刊》2005年3月第109期，第14页。

② 同上，第16页。

偏右的国民党向来较重视家庭既有的功能，强调只对弱势群体提供必要的照顾，而且认为"政府"不应取代家庭角色；"民进党政府"则重视"国家"角色并倾向于推展普遍性的津贴政策。具体而言，政府的社会福利模式会影响到社会福利的给付对象、给付方式和供给部门。

1. 给付对象有全民式和选择式两种类型。全民式的社会福利是指，只要是公民就享有给付的权利；选择式社会福利是指，给付并不是基于公民的权利赋予，而应针对贫困者，主张有能力自行满足需求的民众不应该接受政府的供给。

一个国家或地区给付对象的选择究竟是偏向全民式还是选择式，与该社会主流的福利价值有关。如果个人主义取向盛行，则会支持选择式；反之，如果社会集体主义取向占优势，则会主张全民式。从台湾地区的社会福利发展来看，它最初实行的是选择式，但全民健康保险和"国民"年金制度实施后，开始逐步转向全民式的社会福利。

2. 从给付方式上来看，大体上可以分为两类：现金给付和实物给付。现金给付是指直接给钱，实物给付是指给予医疗、住宅及食物等。台湾地区的现行社会福利措施偏向现金给付方案，对福利服务体系建构与协调不足，普及性福利服务的提供也有待增加。

3. 从供给部门上来看，社会福利的供给部门除了政府以外，还包括商业部门（市场）、雇主部门（职业福利）、志愿部门以及家庭部门。崇尚个人主义的社会，相信市场本身的机能，所以供给部门以商业部门为主；奉行社会集体主义的国家或地区，政府的供给占优势。就台湾地区而言，目前社会福利供给部门正朝着多元化的方向发展。虽然"政府"供给仍然处于主要地位，但长期以来社会资源的整合和利用也在台湾地区社会福利发展中起着十分重要的作用。

第二节 台湾地区社会福利制度的建立与发展

一个国家或地区社会福利制度的形成和新的社会福利政策的产生，主要依赖于政府的作用，因为政府可以通过社会立法与社会政策并运用行政组织来提供或分配资源。同样，台湾地区的社会福利制度的建立与发展，主要也是通过"政府"的"立法"和政策体现出来的。台湾学者林万亿曾经将台湾地区社会福利的发展分为"中国传统社会的慈善理念与实践"、"国民政府时期大陆的社会救济事业"及"台湾的社会福利与社会工作的发展"三个时期。① 由于政体的变迁以及前两个时期缺乏连续的制度化的社会福利，本节只讨论第三个时期。

一、台湾地区社会福利制度的起步与发展

从1949年国民党退守台湾至今60多年的时间里，台湾地区的社会福利制度经历了一个由起步到快速发展的历史过程。对于这一历史过程如何分段，台湾学者大体上有两种看法。一种以林万亿为代表，认为可以分为1945—1964年、1965—1979年以及1980年以来三个阶段。② 之所以以1965年作为分界点，是因为1965年颁布的《民生主义现阶段社会政策纲领》是一个重要的事件。另外一种看法则以1980年为分界点，理由是1980年颁布实施了著名的"社会福利三法"。大陆有的学者把台湾地区社会福利制度的演变分为三个阶

---

① 《配合我国社会福利制度之长期照护政策研究》，台北："行政院研究发展考核委员会"1998年版，第195页。
② 林万亿：《1990年以来台湾社会福利发展的回顾与展望》，载于台湾：《社区发展季刊》2005年3月第109期，第14—15页。

段,即20世纪50年代至70年代末期、整个80年代和90年代初期至今。①

本文认同台湾学者的第二种分段法,认为根据"立法"的多少以及社会福利政策所发挥的实际作用,台湾地区的社会福利制度可以划分为两个发展阶段:第一个阶段是从20世纪50年代到70年代末,这是台湾社会福利制度的起步阶段;第二个阶段是从20世纪80年代到目前为止,这是社会福利制度的快速发展阶段。这两个阶段以1980年为分界点,是因为"社会福利三法"即《老人福利法》、《残障福利法》(1997年更名为《身心障碍者保护法》)和《社会救助法》都是在1980年颁布实施的,这是台湾地区社会福利制度发展史上的一个重要转折点。

1. 20世纪50年代到70年代末:社会福利制度的起步阶段

1949年,"国民党政府"在内战中失败,蒋介石率领200万军民退守台湾,宣布台湾、澎湖、金门以及马祖地区戒严。到了20世纪50年代,国民党在政治上开始了威权重建的时期,在经济上开始了进口替代的经济复苏期。这一时期,"国民党政府"根据职业类别开办了一系列的社会保险:1950年1月1日颁布《台湾省劳工保险办法》,开始实施劳工保险,以核心产业的劳动者为主要保护对象,并于1958年7月21日"立法"通过改名为《劳工保险条例》;1950年4月13日"总统"批准《军人保险计划纲要》,接着于1953年10月"立法"通过了《陆海空军军人保险条例》;1958年1月"立法"通过了《公务人员保险法》(见表-2)。②除了"立法"之外,在社会救助方面,这一时期主要是以机构式收容为主。

---

① 向运华:《台港澳地区社会福利体系研究》,社会科学文献出版社2010年版,第5—6页。

② 林万亿:《台湾全志·卷九:社会志·社会福利篇》,台北:"国史馆"台湾文献馆2006年版,第36页。

这里特别指出的是，劳工保险之所以能在"国民党政府"退守台湾后第二年（1950年）就开始实施，与"国民党政府"在大陆时的经验和准备是分不开的。早在抗战时期（1943年），"国民党政府"就曾在四川的公营盐田试行过劳动者保险，并在1945年的《四大社会政策纲领》中明确规定战后要实行社会保险，并于1947年制定了《社会保险条例》。可以说，台湾地区劳工保险的制度设计和准备工作是在大陆时期完成的。而内战失败使"国民党政府"切身感受到动员和控制工人的必要性，尤其是台湾战后初期日系企业大量被"政府"接管，形成公营企业垄断台湾经济命脉的局面，进一步提高了劳工保险的必要性。因此，劳工保险作为劳工政策的重要一环，在"国民党政府"还没有在台湾扎下脚根之前就开始实施了。[①]

进入20世纪60年代，台湾地区开始了以出口导向为主的经济快速成长期。这期间无论是社会保险制度还是其他重大"社会立法"都几乎没有很大的进展，只有"1965年的'民生主义现阶段社会政策'开启了为支撑经济繁荣所需要的社会政策架构"[②]（见表-2）。"民生主义现阶段社会政策"是由台湾当局"行政院"于1965年4月颁布的，它以"建立社会安全制度，增进人民生活"为目标，包括社会保险、"国民"就业、社会救助、"国民"住宅、福利服务、社会教育及小区发展等七大项。该社会政策把社会保险作为首要发展对象，逐步扩大社会保险的覆盖范围，但仍以劳保、公保和军保体系为基础，只不过扩大了这三大保险体系参保人的范围，并改进了医疗服务和疾病保险。此时，老年、残障、职业灾害、失业保险

---

① 李莲花：《后发地区的医疗保障：韩国与台湾地区的全民医保经验》，载于《学习与实践》2008年第10期。

② 林万亿：《1990年以来台湾社会福利发展的回顾与展望》，载于台湾：《社区发展季刊》2005年3月第109期，第14页。

等并未提及。在小区发展上,主张启发民众自治精神。在社会救助上,这一时期除了50年代的机构式收容以外,开始推展院外救济,并扩大办理贫民免费医疗。在福利服务上,供给对象仅限于劳工、农渔民、儿童及家庭,而妇女、残障者及老人都属于社会救助的对象,并有所限定:妇女是指"不幸妇女",老人则是"贫苦的"才给予救济,维持其最低生活。因此,"民生主义现阶段社会政策"主要以贫苦或不幸民众为对象,仍然带有"补救"性质。该政策实施后,"社会立法"没有及时跟进,使得该政策的政治意义大于其福利意义。①

20世纪70年代的"社会立法"主要有两项,即1973年的《儿童福利法》和1975年的以中产阶级购屋为主的《国民住宅条例》②(见表-2)。

总体而言,从20世纪50年代到70年代末,台湾地区的"社会福利立法"以社会保险为主轴,并且根据职业实行了有区分的社会保险,以确保威权体制下军人和公务人员的稳定,进而维持社会稳定;而社会福利政策以"民生主义现阶段社会政策"为主导,但其政治宣示大于实质作用。这些都表明,台湾地区这一阶段的社会福利制度只处于起步阶段,这也可以从该阶段"政府"在社会福利上的支出看出来。虽然这一时期通过了几个社会保险法,甚至通过了《儿童福利法》,但是法案通过并未反映在"国家"的预算编制上。

---

① 《配合我国社会福利制度之长期照护政策研究》,台北:"行政院研究发展考核委员会"1998年版,第196—197页。
② 林万亿:《1990年以来台湾社会福利发展的回顾与展望》,载于台湾:《社区发展季刊》2005年3月第109期,第15页。林万亿:《台湾全志·卷九:社会志·社会福利篇》,台北:"国史馆"台湾文献馆2006年版,第36—37页。

表-2：20世纪50年代到70年代末台湾地区的社会福利政策与"立法"

时间	"社会立法"	社会政策与重大施政计划
1950年	台湾省劳工保险办法	
	军人保险计划纲要	
1953年	陆海空军军人保险条例	
1954年	中华民国红十字会法	
1958年	公务人员保险法	
	劳工保险条例	
1965年		民生主义现阶段社会政策
1972年	商业团体法	
1973年	儿童福利法	
	矿场安全法	
1974年	工业团体法	
	劳工安全卫生法	
1975年	国民住宅条例	

（资料来源：台湾"内政部"编印：《中华民国内政部社会福利简介》，2003年版，第44页。"行政院政务委员"傅立叶及第一组组长邱汝娜：《台湾社会福利发展：过去与未来》，2005年4月28日。林万亿：《1990年以来台湾社会福利发展的回顾与展望》，载于台湾：《社区发展季刊》2005年3月第109期，第15页。林万亿：《台湾全志·卷九：社会志·社会福利篇》，台北："国史馆"台湾文献馆2006年版，第36、47页。）

2. 20世纪80年代以来：社会福利制度的快速发展阶段

（1）社会政策与"社会立法"

台湾地区社会福利的发展，与其自身的经济自由化、社会多元化以及政治民主化的趋势是同步的。20世纪70年代末80年代初，台湾地区开始出现政治民主化的抗争，从而促进了社会福利的发展与转型。1980年通过的"社会福利三法"即《老人福利法》、《残障福利法》（1997更名为《身心障碍者保护法》）和《社会救助法》

是台湾地区社会福利发展史上的一个重要的转折点。紧接着，台湾地区扩大劳工保险、私立学校教职员工和公务人员及其眷属等的适用社会保险给付范围，又分别于1983年、1984年通过了《职业训练法》和《劳动基准法》（见表-3）。

20世纪80年代末到90年代，随着经济的发展，台湾地区的产业结构开始由劳动密集型转向资本密集型，家庭结构也由过去的大家庭转变为核心家庭。城市化、工业化以及家庭功能的解组，使老人、儿童、低收入户、身心障碍者及失业劳工对社会福利的需求日益增加，再加上80年代末期政治民主化的蓬勃发展、倡导弱势群体权益的社会运动的出现、政党的竞争及"选举期间"社会福利成为主要议题等因素，台湾的社会福利迅速扩张，"社会立法"体系日趋完善。从1989的《少年福利法》开始，台湾地区进行了一系列的有针对性的"社会福利立法与修法"。除对《老人福利法》、《身心障碍者保护法》、《社会救助法》和《农民健康保险条例》进一步修订完善外，还颁布实施了10余部法律。这是台湾"社会福利立法"进展最快的一个时期，从而逐步建立起覆盖全民并且比较规范的社会福利制度（见表-3）。比如1995年的《全民健康保险法》，打破了过去以职业来区分社会保险的做法，到2000年覆盖到台湾地区96%的人口，是"台湾第一个普遍化与制度化的社会政策"。[1]

20世纪90年代中期以来，随着台湾地区经济增长趋缓、产业结构的转变和劳动力人口增加，台湾地区失业率持续上升，到2002年已达5.2%，是1990年的3倍。[2] 对于失业问题，台湾地区早在1993年就由"劳委会"公布《关厂歇业失业劳工就业促进措施》，承诺由

---

[1] 古允文：《平等与凝聚：台湾社会福利发展的思考》，载于台湾：《社会政策与社会工作学刊》2001年6月第5卷第1期，第147页。

[2] 张颖、范思凯：《台湾社会保障制度改革及评价》，载于《辽宁行政学院学报》2003年第6期，第83—85页。

"政府"对因企业倒闭而造成的失业劳工提供生活补助,但因申请资格限制过严而未能达到预期效果。直到1998年台湾"行政院"颁布《劳工保险失业认定暨失业给付审核准则》,才真正开始了失业保险制度的建设,并将其作为社会福利制度改革的重点。① 2001年,台湾地区颁布《就业保险法》,完善了社会福利体系中对失业保障的"立法"。尽管目前台湾地区的失业保险还存在着覆盖率低以及失业保险标准有待提高等问题,但通过《就业保险法》建立并不断完善的失业保险制度,无疑将会为未来台湾地区的社会稳定起到关键性作用。

另外,社会政策具有引导社会福利制度的发展倾向的作用。20世纪90年代以来,台湾地区开始制定一些社会政策与重大施政计划。如1994年"行政院"通过了《社会福利政策纲领》,主张通过就业安全、社会保险、福利服务、"国民"住宅及医疗保健等五大项目的推行,逐步建立社会安全制度。② 该纲领成为1994年以后台湾地区社会福利制度发展的基础和主要根据。2004年,台湾"内政部社会司"又提出《社会福利政策纲领》(修正版),更新了相关社会福利理念与思维,例如社会排除、社会住宅等等。

表-3:20世纪80年代以来台湾地区的社会福利政策与"立法"

时间	"社会立法"	社会政策与重大施政计划
1980年	老人福利法	
	社会救助法	
	残障福利法 (1997年更名为:身心障碍者保护法)	
	私立学校教职员保险条例	

---

① 张颖、范思凯:《台湾社会保障制度改革及评价》,载于《辽宁行政学院学报》2003年第6期,第83—85页。
② 《配合我国社会福利制度之长期照护政策研究》,台北:"行政院研究发展考核委员会"1998年版,第197页。

年份	法规/政策	备注
1981年	公务人员眷属疾病保险条例	
1983年	职业训练法	
1984年	劳动基准法	
1985年	试办农民保险	
	退休公务人员疾病保险	
1989年	少年福利法	
	农民健康保险条例	
	私立学校教职员眷属疾病保险方法	
	台湾省各级地方民意代表村里长及邻长健康保险暂行要点	
1990年	低收入户健康保险暂行办法	
	残障者健康保险办法	
	残障福利法修正	
1991年	社区发展工作纲要	
1993年	儿童福利法修正	第一届民间社会福利研讨会
	就业服务法	
1994年	公务人员退休抚恤基金管理条例	"第一次全国社会福利会议" "行政院"1994年7月14日通过：社会福利政策纲领
1995年	全民健康保险法	
	老年农民福利津贴暂行条例	
	公务人员退休法	
	二二八事件处理及补偿条例	
	儿童及少年性交易防治条例	
1996年		推动社会福利社区化实施要点
1997年	老人福利法修正	
	推动社会福利民营化实施要点	
	身心障碍者保护法（原名：残障福利法）	
	性侵害犯罪防治法	
	社会工作师法	
	储蓄互助社法	

1998年	劳工保险失业认定暨失业给付审核准则	
	老年农民福利津贴暂行条例修正	"行政院"成立社会福利推动小组
		老人长期照护三年计划
	家庭暴力防治法	"第二次全国社会福利会议"
1999年	劳工保险失业给付实施办法	
	公教人员保险法	
	公益彩券发行条例	
2001年	就业保险法	

(本表所列的"社会立法"及社会政策,并没有涵盖所有社会福利项目)
(资料来源:台湾"内政部"编印:《中华民国内政部社会福利简介》,2003年版,第44页。"行政院政务委员"傅立叶及第一组组长邱汝娜:《台湾社会福利发展:过去与未来》,2005年4月28日。林万亿:《1990年以来台湾社会福利发展的回顾与展望》,载于台湾:《社区发展季刊》2005年3月第109期,第15页。)

(2)社会福利支出

20世纪90年代以来,在台湾地区的公共支出中,社会福利支出所占比重的增长速度相当迅速,社会福利已经逐渐成为台湾地区民众观念中"政府"必须担负的重要责任。

由于对社会福利的范围认识不一,关于社会福利支出的统计数据也不完全一致,既有广义上的社会福利支出,也有狭义上的社会福利支出。但不管哪一种社会福利支出,其增长都能反映出20世纪80年代以来台湾地区社会福利制度的快速发展对社会福利支出的需求。

根据台湾学者林万亿的数据,从台湾地区各级"政府"的社会福利净支出来看,1981年总计为165亿台币,到了1986年增加到406亿台币。而从1991年开始,台湾地区的社会福利支出确定涵盖社会保险、社会救助、福利服务、"国民"就业、医疗保健等五大项①，排除了之前的环境保护、军公教退休抚恤、社会发展等项目。尽管如此，1991年只涵盖五大项的台湾地区社会福利支出仍然增长到1178亿台币，1996年又升到2900亿台币，2001年则达到了历史以来的最高峰，为3970亿台币（见图-1）。从社会福利净支出占"政府"总支出的比率来看，1981年所占比率为3.9%，1986年升高到6.6%，1991年再升高到9.2%，1996年继续升高，为15.7%，2001年则达到17.5%。从社会福利支出占"国民"生产毛额的比率来看，1981年为1%，1986年升高到1.5%，1991年又升高到2.5%，1996年达到3.9%，2001年突破4.1%。

单位：亿元

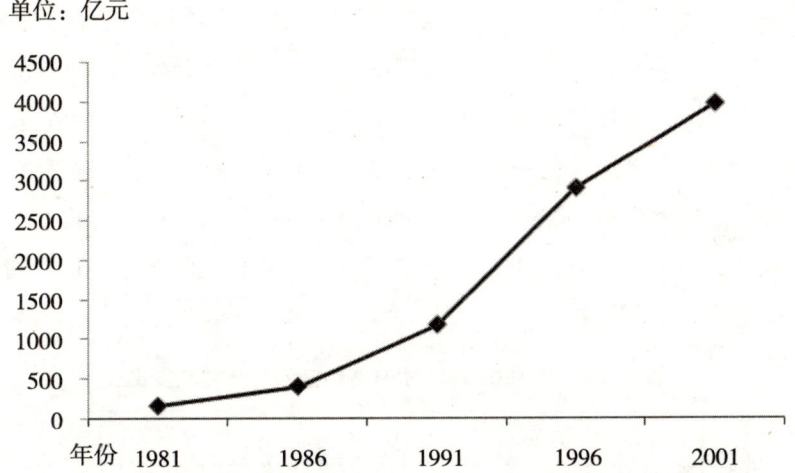

图-1：1981年至2001年台湾地区各级"政府"的社会福利净支出总计

（图表为本文作者所绘。数据来源：林万亿：《1990年以来台湾社会福利发展的回顾与展望》，载于台湾：《社区发展季刊》2005年3月第109期，第17页。）

---

① 林万亿：《1990年以来台湾社会福利发展的回顾与展望》，载于台湾：《社区发展季刊》2005年3月第109期，第17页。

另外，社会福利支出占各级"政府"财政支出的比率在20世纪80年代平均为6.4%，占"国民"生产毛额的比率平均为1.53%。到了20世纪90年代，平均值分别升高到12.3%与3.09%，约略提高一倍。其中，1996年到2001年这五年增长最快，台湾地区的社会福利净支出已占各级"政府"平均支出的15.24%，占"国民"生产毛额的3.48%，这些发展奠定了21世纪台湾地区社会福利支出的基础。2000年台湾地区政党轮替以后，社会福利净支出依然平稳成长，平均占"政府"支出的16.3%，占"国民"生产毛额的3.65%。[1]

根据台湾地区经建会的数据，1993年到1996年，台湾地区社会福利支出年平均1147亿元。1997到2000年，台湾地区的社会福利支出年平均2174亿元。而从2001年到2004年，台湾地区的社会福利支出比过去4年（1997年到2000年）平均增加30.5%（见表-4），2004年社会福利支出占总支出的17.1%。虽然这里的福利支出指的是"政府"在预算时划分到政事类别里的支出，是狭义上的社会福利支出，但仍然可以在一定程度上反映出台湾地区社会福利的增长趋势（见图-2）。

表-4：1993年至2004年台湾地区的社会福利支出

年份	亿元
1993年	898
1994年	911
1995年	1342
1996年	1437

---

[1] 林万亿：《1990年以来台湾社会福利发展的回顾与展望》，载于台湾：《社区发展季刊》2005年3月第109期，第17页。

1997 年	1503
1998 年	1504
1999 年	1576
2000 年	4114
2001 年	2934
2002 年	2623
2003 年	2935
2004 年	2856

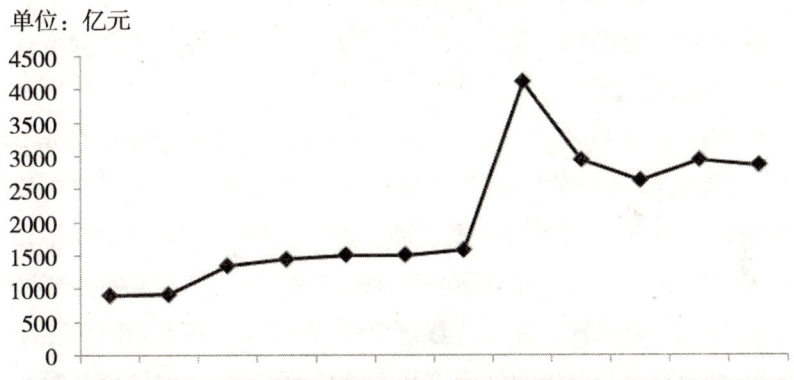

图 -2 1993 年至 2004 年台湾的社会福利支出增长趋势

（图表为本文作者所绘。需要说明的是：1. 这里的社会福利支出是狭义的社会福利支出，仅指"台湾政府"岁出政事类别中的"社会福利支出"。2. 2000 年的金额包括了 1999 年下半年以及 2000 年全年的金额。表 -4、图 -2 资料来源：台湾经建会提供，参见"行政院政务委员"傅立叶及第一组组长邱汝娜：《台湾社会福利发展：过去与未来》，2005 年 4 月 28 日。）

如果没有社会福利支出的增长，社会政策和"社会立法"就只能流于形式而无法起到实质性的作用。这一时期，台湾的社会政策和"社会立法"繁多,又有社会福利支出的快速增长加以配合,因此,台湾地区的社会福利制度获得了前所未有的发展。台湾"监察委员"黄煌雄、赵昌平、吕溪木在2002年的监察报告中,曾以"黄金十年"来描述台湾自1990年以来社会福利制度取得的成就,尽管台湾学者林万亿对能否用"黄金十年"这个词来描述存在异议,但他也承认,单就1990年至2000年台湾地区颁布的"社会福利立法与修法"来看,"黄金十年"并非夸词。由此证明,20世纪80年代以来台湾地区的社会福利的确发展迅速,与20世纪50年代到70年代台湾地区社会福利起步时期的"立法"少且有所偏重、社会福利支出并没有因"立法"而增加形成了鲜明对比。

(3)台湾地区社会福利制度的最新进展

2000年,台湾地区发生了第一次政党执政轮替,民进党取代国民党上台执政。民进党"总统候选人"陈水扁在2000年参加竞选时,曾将社会福利政策作为竞选的筹码之一,当时提出了所谓的"三三三安家福利专案"和"五五五安亲照顾方案"。"三三三安家福利专案"是指"65岁以上老人每人每月3000元津贴"、"3岁以下幼儿医疗免费"和"青年购屋贷款利率3%";"五五五安亲照顾方案"包括"专业保姆、保育员数量增加50%"、"妇女照顾负担减少50%"和"暴力犯罪中女性受害几率减低50%"。① 但同年9月,已经上台执政的陈水扁径自宣告实行"优先发展经济、社福暂缓"的政策走向,使台湾民众大失所望。

总体而言,在执政8年的时间里,"民进党政府"通过了一些社会福利法案,举办了一次"全国社会福利会议",还公布了新版的《社会福利政策纲领》。(见表-5)台湾学者古允文认为,"民进党执政时期"在社会福利方面的建树以2004年的"行政院社会福利政

---

① 古允文:《挥别"乱"与"急"的2008年:社会福利政策的回顾与展望》,载于台湾"国家政策研究基金会"2009年《国政研究报告》。

策纲领"和2007年的《国民年金法》最为重要。

表-5:"民进党执政期间"的社会福利成就

时间	"社会立法"	社会政策与重大施政计划
2000年	特殊境遇妇女家庭扶助条例	
2001年	就业保险法 职业灾害保护法 志愿服务法 原住民族工作权保障法	
2002年	两性工作平等法 敬老福利生活津贴暂行条例 国民年金法草案 原住民敬老福利生活津贴暂行条例 中低收入老人生活津贴发给办法	"第三次全国社会福利会议"
2003年	儿童及少年福利法 大量解雇劳工保护法 敬老福利生活津贴暂行条例修正	
2004年	性别平等教育法	依"第三次全国社会福利会议"决议修正,"行政院"于2004年2月通过《社会福利政策纲领》修正。 公布妇女政策纲领以及妇女政策白皮书
2005年	性骚扰防治法 劳工退休金条例	
2006年	公益劝募条例	
2007年	身心障碍者权益保障法 国民年金法	

(资料来源:台湾"内政部"编印:《中华民国内政部社会福利简介》,2003年版,第44页。"行政院政务委员"傅立叶及第一组组长邱汝娜:《台湾社会福利发展:过去与未来》,2005年4月28日。林万亿:《1990年以来台湾社会福利发展的回顾与展望》,载于台湾:《社区发展季刊》2005年3月第109期,第15页。古允文:《挥别"乱"与"急"的2008年:社会福利政策的回顾与展望》,载于台湾"国家政策研究基金会"2009年《国政研究报告》。)

根据"第三次全国社会福利会议"的决议,"民进党政府"于2004年制订了"行政院社会福利政策纲领",强调社会福利的目的在于保障"国民"的基本生存、家庭的和谐稳定、社会的互助团结、人力品质的提升、经济资本的积累和民主政治的稳定。纲领的制订原则是"人民福祉优先,包容弱势'国民',支持多元家庭,建构健全制度,投资积极福利,'中央'地方分工,公私伙伴关系,落实在地服务,整合服务资源"。纲领的主要政策项目包括"社会保险与津贴"、"社会救助"、"福利服务"、"就业安全"、"社会住宅与社区营造"以及"健康与医疗照护"。这个纲领成为政党轮替后最重要的政策引导。[①]

关于"国民"年金制度。早在1993年底县市长选举中,民进党就提出了"老人年金"的诉求。此后,"国民"年金成为社会福利政策辩论中的焦点。经过十多年的规划,2002年6月14日,《国民年金法》草案提交"立法院"审议,但未能"立法"。直到2007年7月,《国民年金法》草案才经"立法院"通过,并于2008年10月1日开始实施。

2008年,台湾进行了第二次政党轮替,国民党重新执掌政权。马英九在竞选"总统"的过程中,也提出了一些社会福利政见。从理念层次上来看,马英九阵营强调的是"公义与永续"。"公义"指的是"了解各类型弱势及其需求,有效使用与分配有限的福利资源";"永续"则是指"着重制度面,兼顾族群间与世代间的公平性,建立一个可长、可久的社会安全制度"。在政策层次上,马英九阵营针对台湾地区当前种族、生理、性别、经济、社会以及文化等多元化的发展趋势,提出了积极性的社会福利政策的指导原则。在

---

① 古允文:《挥别"乱"与"急"的2008年:社会福利政策的回顾与展望》,载于台湾"国家政策研究基金会"2009年《国政研究报告》。

政见层次上，马英九阵营提出的诉求内容包括："一生两次享 2 年 2 百万零利率房贷、育婴假期间持六成的薪资替代水准、5 千元育儿津贴、托育费用列举扣除、营养午餐补助以及早期疗育补助"等，从而体现出"幼年安心成长、少年安心念书、青年安心成家、壮年安心工作以及老年安心养老"的行动纲领和执政目标。[①] 马英九上台之后，"新政府"的社会福利措施包括"马上关怀"、"工作所得补助方案"、"青年安心成家"、"儿少医疗补助"以及一些短期促进就业的措施，但古允文认为这些都是临时性、救急式的方案，缺少政策与"立法"的支援。[②]

二、影响台湾地区社会福利制度发展的因素

一个国家或地区的社会福利制度的发展，深受该国家或地区的人口结构、政治体制、经济发展以及意识形态的影响。考虑到不同国家和地区的不同情况，这些影响因素各自发挥的作用也不尽相同。就台湾地区而言，与福利制度演变的过程相一致，也可以分成两个阶段来看这些因素对台湾地区社会福利发展的影响。

20 世纪 50 年代到 70 年代末，台湾地区推行出口导向型战略，重点发展劳动密集型的加工产业，经济发展迅猛。到了 1979 年，中国台湾与中国香港、新加坡、韩国等被国际经济组织列入新兴工业化社会，被世人称为亚洲"四小龙"。尽管如此，台湾地区的社会福利制度却没有在此期间随着经济的快速增长而有飞跃式的发展，只是开始有了缓慢的起步。这其实与台湾地区当时的形势密切相关：

---

① 王顺民：《2008 年总统候选人社会福利政见的比较性初探》，载于台湾"国家政策研究基金会"2008 年《国政研究报告》。

② 古允文：《挥别"乱"与"急"的 2008 年：社会福利政策的回顾与展望》，载于台湾"国家政策研究基金会"2009 年《国政研究报告》。

1. 台湾的认同与合法性问题没有解决

"国民党政府"迁往台湾后,一直面临着认同问题和外部合法性问题的压力。"国家"的认同问题没有解决,使得台湾政治争论的焦点集中于对"国家主权"的认定上。由于其他一切问题都不如认同问题对现存政权合法性的威胁来得更直接,所以往往都被掩盖在认同问题之下了,其中就包括社会福利的问题。① 1971年,台湾退出联合国,其外部合法性主要依靠内部的经济发展来继续维持,经济成长在政策决定上的优先性使得这时期的社会福利政策规划更是隶属于经济发展之下。

2. 庞大的国防支出和行政支出

"国民党政府"迁台后初期,为了改善与其他国家的政治关系、防止中国共产党武力收复台湾,对外必须支付大量的费用,对内必须增加"国防"预算。20世纪50年代到60年代,"国防"支出占台湾"政府"支出的比率高达40%。② 另外,在大陆就已经形成并带到台湾的庞大"国家"行政结构,对台湾社会造成很大的财政上的负担,庞大的行政支出压缩了社会福利支出的空间。

3. 几乎没有来自内部的压力

20世纪80年代中期之前,台湾一直实行威权统治,严格限制各种社会团体的发展,社会民主化程度较低。与此相对应,民众在社会福利方面的主体意识还没得到充分发展,再加上各种与社会福利相关的问题在这一时期并没有凸显出来,台湾内部几乎没有对社会福利需求的压力。以失业问题为例,20世纪60年代以后,台湾经济

---

① 傅立叶:《我国政府支出的政治经济分析》,收录于林万亿等著《台湾的社会福利:民间观点》,台北:五南图书出版有限公司1995年版,第190—191页。

② "行政院政务委员"傅立叶及第一组组长邱汝娜:《台湾社会福利发展:过去与未来》,2005年4月28日。

实行出口导向型战略，劳动密集型的电子工业和制造业吸收了大量的劳动力。因此，台湾的失业率在70年代到90年代中期始终平稳地保持在2%以内。这种相对较低的失业率，使得早就困扰其他国家的失业问题在台湾地区直到90年代中期以后才凸现。没有失业问题的压力，就体现不出开办失业保险的迫切性与必要性，台湾地区因而没有像西方发达国家那样早地建立失业保险制度。

从20世纪80年代中后期开始，台湾地区的社会福利制度进入快速发展时期，表现为台湾当局不仅制定实施了大量的"社会福利立法"和政策，还大幅提高了社会福利支出。这一阶段影响台湾地区社会福利发展的主要因素是来自内部的压力：

1. 民众的社会福利意识增强

随着台湾社会的工业化、城市化和民主化的发展，以及社会弱势群体对自身权利意识的觉醒，台湾地区民众要求社会福利的呼声越来越高。从20世纪50年代到90年代初，台湾当局担心社会福利影响经济增长，因而只是将有限的资源分配给社会福利部门。为了稳定"政权"与实现"反攻大陆"的政治目标，又将上述有限的资源大部分分配给以军、公、教为主的特定群体，"超过七成以上的'中央政府'福利支出是用在军公教人员身上，借由退休抚恤、优惠存（贷）款、慰问补助、减免、廉价福利品、实物代金、眷口加给、教育津贴……形形色色的名目，提供超乎一般'国民'之上的福利水准"。[①] 到了1981年，军人与公务人员的退休抚恤金的支出，甚至大于整体的社会福利支出（见表-6）。因此，这一时期不仅社会福利的资金来源有限，而且社会福利的覆盖面也比较窄，并呈现出资源分配不平等的态势。长期以来这种社会福利支出的不平衡以及民众对社会福利需求的增加，导致了20世纪80年代以来的社会运动

---

① 古允文：《平等与凝聚：台湾社会福利发展的思考》，载于台湾：《社会政策与社会工作学刊》2001年6月第五卷第一期，第147页。

的发展。1987年,台湾地区解除戒严,随之而来出现了一系列的"社会抗争运动"和"政治抗争运动",例如"1988年的农民、劳工、学生、环保、妇女、老兵等抗争,1989年的无住屋、残障者抗争"① 等。社会运动和政治抗争带来的政治压力,不仅促进了台湾地区政治民主化的发展,也迫使"国民党政府"不得不调整和加强社会福利的提供,以顺应民意,巩固政权。

表-6:1981年台湾当局支出结构

年度	一般政务支出	"国防外交"支出	教育科学文化支出	经济发展支出	社会福利支出	社区发展及环境保护支出	军人与公务人员退休抚恤	债务支出	杂项支出
1981	9.8%	24.2%	17.4%	33.5%	3.8%	2.1%	5.9%	2.1%	1.2%

(资料来源:"台湾行政院主计处":《中华民国社会指标统计》,台北:1997。)

2. 政党竞争和选举使社会福利议题成为政治竞争的目标之一

1986年,国民党党外人士成立了民主进步党,简称"民进党"。1989年,根据新通过的《人民团体法》,民进党在台湾地区取得合法地位,成为国民党的正式反对党。由于国民党长期执政以来实行威权统治,在资源的分配上又偏重于军公教群体,导致下层人民的痛苦和抱怨。而新成立的民主进步党在属性上偏向于社会底层大众,一来是因为民主进步党需要拉拢民众、塑造形象、争取支持率以便当选;二来也确实反映了当时的底层民众希望通过民主进步党为自身争取利益的心情。底层民众和民主进步党的结合,给执政的国民党施加了压力,从而使得台湾地区的社会福利在20世纪90年代获得了快速发展。

---

① 林万亿:《1990年以来台湾社会福利发展的回顾与展望》,载于台湾:《社区发展季刊》2005年3月第109期,第13页。

1992年，台湾全面改选"立法委员"，"社会福利"成为"独统"之外最重要并且最受关注的公共政策议题。"执政的国民党"承诺"全国"选民在1994年底之前实行"全民健保"制度，而"在野的民主进步党"候选人也已经正式提出建立"福利国家"①的主张。绝大部分的立委候选人也都或多或少地在自己的竞选纲领中纳入了社会福利的种种诉求。②此外，全民健康保险、"国民"年金、老人津贴等方案，在时间和内容上都与选举竞争有着密切的关系。

台湾地区1996年实施"总统"直选后，2000年民进党赢得"总统"大选。随着国民党一党执政时代的结束、政党竞争的产生，社会政策也随之有了相应的扩张。无论是国民党执政时期还是民进党执政时期，社会政策和社会福利的扩张与选举几乎是同步的，各项社会福利的给付措施都成为选举竞争时的承诺和筹码。无论哪个政党上台，社会福利议题都成为民众心中执政党执政期间的重要执政表现之一。

3. 人口老龄化造成的压力

在过去的近60年里，虽然台湾地区的生育率不断降低，但由于医疗水平的提高，民众的预期寿命在不断延长。因此，在台湾地区的选民中，老年人口的数量与比例明显增加，台湾地区俨然已经形成老龄化社会。老年人手中握有的选票以及他们对社会福利的需求，不仅使得社会的主要关怀重心转向老人，而且使得老年人的福利成为政党竞争政策的卖点。

20世纪90年代以来的台湾地区选举中，"老人年金"或"敬老

---

① 林长华：《台湾社会福利制度与"台湾福利国"》，载于《台湾研究集刊》1993年第2期，第43—47页。

② 林忠正：《经济发展与社会福利》，收录于林万亿等：《台湾的社会福利：民间观点》，台北：五南图书出版有限公司1995年版，第105页。

津贴"成为选举的主要诉求之一,甚至漫天开价变成了"政治支票"。据统计,在 2001 年第五届立委及县市长选举中,有 90% 的县市长候选人以及 76% 的立委候选人提出社会福利相关诉求。其中,提出发放敬老津贴相关诉求的县市长候选人共 17 人,当中有 8 人当选;立委候选人则有 36 人提出此类诉求,当中有 29 人当选。不论这些候选人的当选是否真的是因为敬老津贴支票,值得注意的是,诉诸老人津贴或年金的选举策略,已经成为历经十年而不衰的现象。① 由此可见,台湾地区人口结构的改变和老年人口比例的迅速上升,促进了台湾地区社会福利制度中老人福利的不断发展和完善。

第三节 台湾地区社会福利制度的特征

台湾地区社会福利制度从最初的起步到后来的快速发展和扩张,每一重大"立法"和政策的制订与出台,都伴随着民众的争取、学者的讨论和"政府"的努力。纵观台湾 60 年来社会福利制度的发展,我们可以看到一些比较明显的特征。

一、早期的社会福利象征意义大于实质意义

虽然早在 20 世纪 50 年代初,台湾地区就颁布实施了劳保、公保和军保,但直到 20 世纪 80 年代以前,从实际作用上来看,台湾地区所实施的"社会福利立法"和社会政策的象征意义是大于其实质意义的。

1. 社会保险覆盖率很低

国民党迁往台湾的同时,也把在大陆的执政经验和教训带往台

---

① 薛承泰:《老人福利津贴政策评析》,台湾:《国家政策论坛》2002 年 3 月第 2 卷第 3 期。

湾。受此影响,"国民党政府"认为,应该安抚劳工、公务人员和军人,同时控制潜在的劳工力量,以维护自己的政治统治。因此,早期台湾地区社会保障政策的重点指向的是对社会有特殊意义的特定阶层,即军人、公务员、教师、劳工,"国民党政府"颁布实施劳保、公保和军保,主要是为了取得这部分人对"政府"的支持,是出于政治方面的考虑,并不是想真正实施覆盖全民的社会保险。事实上,当时台湾地区的大部分劳动人口是农民,社会保险并没有惠及到他们,同时也忽略了社会上的弱势群体——失业人员、残疾人员、老人以及儿童。这也是长期以来台湾地区社会保险覆盖率比较低的原因之一。

2. 社会福利支出没有增加

虽然台湾地区早期实行以特定职业区分的社会保险制度,但如前所述,当时台湾为了维持其外部合法性,财政支出主要侧重于"国防"。20 世纪 50 年代到 60 年代,台湾地区的"国防支出"占"台湾政府"支出的 40%。[①] 后来,尽管台湾进行了以特定人群为对象的"立法",如 1973 年的《儿童福利法》,但是该法案通过以后,"台湾政府"的预算并没有因此增加。

二、社会保险的多样化

在实施《全民健康保险法》以前,台湾地区的社会保险主要是根据职业来划分的,分为劳保、公保和农保,三者各自独立并各由不同的行政机关主管。这种有侧重的保险方式造成了保障程度的不均衡,多次引起台湾地区底层民众的抗议。于是,1995 年台湾地区开始实施《全民健康保险法》。此后,台湾地区的社会保险体系便分为两大类:一类是健康医疗保险,另一类是按职业来划分的、各自

---

① "行政院政务委员"傅立叶及第一组组长邱汝娜:《台湾社会福利发展:过去与未来》,2005 年 4 月 28 日。

分立的职业类型保险。到了 2008 年，酝酿了十几年的《国民年金法》终于开始实施。2009 年又实施了劳工保险年金制度。这样，社会保险又出现了新的类型——年金制度。年金制度的出现使得台湾地区的社会保险覆盖全民，民众可以根据不同的年龄和职业，在符合各保险的相关规定下参保。

三、民众的社会福利意识的转变

社会福利在台湾地区的逐步发展，已经使生活在现代工业社会里的台湾民众对社会福利方案形成了高度的依赖，台湾民众的意识也逐步由传统的慈善观念与个人主义意识转变为"危险共担"的意识。而接受福利服务已不再被视为可耻或受惠，而是现代社会公民应该享有的权利之一。

目前，在台湾民众看来，台湾当局有责任对社会大众提供各种福利服务，而且社会福利的涵盖范围也应由狭而广，服务的对象由特定性趋向普遍性，实施方法也应渐趋专业化。正是台湾民众对社会福利的需求，成为台湾地区社会福利制度发展的主要动力。在将来，无论政权掌握在民进党手中还是国民党手中，都不会影响和改变民众对社会福利和社会政策的需求。

四、社会福利模式的转变

在前面阐述台湾地区社会福利制度发展的历史时，以 1980 年为界，把台湾地区社会福利的发展分为两个阶段，这两个阶段的"社会福利立法"和社会福利支出有很大的不同。然而，如果就主导性的社会福利政策纲领而言，则不能以 1980 年为界。这是因为直到 1994 年以前，指导"社会福利立法"和社会福利发展的主导政策纲领是 1965 年"行政院"颁布的《民生主义现阶段社会政策》。1994 年"行政院"公布《社会福利政策纲领》后，该纲领才取代《民生主义现阶段社会政策》成为台湾地区此后社会福利发展的主导性政策纲领。《社会福利政策纲领》在2004年又得以修正。通过对比这两个主导政策纲领，不难发现，台湾地区的社会福利模式已经有所转变。

《民生主义现阶段社会政策》主要包括7项，即社会保险、"国民"就业、社会救助、"国民"住宅、福利服务、社会教育和小区发展。与这项社会政策相对应，一系列"立法"随之出台，如1980年的《私立学校教职员保险条例》和1981年的《公务人员眷属疾病保险条例》，1993年的《就业服务法》，1980年的《社会救助法》、《老人福利法》和1989年的《少年福利法》等。1994年，同样是"行政院"通过实施的《社会福利政策纲领》包括5项工作：就业安全、社会保险、福利服务、"国民"住宅、医疗保健。随之也制定了相关的法规，如就业安全方面有1999年的《劳工保险失业给付实施办法》、2001年的《就业保险法》和《职业灾害保护法》等；社会保险方面有1995年的《全民健康保险法》和1999年的《公教人员保险法》；福利服务方面有1997年的《社会工作师法》及2000年的《特殊境遇妇女家庭扶助条例》等。

这两个政策纲领的目的都是要在台湾地区逐步建立社会安全制度，但在以下方面有所不同：第一，两者的依据不同，前者依据"民生主义"，后者依据台湾"宪法"；第二，在社会福利支出所需要的经费的筹措上，前者主要由"政府"负责，后者强调经费自主与受益者付费；第三，对于弱势群体的福利，前者比较倾向于进行消极性救助，后者主张采取消极救助与积极救助并重，如禁止就业歧视、对弱势群体提供就业转业训练等；第四，在建构以社会保险为主的社会安全制度方面，后者涵盖范围更广，内容也更为明确，如实行"国民"年金制度与失业保险；第五，在福利服务上，前者强调"政府"的作用，而后者强调"政府"、企业、小区和个人共同承担责任。

从以上两个主导性的社会福利政策纲领的不同可以看出，台湾地区的社会福利在逐步实现法制化和普及化，并强调权利义务对等、统合主义和福利多元主义。最直接的体现就是2002年召开社会福利会议时，陈水扁提出要实行"积极性社会福利政策"，逐步取代传统社会福利。"积极性社会福利政策"的内涵是："以照顾服务为中心"代替"以所得维持为中心"的政策；强调"增加工作机会"而非"工作福利"；强调"社会整合"和避免"社会隔阂"；提供"投资性"福利而非"消费性"的福利；福利"社会性"与"经济性"的结合；女性主义观点的纳入；积极引导社会结构的变迁。①

五、政党竞争效应对社会福利发展的促进

1987年解除政治戒严之后，台湾地区的威权政治开始松动，"执政的国民党"已无法像过去一样主导"国家"的社会福利政策。尤其是民进党成立之后，其通过支持社会弱势群体来扩大自身的基层资源，以便赢取选票，实现政治资源的重新分配。国民党为了维持自己的执政地位，被迫对当时的社会抗争作出回应，这使得台湾地区的社会福利在两党相争的背景下获得了迅速发展。具体表现为许许多多新的社会福利议题不断地被提出，如1991年的"社会权辩论"、1992年的"福利国辩论"、1993年的"老年年金"以及1995年的"农民年金"。尽管这些议题是社会变迁所带来的，但真正让这些议题成为公共议题的主要原因却是政治势力即民进党的介入。"民进党在这个过程中确实扮演着积极性的倡导角色，更取得可观的政

---

① "行政院政务委员"傅立叶及第一组组长邱汝娜：《台湾社会福利发展：过去与未来》，2005年4月28日。

治成果!"① 因此,通过两党竞争来促进社会福利制度的发展成为台湾地区社会福利制度的重要特征。

第四节 台湾地区社会福利制度存在的问题和面临的挑战

毫无疑问,台湾地区社会福利制度在发展的过程中取得了很大的成就,前面已经述及,但同时也出现了很多问题。1995年7月,台湾负责社会福利业务的"中央主管机关""内政部社会司"的陈武雄在"国家建设研究会"社会福利研究组引言报告中列出了十项问题和困难:"(1)欠缺完整的社会福利体制,(2)欠缺明确的福利基础,(3)欠缺统合的社会福利制度,(4)欠缺清晰的社会福利政策,(5)欠缺健全的社会福利行政体系,(6)欠缺足够的社会福利经费,(7)欠缺充分的社会工作专业人力,(8)欠缺完整的社会福利法令,(9)欠缺明确的社会福利权责,及(10)欠缺明确的'政府'与民间分工。"② 当然,这些问题和困难只是从宏观的角度提出来的。从更为具体的层面上来看,台湾地区社会福利制度存在的问题更多。比如社会保险存在的问题是保险费率长期偏低、收支失衡,违背了社会保险"自给自足"和"收支平衡"的原则,影响社会保险的财务基础进而影响其持续性发展;社会救助存在的问题是申请资格的限制与福利服务项目的设计,贫穷线的计算方式及福利项目的调整与简化;福利服务的问题在于福利服务需求人口数量和需求

---

① 古允文:《挥别"乱"与"急"的2008年:社会福利政策的回顾与展望》,载于台湾"国家政策研究基金会"2009年《国政研究报告》。
② 《配合我国社会福利制度之长期照护政策研究》,台北:"行政院研究发展考核委员会"1998年版,第197—198页。

范围不易充分掌握、"政府"与民间的角色定位不清、福利法规不符合社会需求、福利服务与其他福利项目之间横向协调不足、福利服务经费分配不均、社会行政及工作人力不足等。鉴于诸多问题的存在，本文实难把台湾地区社会福利制度存在的所有问题全部囊括并逐一深入分析，只能浅析其中的几个主要问题。

一、社会福利行政体系不健全

社会福利行政体系是否健全，是衡量一个国家或地区社会福利进步与否的指标之一。然而，台湾地区的社会福利行政体系改革的速度远远赶不上"社会立法"产出的速度和社会福利支出增长的速度。

二战以后，欧洲福利国家在福利扩张的同时，也实现了社会福利行政体系的健全化。根据欧洲福利国家的经验，台湾地区在1987年成立了"行政院组织法研究修正专案小组"，并于1988年6月提出草案，其中有关社会福利行政的修法方向是将卫生与福利合并成立部会。但是，台湾地区在先后经历了1988年到1990年社会福利与卫生孰大之争、1990年改名为厚生部之议，到1996年产生社会安全与劳动部的新构想，再到1998年又出现社会福利署的妥协主张之后，依然没有形成统一的社会福利行政体系。

这样，由于台湾地区的"中央政府"没有一个独立的部门负责福利政策的制定与执行，所有"政府"的福利责任与功能都是分散附属于各部门之下，各项福利项目有不同的主管机关，如全民健康保险的主管机关是"行政院卫生署"，劳工保险的主管机关是"行政院劳工委员会"，公教人员保险的主管机关是"行政院铨叙部"，军人保险的主管机关是"行政院国防部"，农民保险的主管机关是

"行政院内政部",① "国民"住宅的主管机关是"内政部营建司",福利服务业务的主管机关则是"内政部社会司"等。② 主管机关的不同和繁多,一方面使得关于社会福利的相关法令及行政规定既有一定的重复,也有一定的不足;另一方面,社会福利业务由不同部门负责,各主管机关之间缺乏沟通和协调,而且以各部门有限的人力编制和行政层级,很难制订、执行具有规模的预算。这样,民众就很难获得连续性、整体性的服务。目前,这种多头马车的福利行政结构也是造成台湾地区福利资源分配不公和福利体系阶层化的重要原因。③ 因此,台湾地区应当对社会福利项目的主管机关进行统一的规划,改变政出多门的现象,以节约行政资源,提高行政效率。

二、"政府"的财政负担过重与社会福利效率不高

在没有增加税收的大环境之下,财政的庞大负担成为台湾地区的社会福利制度能否维继的重大考验。其中,台湾地区社会保险给财政带来了沉重负担。"'台湾政府'负担劳工保险中职业工人保险费的40%,公保体系保险费的65%,农民健康保险费的70%。同时,'政府'负担有弥补公保体系和农民健康保险亏损责任。比如,1990年'台湾政府'直接负担保险费165亿元,拨款弥补亏损41亿元,共206亿元,成为财政支出的重要项目,加重了财政负担。"④

1. 社会保险的费率长期偏低,导致收支失衡

长期以来,由于台湾当局没有明确区分社会保险与社会福利的

---

① 《中华民国内政部社会福利简介》,2003年版,第30页。
② 《配合我国社会福利制度之长期照护政策研究》,台北:"行政院研究发展考核委员会"1998年版,第198页。
③ 傅立叶:《我国政府支出的政治经济分析》,收录于林万亿等:《台湾的社会福利:民间观点》,台北:五南图书出版有限公司1995年版,第188页。
④ 乔宗铭:《台湾和新加坡社会保障制度比较》,载于《当代亚太》1995年第3期,第29—32页。

差别，民众常常将社会保险视为"政府"应该付费或应该以低价提供的社会福利。而且事实上的确如此，"从社会保险资金来源上看，'台湾政府'负担的保险费和对社会保险赤字的偿付补充是台湾社会保险资金的重要来源"。①

（1）"政府"负担了大部分的社会保险费用，民众缴纳的社会保险费率长期偏低，不符合社会保险自助互助、风险分担和收支平衡的精神。比如，台湾劳工保险条例规定，劳工保险资金来源于劳资双方缴纳的保险费。其中普通事故保险费雇主缴纳80%，雇员上缴20%，职业灾害保险费完全由雇主承担。但条例中又规定，由职业工会申报加保的保险，保险费的40%由"政府"补助。台湾职业工会主要由无一定雇主或自营作业的劳动者组成，近年来以职业工人的名义入保者剧增。台湾公保体系目前由11种保险组成，保障对象主要为公教人员及其眷属，它的资金来源于入保者、"政府"和学校负担的保险费，其中"政府"承担了绝大部分。以1990年为例，公保体系（当时只有9种保险）收入147亿台元保险费，"台湾政府"负担了85亿元，入保者负担了60亿元，学校负担了2亿元。台湾农民健康保险于1989年7月正式办理保险业务，它收入的保险费中，"政府"负担70%。② 2008年"国民"年金制度实施之后，从保险费的缴纳结构来看，被保险人自付比率为56.34%，"政府"的平均补助多达43.66%，其中"中央政府"占94.15%，"国民"年金给"政府"带来越来越沉重的财政负担。③

（2）"台湾政府"不仅直接负担参保人的社会保险费用，而且

---

① 乔宗铭：《台湾和新加坡社会保障制度比较》，载于《当代亚太》1995年第3期，第29—32页。
② 同上。
③ 詹火生：《国民年金周年之回顾与展望》，载于台湾"国家政策研究基金会"2010年《国政研究报告》。

当公保体系中某些保险亏损和农民健康保险亏损时,"政府"还要承担弥补亏损的责任。比如在 1988 年,"公务人员保险和农民健康保险为保持收支平衡的保险费率分别为 12.92% 和 7.9%,而实际保险费率分别为 9% 和 6.8%"。① 再如,1996 年至 2000 年间,"实际保费收入成长率平均为 3.9%,而实际医疗费用成长率平均为 8.7%,两者缺口高达负 4.8 个百分点"。② 可见,社会保险总支出的成长速率远远高于保险费用的成长速率,高出的部分当然是由"政府"来弥补。

这样,一方面由于"政府"常常将社会保险的实行宣传为"国家"重视社会福利,另一方面"政府"也的确形成了支付大部分社会保险费用并弥补亏空的惯例,所以在民众的观念里,社会保险是社会福利,导致台湾地区社会保险的福利化倾向。这种错误的观念不仅使得以后调高保险费率变得不可接受,也使得民众认为保险发生亏损时应该由"政府"出面解决来弥补亏空。

2. 由于选举活动所开出的各种支票,社会福利项目日增

在台湾地区社会福利的发展过程中,一直存在着社会福利的发展与资源的有限性之间的紧张关系。③ 20 世纪 50 年代到 80 年代,台湾地区的社会福利发展并没有及时随着经济的快速发展而"水涨船高"。这是因为台湾当局要把有限的资源用来优先发展经济,而社会福利的发展在当时只能依附于经济的发展,而且主要是被考虑用来维持社会稳定。20 世纪 90 年代以来,社会福利又成为政党进行选举竞争的政治砝码。在 90 年代的几次"立法委员选举"中,将社会福

---

① 乔宗铭:《台湾和新加坡社会保障制度比较》,载于《当代亚太》1995 年第 3 期,第 29—32 页。
② 杨志良、林雨静:《当前全民健保政策分析》,载于台湾:《国家政策论坛》2003 年 4 月。
③ 古允文:《平等与凝聚:台湾社会福利发展的思考》,载于台湾:《社会政策与社会工作学刊》2001 年 6 月第 5 卷第 1 期,第 147 页。

利纳入政见的立委候选人越来越多。

然而，在复杂的政治环境下，不少政治人物在选举时不断提出各种福利政策，对选民有很大吸引力，却对财政支出与当局施政带来困难。一些当选的县市长，为实现向选民的承诺，不顾地方财政收入短缺问题，自行发放竞选时所承诺的各种福利和津贴，进一步加重地方财政困难，结果又不得不停发，未达到有效保障民众生活的目的。近年来，每年选举，各候选人为争取选票就大开福利支票，执政当局在这种压力下，各种津贴与补助名目也不断增加，财政负担日益沉重，反而影响到社会福利的发展。①

3. 全民健保的医疗浪费严重，导致社会福利效率不高

台湾地区社会保险的收支入不敷出，"在台湾社会保险中，劳工保险盈亏基本相抵。公保体系中，公务人员保险、公务人员退休保险、退休人员保险和私立学校教职员疾病保险到1990年累计亏损207亿元。农民健康保险到1990年累计亏损53亿元"。② 此时造成亏损的原因主要是社会保险的费率偏低。《全民健康保险法》实施后，全民健保带来的医疗浪费严重，不仅给"政府"带来了沉重的财政负担，而且使得台湾的社会福利制度运行效率不高。

全民健康保险实施以来，台湾地区民众的就医次数明显增多，滥用健康保险的现象相当普遍。根据台湾当局"行政院卫生署"的统计，台湾目前每年每人平均就医次数达到15.1次，远远高于其他实行全民健康保险的国家和地区；台湾民众在用药方面也存在着严重的浪费，1/4 台湾民众自称其门诊药物没有服用过半，每20个民

---

① 王建民、汪灏：《关于台湾社会保险制度改革与建立"国民年金"制度的探讨》，载于《台湾研究》2000年第4期，第29—36页。
② 乔宗铭：《台湾和新加坡社会保障制度比较》，载于《当代亚太》1995年第3期，第29—32页。

众就有 1 人取药后根本没有服用。① 台湾社会保险医疗给付制度还鼓励了人们的小病大养、无病小养的行为。"如果能落实转诊制度，让民众在就医权益受到保障的情况下，多到基层诊所就诊，做到'小病小看'，至少每年可以使健保减少新台币 200—300 亿元的支出。"②

此外，医疗供给者鼓励病人进行各种不必要的检查和治疗并滥用药物，以达到增加收入的目的。这样，无节制的医疗需求和无制约的医疗供给造成严重的医疗资源浪费。

三、福利资源分配不平等与阶层化倾向

1995 年以前，台湾地区实行特定职业社会福利政策，军人、公教人员、一般劳工、"国营"事业劳工、农民有不同的社会保险体系，所获得的社会福利也就不尽相同，使得台湾地区的社会福利尤其是社会保险制度存在职业导向所导致的不平等与阶层化问题。

这种不平等与阶层化倾向表现在军、公、教等公职人员与劳工之间的保障水平存在着很大的差距，从而出现了社会保险制度为特定社会阶层服务的现象，导致了部分人过度保障与多数人保障不足的问题，同时也给台湾当局带来了沉重的财政压力。1995 年以后，台湾当局开始着手进行改革并建设各类全民社会保险项目，但是改革并不彻底，全民保险和职业保险的并存过多地为某些社会群体和阶层保留了利益，福利资源的分配依然不平等。

进入 21 世纪，台湾地区的社会福利制度面临新的经济和社会环境，不仅原有的挑战加剧，比如人口老龄化问题，新的挑战也不断产生。经济全球化使得资本流动速度加快，但劳动力的流动速度远

---

① 林更生：《问题丛生的台湾健康保险制度》，载于《海峡科技与产业》2001 年第 4 期，第 22 页。

② 同上。

远比不上资本流动的速度,因此容易导致某个地区的失业问题。信息化已经成为时代的趋势,给人们的生活方式带来了相当大的改变,但随之可能会产生新的社会问题,如网络援交。此外,民众的价值观改变、福利意识抬头,也直接影响到社会福利的发展方向,例如需要更多的"社会立法",要求更多的社会支出等等。这些都对台湾地区的社会福利体系形成挑战:

一、人口老龄化带来的挑战

从20世纪90年代开始,台湾地区已经逐步进入老龄化阶段,养老以及与之相关的问题变得迫切。一方面,由于家庭成员减少以及家庭功能的改变,老年人的照顾与安养很难像过去一样由家庭来负担。另一方面,随着生活品质的提高与医学水平的进步,台湾地区人民的平均寿命提高,老年人口的增长相当迅速,人口老化速度远高于欧美国家。

据统计,台湾地区"65岁以上老年人口于1993年底超过7%"[①],之后又加速增长,1998年65岁以上人口为181万人,占总人口的比例为8.3%[②](见表-7),已经超过联合国所订的高龄化社会的标准。到2000年"将有230万老人(占总人口的比例为8.52%)"[③](见表-7),估计到2011年时比例将上升至10%[④](见

---

① 江玉龙:《台湾社会福利发展的课题及其展望》,载于台湾:《台湾文献》2000年6月第51卷第2期,第225页。

② 王建民、汪灏:《关于台湾社会保险制度改革与建立"国民年金"制度的探讨》,载于《台湾研究》2000年第4期,第29—36页;又可参见江玉龙:《台湾社会福利发展的课题及其展望》,载于台湾:《台湾文献》2000年6月第51卷第2期,第225页。

③ 《配合我国社会福利制度之长期照护政策研究》,台北:"行政院研究发展考核委员会"1998年版,第1页。

④ 江玉龙:《台湾社会福利发展的课题及其展望》,载于台湾:《台湾文献》2000年6月第51卷第2期,第225页。

表-7），"依据行政院经建会推估"，2025年台湾地区"老年人口比率将大幅提高到16.5%"①（见表-7），"65岁以上老年人口在2030年将超过20%"②（见表-7），"到2036年更超过560万以上（占总人口的21.58%）"③（见表-7）。台湾地区65岁以上老年人口所占的比例从10%上升到20%所需的时间仅20年左右，其人口老化速度远远比欧美国家的50年至80年快很多。此外，根据2000年2月台湾地区官方公布的各县市人口老化形势报告，到1998年底，台湾人口老化指数（65岁以上人口占14岁以上人口比率）为37.6%。人口老化速度的加快与老龄人口的增加，使得社会养老问题变得更为迫切。

表-7：台湾地区人口的老龄化趋势

年份	65岁以上老年人口数量	65岁以上人口所占比例
1993年		7%
1998年	181万	8.3%
2000年	230万	8.52%
2011年		10%
2025年		16.5%
2030年		20%
2036年	560万	21.58%

（资料来源："行政院研究发展考核委员会"编印：《配合我国社会福利制度之长期照护政策研究》，台北："行政院研究发展考核委员会"1998年版，序言部分及第1页。江玉龙：《台湾社会福利发展的课题及其展望》，载于台湾：

---

① 《配合我国社会福利制度之长期照护政策研究》，台北："行政院研究发展考核委员会"1998年版，序言部分。
② 张颖、范思凯：《台湾社会保障制度改革及评价》，载于《辽宁行政学院学报》2003年第6期，第83页。
③ 《配合我国社会福利制度之长期照护政策研究》，台北："行政院研究发展考核委员会"1998年版，第1页。

《台湾文献》2000 年 6 月第 51 卷第 2 期,第 225 页。王建民、汪灏:《关于台湾社会保险制度改革与建立"国民年金"制度的探讨》,载于《台湾研究》2000 年第 4 期,第 29—36 页。张颖、范思凯:《台湾社会保障制度改革及评价》,载于《辽宁行政学院学报》2003 年第 6 期,第 83 页。)

1. 老人照护需求增加

许多欧洲国家早已出现人口老龄化的问题,德国与日本已发展出长期照顾保险,而台湾地区目前没有这种措施。在台湾地区,根据传统,老人主要依靠子女供养,但近年来子女供养比率在逐年下降,而依靠本人储蓄和参加社会保险的养老比例在逐年上升。根据台湾当局"行政院主计处"历年来所做的《中华民国台湾地区老人状况调查报告》,台湾地区 65 岁以上老人最近 3 个月生活费的主要来源,来自本人终身俸或月退休金的比例,1989 年为 11.87%,1993 年为 14.76%,到 2000 年为 15.4%;来自社会救助的比例从 1989 年的 1.07%,上升到 1993 年的 1.61%,进而到 2000 年的 12.33%;靠子女供养为主要经济来源的比例则从 1989 年的 58.4% 降为 1993 年的 52.30%,2000 年更降至 47.13%。[①] 从老人生活费主要来源的变化来看,老年人的照顾与安养逐渐成为社会问题,使得社会养老变得更为迫切和重要。而台湾地区目前主要依靠外籍护工照顾失能老人,照顾劳动成本过高。鉴于此,目前台湾地区也在规划长期照护制度与小区养老。不过根据民意调查结果,多数民众对于这一议题仍然毫无概念。

2. 财政支出负担加重

一方面,随着台湾地区人口寿命的延长和老年人口的增加,老年人对医疗保健的需求量呈上升趋势;另一方面,民众期望升高、

[①] 薛承泰:《老人福利津贴政策评析》,载于台湾:《国家政策论坛》2002 年 3 月第 2 卷第 3 期。

高科技的引进使得医疗费用与日增长；再加上保费收入成长赶不上实际医疗费用成长，台湾的财政负担势必越来越重。

二、失业问题带来的挑战

20世纪90年代中期以前，台湾的失业率一直保持在2%以内，失业问题没有给台湾地区的社会福利体系带来挑战。因此，社会保险中一直缺少失业保险的部分。但20世纪90年代以后，随着经济全球化的到来，世界经济形势对台湾地区这一著名的工业生产基地的影响更加显著，再加上这一时期台湾地区的经济结构开始转型，经济增长趋缓，劳动力人口增加，失业率呈现显著上升趋势。近年来，台湾地区的失业问题更为严重。仅在2001年一年内，台湾地区就颁布了《就业保险法》、《职业灾害保护法》以及《原住民族工作权保障法》。可见，21世纪以来台湾地区已经明显受到失业问题的困扰。根据有关统计数据，2008年11月份台湾的失业率高达4.64%，超过50万人失业，到了12月份失业率攀升至5.03%。[①] 此外，拥有专业能力的知识分子也不能避免失业威胁。如台北市2002年失业人员中，大学文化程度的占全部低收入户的比例为27%。[②] 于是，一方面为保证社会稳定而需要增加失业保障支出，另一方面为增强竞争力降低成本而需要减少福利支出，两者之间的矛盾日益凸显。

三、民众的福利意识抬头

欧洲国家的福利制度是先扩充后删减，而台湾地区的福利制度

[①] 孙健忠：《社会救助的"结"与"解"：回顾2008，展望2009》，载于台湾"国家政策研究基金会"2009年《国政研究报告》。

[②] 郎大鹏、郝如玉：《台湾的社会保障制度》，载于《经营与管理》2007年第8期，第78页。

目前虽仍在扩充阶段，但速度已开始减缓，甚至于考虑缩减福利支出，如最近全民健保已经试图缩减给付范围。台湾在讨论健保制度改革时，曾经举办"公民会议"讨论健保的走向，达成的决议是"不增加费率、不缩减给付、健保不能倒"的三不政策。这样的决议虽难以执行，但也可看出公民的意见在参与决策过程中已愈来愈重要，社会福利制度与个人的生活愈来愈息息相关。

台湾地区社会福利制度化的建设还有很长的路要走。要发展成为完善的社会福利制度，必须要有一套体系化的社会福利政策和措施，并且有相应的"立法"加以保证。长期以来，台湾地区的社会福利从属于经济发展，近年来又频频被政治竞选所引导，因而不是完全着眼于社会、经济、人口转型来进行制度设计。例如，随着人口老龄化、家庭功能萎缩、人权观念深化等因素的发展，要求增加福利服务的支出。但是 1995 年福利服务的支出占"政府"社会福利支出的比例为 36%，到了 2002 年占 37.16%，并没有显著增长。历史留下来的社会福利给付向军公教倾斜的现象并没有得到明显改善。1994 年虽然出台了《社会福利政策纲领》，但它其实是部门业务的综合整理，依然缺乏宏观的政策思维。就算在全民健保当中仍然能看到职业区分的残留影响，尤其是反映在保险对象分类细目中，因为身份的不同而有不同的保费分担比例，而且未能享有健保给付者也往往多是那些身份处于边缘或模糊地带的人口。台湾地区的政治民主化已经使得制度结构产生了某种程度上的变迁，再加上民间力量的发展和民众福利意识的抬头，相信台湾地区的社会福利制度会朝着越来越好的方向发展。

第五节　台湾地区社会福利制度对大陆的启示

台湾与大陆有着一脉相承的历史与文化，台湾的经济起飞先于大陆，台湾社会福利的发展也早于大陆，台湾地区过去在社会福利方面所面临的问题是目前中国大陆正急需解决的问题，而现在台湾地区所面临的问题也有可能是中国大陆未来所需面对的问题。因此，相比于其他国家和地区，无论经济方面还是社会福利方面，无论是取得的成就还是出现的问题，台湾能为大陆提供更有价值的借鉴。对台湾社会福利制度的研究意义正是如此，它将给大陆社会主义市场经济体制下的社会保障制度的发展提供一定的启示，使中国大陆在将来实施涵盖全民的社会保障制度时，可以以台湾地区现况为借鉴，在制度实施前就防患于未然。

通过分析中国台湾60多年来的社会福利制度的发展，本文认为可以供大陆参考的经验如下：

一、着眼于长远发展，明确定位，重视社会保障的体系性，构建适合自身国情的社会保障模式

在中国这样一个人口众多的国家里，社会保障制度的发展和完善对于国家和社会的稳定、繁荣起着非常重要的作用。而任何制度的建立与完善都是一个先设计再付诸实践的过程，社会保障制度也不例外。要成功构建适合大陆的社会保障模式，在建设社会保障制度之前必须有一个清晰的总体框架，有明确的定位和发展的大方向，不能只是满足临时性、救急性的需要。长期以来，大陆对社会保障的定位不明确，导致了政策的不连续性和不稳定性，进而社会保障制度在实践中并未获得长足的发展。

以对社会保障制度的定位为例，可以从给付对象、给付方式和供给部门等角度来思考。如前所述，给付对象有全民式和选择式两种。台湾地区的社会福利发展就经历了从选择式到全民式的转型，那么大陆的社会保障制度到底是全民式还是选择式，抑或是也如台湾一样先选择式后全民式？对给付对象的定位影响着我们政策的方

向。给付方式大体上分为现金给付和实物给付两类,台湾地区目前偏向现金给付。但随着老人看护需求的增加,现金给付已经远远不能满足台湾民众对社会福利的需求。大陆的社会保障制度目前也主要是现金给付,随着大陆老龄化社会的到来,未来的给付方式是不是需要转变?从供给部门上来看,社会福利的供给部门除了政府以外,还包括商业部门(市场)、雇主部门(职业福利)、志愿部门以及家庭部门。目前台湾地区的社会福利供给部门正朝着多元化的方向发展,虽然"政府"供给仍然处于主要地位,但长期以来社会资源的整合和利用也在台湾社会福利发展中起着十分重要的作用。大陆未来的社会保障制度的供给部门是不是也应该朝着多元化方向发展,在政府主导的同时充分调动民间力量以缓解政府的财政压力?

对给付对象、给付方式和供给部门的定位,实际上大体决定了一个国家或地区的社会保障制度模式。从大陆社会的稳定和长远发展的角度来看,形成适合大陆的社会保障制度模式势在必行。目前,大陆的社会保障制度定位不够清晰,又由于各地域的情况不同而导致各地的社会保障制度并不统一,社会保障事务的管理还分散于多个部门,部门间协调困难,既不利于行政效率的提高,也不利于社会保障政策和措施在实践中的实施。这也是目前台湾地区面临的问题。

二、转变人民的福利观念和意识,充分发挥人民的力量

在台湾地区社会福利的发展中,我们处处都可以看到台湾民众所发挥的作用。

首先,尽管表面上看,国民党和民进党之间的政党竞争促进了台湾社会福利的发展,但两党竞争的背后体现的还是台湾民众的力量。如果不是台湾民众的民主化抗争和对社会福利的需求及其积极参与,很难想象国民党和民进党会如此重视社会福利。大陆长期以

来也如台湾初期一样优先发展经济，虽然也一直倡导"效率优先、兼顾公平"的原则，但人民对社会保障并没有形成清晰的认识，甚至可以说是存在误区，如很多人认为社会保险制度就等同于社会保障制度。社会保障政策的制定需要政府的主动行为，但社会保障也与个人的生活愈来愈息息相关。因此，在大陆目前的政治体制下，要推动社会保障制度的发展，必须发动人民的力量，进一步增强和提高民众的社会福利意识，鼓励人民积极参与社会保障政策的制定和决策，并做好监督。

其次，台湾地区的民间社会福利团体在台湾的社会福利发展中也起到了重要的作用。1993年10月，民间社会福利团体社会学社、现代社会福利协会、阳光社会福利基金会、伊甸残障福利事业基金会、红心字会、台北家庭扶助中心、儿童福利联盟、社会工作专业人员协会、医务社会工作协会、中华儿童福利基金会等召开了第一届民间社会福利会议，要求重新确认现阶段的社会福利政策走向。其议题包括：社会福利理念、社会参与、社会福利与政经发展、福利民营化、社会福利人力，以及社会福利资源分配。这次民间社会福利会议的召开，迫使"台湾政府"于1994年6月也召开"第一次全国社会福利会议"，并使"政府"加速于1994年7月通过了"社会福利政策纲领暨实施方案"。① 与台湾地区相比，大陆的民间社会福利团体数量不多，完善程度也不高，对政府的影响力更是十分微弱。事实上，一个成熟的社会，应该培育出大量的民间社会团体，它们在一定情况下可以发挥政府无法发挥的作用，也可以为政府提供有益的政策建议。

再次，专家学者们在社会福利发展中所作的努力。学者们拥有自身的优势，"有时间、有能力和有动机去形成对事件背景的更为丰

---

① 林万亿：《台湾全志·卷九：社会志·社会福利篇》，载于台北："国史馆"台湾文献馆2006年版，第50页。

富的了解",从而能形成"大量的知识和视角,而这些是政府内部本身不会产生的。"① 台湾地区社会福利的发展离不开学者们的建言献策。比如,1988 年,台湾地区"政府"在"经济建设委员会"("经建会")下成立以学者为主的"全民健保专案小组",正式着手全民健保的研究规划(第一期)。在专案小组的整体规划基础上,1990 年到 1992 年由台湾地区"卫生署"负责制度的具体设计(第二期)。全民健保规划过程的最大特点是学者的积极参与和主导。② 再如,2004 年"第三次全国社会福利会议"达成了 117 项共同意见、2 项多数意见的共识,其中影响了后来社会福利政策制定的意见包括:议题一的第一项共同意见,即研修社会福利政策纲领;议题六的第一项共同意见,即研拟以需求为导向的家庭政策。大陆也可以借鉴台湾地区的经验,在政界与学界之间形成良好的互动,共同建设大陆的社会保障制度。

三、积极构建与经济发展相适应的覆盖城乡居民的社会保障体系

中国大陆的社会保障制度始于 20 世纪 50 年代,大体上经历了三个发展阶段:第一阶段起于 20 世纪 50 年代初期国家颁布的《劳动保险条例》,一直延续到 20 世纪 90 年代中期;第二个阶段开始于 20 世纪 90 年代中期,一直延续至 2003 年前后;第三阶段从 2003 年开始。③ 尽管经过了三个阶段的发展,大陆社会保障的覆盖范围仍有很大的局限性。就养老保险而言,在 2007 年,城镇参加基本养老保

---

① Kenneth Lieberthal, "Initiatives to Bridge the Gap," *Asia Policy*, No. 1, January 2006, pp. 7 – 15.

② 李莲花:《后发地的医疗保障:韩国与台湾地区的全民医保经验》,载于《学习与实践》2008 年第 10 期。

③ 中国发展研究基金会:《中国发展报告 2008/09:构建全民共享的发展型社会福利体系》,中国发展出版社 2009 年版,第 13—15 页。

险的职工占城镇从业人员的比例刚刚超过一半，这意味着大批的城镇非正规部门的就业者，特别是绝大多数农民工没有享有养老保险，农村中的绝大部分劳动力也是被排斥在外的。① 另外，截至 2008 年末，全国参加养老保险的人数为 49853 万，占总人口的 37.5%；参加失业保险的人数为 12400 万，占就业人员总数的 16%；参加工伤保险的人数为 13787 万人，占就业人员总数的 17.8%；参加生育保险人数为 9254 万人，占全国育龄妇女总数的 25.6%。② 而台湾地区经过 1995 年《全民健康保险法》、2008 年《国民年金法》和 2009 年劳工保险年金制度的实施，正式进入全民都有保险年金保障的新时代。

  民众的健康是一个国家或地区政治经济发展的基础。在后工业化阶段，台湾地区以全民健康保险为突破口，开始规范并构建具有全民性质的社会保险制度。台湾地区于 1995 年开办的全民健康保险属于强制性的社会保险，到 2002 年覆盖了岛内 96% 的人口。通过全民健康保险，台湾民众在医疗方面的支出对于个人家庭的经济不会造成太大的负担，基本上每个台湾人都可以根据自身的健康状况而不是经济状况考虑就医与否。而就中国大陆目前的医疗体系而言，所存在的问题在于医疗资源总体不足、医疗资源分布不平均、医疗保险覆盖率过低、医疗费用成长率过快以及政府投入不足等。台湾地区在实施全民健康保险以前，大致上也存在着相同的问题。而在全民健保实施后，先后解决了以上问题，即台湾地区全民健保的制度有着全民纳保、给付范围广泛、民众就医自由度高及医疗费用主要来自于保险费等优点。就此而言，大陆应该积极借鉴台湾地区的

---

  ① 中国发展研究基金会：《中国发展报告 2008/09：构建全民共享的发展型社会福利体系》，中国发展出版社 2009 年版，第 17—18 页。
  ② 周方遒：《关于建立和完善我国社会保障制度问题研究》，载于《辽宁工业大学学报·社会科学版》2009 年第 1 期，第 76—78 页。

经验。当前大陆正在构建覆盖城乡居民的社会保障体系，在经济成长阶段，政府政策的重点应是扩大社会保障的范围，不强求保障标准的统一，允许各种职业保障的存在；随着经济发展的成熟，政府政策的重点应转为逐步构建城乡统一规范的社会保障体系制度。就眼下而言，发展和完善自身的新型农村合作医疗制度，提高农业人口的社会保障覆盖率，是健全大陆社会保障制度的一个最重要的部分。

四、加快立法，健全社会保障法律体系

社会保障体系的发展和完善，离不开社会立法的支持和规范。立法是衡量一个国家或地区社会保障制度的重要指标之一。目前大陆的《中华人民共和国宪法》和《劳动法》关于社会保障方面的规定都比较笼统，没有细化的标准，在实践中执行起来存在着很大的难度。正是由于没有专门调整社会保障关系的基本法律，在实际中运行的大部分是行政法规、暂行（试行）办法、改革意见，如《企业职工生育保险试行办法》、《企业职工工伤保险试行办法》、《职工工伤与职业病致残程度鉴定》国家标准、《失业保险条例》、《城镇职工最低生活保险条例》等。这些"办法"和"条例"缺乏必要的法律权威、统一性和稳定性，无法确保社会保障政策和措施的有效实施。

从台湾地区社会福利制度的发展来看，它一开始建立社会福利制度就采用了"立法"的形式，而且在长期的发展过程中，社会福利制度经过多次改革，几乎都是通过法制化的形式来确立最终方案的，使得社会福利的每一项内容都有相应的法律依据。社会福利发展快速的时期，也是社会立法不断增多的时期。例如，从20世纪90年代开始，台湾进行了一系列的有针对性的"社会福利立法与修法"。除对《老人福利法》、《身心障碍者保护法》、《社会救助法》

和《农民健康保险条例》进一步修订完善外，还颁布实施了10余部"法律"，这是台湾"社会福利立法"进展最快的一个时期，从而逐步建立起覆盖全民并且比较规范的社会福利制度。

因此，大陆在社会保障体系建设方面今后的一个努力方向应该是加快立法建设，如尽快制定实施《社会保险法》等一系列相关法律，使社会保障制度尽快有具体的法律可依，以规范目前各地不统一的行政法规和政策。

五、关注人口老龄化问题，长远规划，出台社会保障的应对之策

根据中国几千年以来的文化传统，无论在大陆还是在台湾，老人主要依靠子女供养。台湾当前已经进入老龄化社会，老龄化带来的社会问题已经开始困扰台湾，而台湾也在积极寻找应对的出路。例如，近年来在台湾地区出现的趋势是子女供养比率在逐年下降，而依靠本人储蓄和参加社会保险的养老比例在逐年上升，老年人的照顾与安养逐渐成为社会问题，使得社会养老变得更为迫切和重要。目前台湾地区的应对之策主要是在规划长期照护制度和小区养老。

有关研究表明，21世纪的中国是一个不可逆转的老龄社会。从2001年到2020年将是人口老龄化快速发展的阶段，老龄人口年均增长速度将达到3.28%，大大超过年均0.66%的总人口增长速度，老龄化水平将达到17.17%。从2021年到2050年将是加速老龄化阶段，老龄化水平将达到30%以上。其中，80岁以上老人将占老年人口的21.78%。从2051年到2100年将是稳定的重度老龄化阶段，老龄化水平将维持在31%的水平，社会进入高度老龄化的平台期。①

---

① 江治强：《适度普惠型福利模式探索》，收于王振耀等主编：《新时期中国社会福利制度转型理论探索获奖论文集——第三届全国社会福利理论与政策研讨会》，中国社会出版社2009年版，第37页。

由此可见，未来中国大陆面临着比台湾地区更为严峻的人口老龄化的压力。能否解决好人口老龄化带来的一系列问题，将关系着未来中国大陆的社会稳定和经济发展，也必将成为中国共产党执政能力的判断标准之一。

需要指出的是，大陆与台湾地区的老龄化存在着很大的不同。台湾地区人口老龄化的特征是"先富后老"，而大陆人口老龄化的特征是"未富先老"，这样带来的社会问题可能更为严重。因此，从现在开始关注人口老龄化可能带来的一系列社会问题，及时出台应对之策，已经成为大陆的迫切任务。至于是否照搬台湾的经验，即规划建立长期照护制度和小区养老，则要根据中国大陆的实际情况来进行判断。总之，不管大陆将来针对人口老龄化制订的法律、政策和措施是什么，现在是必须着手进行长远规划的时候了，有"远虑"的国家才会无"近忧"。

主要参考文献

第一部分

1. 劳动和社会保障部、中共中央文献研究室编：《新时期劳动和社会保障重要文献选编》，中国劳动社会保障出版社、中央文献出版社 2002 年版。

2. 国务院新闻办公室：《中国的社会保障状况和政策白皮书》，2004 年 9 月 7 日。

3. 劳动和社会保障部社会保险研究所组织翻译：《贝弗里奇报告——社会保险和相关服务》，中国劳动社会保障出版社 2004 年版。

4. 郑秉文、和春雷主编：《社会保障分析导论》，法律出版社 2001 年版。

5. 穆怀中等：《发展中国家社会保障制度的建立和完善》，人民出版社 2008 年版。

6. 刘燕生：《社会保障的起源、发展和道路选择》，法律出版社 2001 年版。

7. 张蕴岭：《东亚城市贫困问题与社会保障网（英文版）》，世界知识出版社 2005 年版。

8. ［英］尼古拉斯·巴尔（Nicholas Barr）：《福利国家经济学》，郑秉文、穆怀中等译，中国劳动社会保障出版社 2003 年版。

9. ［丹麦］考斯塔·艾斯平 – 安德森（Gosta Esping-Andersen）：

《福利资本主义的三个世界》，郑秉文译，法律出版社2003年版。

10. ［加］R. 米什拉（Ramesh Mishra）：《资本主义社会的福利国家》，郑秉文译，法律出版社2003年版。

11. ［法］卡特琳·米尔丝（Catherine Mills）：《社会保障经济学》，郑秉文译，法律出版社2003年版。

12. ［德］弗兰茨-克萨韦尔·考夫曼：《社会福利国家面临的挑战》，王学东译，商务印书馆2004年版。

13. 成思危：《中国社会保障体系的改革与完善》，民主与建设出版社2000年版。

14. 牛文光：《美国社会保障制度的发展》，中国劳动社会保障出版社2004年版。

15. 穆怀中：《社会保障国际比较》，中国劳动社会保障出版社2002年版。

16. 杨光、温伯友主编：《当代西亚非洲国家社会保障制度》，法律出版社2001年版。

17. 陈佳贵、吕政、王延中主编：《中国社会保障发展报告》（1997—2001）（社会保障绿皮书），社会科学文献出版社2001年版。

18. 陈佳贵、王延中主编：《中国社会保障发展报告》（2001—2004）（社会保障绿皮书），社会科学文献出版社2004年版。

19. 新加坡《联合早报》编：《李光耀40年政论选》，现代出版社1996年版。

20. 李光耀：《经济腾飞路：李光耀回忆录（1965—2000）》，北京外文出版社2001年版。

21. 谢永亮：《智谋大师李光耀》，中原农民出版社1997年版。

22. 鲁虎等：《新加坡》，社会科学文献出版社2004年版。

23. 吕学静：《日本社会保障制度》，经济管理出版社2000年版。

24. 吕学静：《各国社会保障制度》，经济管理出版社 2001 年版。

25. 贺圣达、王文良、何平：《战后东南亚历史发展（1945—1994）》，云南大学出版社 1995 年版。

26. 穆光宗：《家庭养老制度的传统与变革——基于东亚与东南亚地区的一项比较研究》，华龄出版社 2002 年版。

27. 林毓铭：《社会保障管理体制》，社会科学文献出版社 2006 年版。

28. 王晓丹：《印度社会观察》，世界知识出版社 2007 年版。

29. 左学金、潘光、王德华主编：《龙象共舞——对中国和印度两个复兴大国的比较研究》，上海社会科学院出版社 2007 年版。

30. 郑功成：《科学发展与共享和谐——民生视角下的和谐社会》，人民出版社 2006 年版。

31. 李珍主编：《社会保障理论》，中国劳动保障出版社 2008 年版。

32. ［印度］阿玛蒂亚·森、让·德雷兹：《印度：经济发展与社会机会》，社会科学文献出版社 2006 年版。

33. ［美］威廉姆森：《养老保险比较分析》，法律出版社 2005 年版。

34. 林义：《农村社会保障的国际比较及启示研究》，中国劳动社会保障出版社 2006 年版。

35. 沈开艳、权衡：《经济发展方式比较研究——中国与印度经济发展比较》，上海社会科学院出版社 2008 年版。

36. 于洪：《外国养老保障制度》，上海财经大学出版社 2005 年版。

37. 谢圣远：《社会保障发展史》，经济管理出版社 2007 年版。

38. 丁开杰主编：《社会保障体制改革》，社会科学文献出版社

2004年版。

39. ［日］柴田嘉彦：《日本的社会保障》，新日本出版社1998年版。

40. ［日］横山和彦、田多英范编：《日本社会保障的历史》，学文社1995年版。

41. ［日］坂脇昭吉、中原弘二编著：《现代日本的社会保障》，ミネルヴァ书房。

42. ［日］田多英范：《现代日本社会保障论》（第2版），光生馆2007年版。

43. ［日］精神保健福祉士培训小组编辑委员会编辑：《社会保障论》，健康（へるす）出版社2005年版。

44. 林万亿等：《台湾的社会福利：民间观点》，台北：五南图书出版有限公司1995年版。

45. 伊庆春主编：《台湾民众的社会意向：社会科学的分析》，台北："中央研究院"中山人文社会科学研究所1994年版。

46. "行政院研究发展考核委员会"编印：《配合我国社会福利制度之长期照护政策研究》，台北："行政院研究发展考核委员会"1998年版。

47. "行政院研究发展考核委员会"编印：《我国社会福利定义与范围之研究》，台北："行政院研究发展考核委员会"1990年版。

48. 向运华：《台港澳地区社会福利体系研究》，社会科学文献出版社2010年版。

49. "台湾省政府社会处"编印：《台湾的社会福利》，1988年9月版。

50. 台湾"内政部"编印：《中华民国内政部社会福利简介》，2003年版。

51. 林万亿：《台湾全志·卷九：社会志·社会福利篇》，台北：

"国史馆"台湾文献馆2006年版。

52. 傅立叶：《台湾社会福利体系的阶层化效果初探》，收录于伊庆春主编：《台湾民众的社会意向：社会科学的分析》，台北："中央研究院"中山人文社会科学研究所1994年版。

53. 林万亿：《民意与社会福利》，收录于伊庆春主编：《台湾民众的社会意向：社会科学的分析》，台北："中央研究院"中山人文社会科学研究所1994年版。

54. 林忠正：《经济发展与社会福利》，收录于林万亿等：《台湾的社会福利：民间观点》，台北：五南图书出版有限公司1995年版。

55. 金应熙主编：《香港史话》，广东人民出版社1988年版。

56. 吴在桥编：《香港闽侨商号人名录》，1947年香港出版。

57. 亚历山大·葛量洪：《葛量洪回忆录》，香港广角镜出版社1984年版。

58. 《香港年鉴》10回，华侨日报社1957年版。

59. 甘长球：《香港经济教程》，1989年广州出版。

60. 王敬义：《香港传奇人物列传》，香港文艺书屋1985年版。

61. 乔·英格兰（Joe England）、约翰·里尔（John Rear）：《香港的劳资关系与法律》（Industrial Relations and Law in Hong Kong, Oxford University Press, 1981），寿进文等译，上海翻译出版公司1984年版。

62. 周永新：《富裕城市中的贫穷》，香港天地图书有限公司1982年版。

63. 莫泰基：《香港贫穷与社会保障》，香港中华书局1993年版。

64. 王雁昇：《香港劳工与社会保障》，中国经济出版社1995年版。

65. 香港社会福利署年报。

66. 中央深入学习实践科学发展观活动领导小组办公室编：《国

内外经济社会发展实例选编》，党建读物出版社 2008 年版。

67. 中国发展研究基金会：《中国发展报告 2008/09：构建全民共享的发展型社会福利体系》，中国发展出版社 2009 年版。

68. 侯文若主编：《社会保障实务大全》，新华出版社 1994 年版。

69. 林义：《社会保险制度分析引论》，西南财经大学出版社 1997 年版。

70. 江治强：《适度普惠型福利模式探索》，收录于王振耀等主编：《新时期中国社会福利制度转型理论探索获奖论文集——第三届全国社会福利理论与政策研讨会》，中国社会出版社 2009 年版。

第二部分

1. 郑秉文、史寒冰：《试论东亚地区福利国家的"国家中心主义"特征》，载于《中国社会科学院研究生院学报》2002 年第 2 期。

2. 郑秉文、史寒冰：《东亚国家和地区社会保障制度的特征——国际比较的角度》，载于《太平洋学报》2001 年第 3 期。

3. 郑秉文、史寒冰：《东亚国家地区养老社会保障模式比较》，载于《世界经济与政治》2001 年第 8 期。

4. 郑秉文：《建立社会保障"长效机制"的 12 点思考——国际比较的角度》，载于中国人民大学复印报刊资料：《社会保障制度》2006 年第 2 期。

5. 郑秉文研究员访谈：《国外社会福利模式研究及其对中国的启示》，载于《国外理论动态》2009 年第 3 期。

6. 李学举：《国务院关于农村社会保障体系建设情况的报告》，载于《中国社会工作》2009 年第 6 期。

7. 华建敏：《加快建设中国特色社会保障体系》，载于《国家行政学院学报》2007 年第 6 期。

8. 王石泉：《论社会保障理论的历史演变》，载于《毛泽东邓小平理论研究》2004 年第 4 期。

9. 唐铁汉、李军鹏：《西方社会建设的基本理论及其演变》，载于《新视野》2006 年第 1 期。

10. 李湛：《从社会保障制度看当代西方社会政治经济思潮的演变》，载于《世界经济与政治论坛》2007 年第 1 期。

11. 周方遒：《关于建立和完善我国社会保障制度问题研究》，载于《辽宁工业大学学报·社会科学版》2009 年第 1 期。

12. 邱松：《欧洲及东亚国家社会保障制度的比较与借鉴》，载于《东北亚论坛》2006 年第 1 期。

13. 王彩波：《社会保障的东西方比较》，载于《东北亚论坛》2001 年第 4 期。

14. 林义：《东亚社会保障模式初探》，载于《财经科学》2000 年第 1 期。

15. 成志刚、王晓芳：《比较与借鉴：国外社会保障管理体制研究》，载于《商丘师范学院学报》2009 年第 2 期。

16. 董佺：《国外社会保障制度对我国的启示》，载于《哈尔滨金融高等专科学校学报》2008 年第 9 期。

17. 李莲花：《后发地区的医疗保障：韩国与台湾地区的全民医保经验》，载于《学习与实践》2008 年第 10 期。

18. 梅艳君、钟会兵：《亚洲四小龙的社会保障制度初探》，载于《重庆科技学院学报》2008 年第 11 期。

19. 《消费税提高到 10%，负担基础年金全额》，载于《越洋聚焦——日本论坛》2008 年 7 月号第 19 期。

20. 江玉龙：《台湾社会福利发展的课题及其展望》，载于台湾：《台湾文献》2000 年 6 月第 51 卷第 2 期。

21. 乔宗铭：《台湾和新加坡社会保障制度比较》，载于《当代亚太》1995 年第 3 期。

22. 古允文：《平等与凝聚：台湾社会福利发展的思考》，载于台湾：《社会政策与社会工作学刊》2001年6月第5卷第1期。

23. 张颖、范思凯：《台湾社会保障制度改革及评价》，载于《辽宁行政学院学报》2003年第6期。

24. 薛承泰：《老人福利津贴政策评析》，载于台湾：《国家政策论坛》2002年3月第2卷第3期。

25. 杨志良、林雨静：《当前全民健保政策分析》，载于台湾：《国家政策论坛》2003年4月。

26. 王建民、汪灏：《关于台湾社会保险制度改革与建立"国民年金"制度的探讨》，载于《台湾研究》2000年第4期。

27. 林更生：《问题丛生的台湾健康保险制度》，载于《海峡科技与产业》2001年第4期。

28. 郎大鹏、郝如玉：《台湾的社会保障制度》，载于《经营与管理》2007年第8期。

29. 林万亿：《1990年以来台湾社会福利发展的回顾与展望》，载于台湾：《社区发展季刊》2005年3月第109期。

30. 詹火生：《国民年金周年之回顾与展望》，载于台湾"国家政策研究基金会"2010年《国政研究报告》。

31. 王顺民：《2008年总统候选人社会福利政见的比较性初探》，载于台湾"国家政策研究基金会"2008年《国政研究报告》。

32. 台湾"行政院"主计处：《中华民国社会指标统计》，台北：1997。

33. 孙健忠：《社会救助的"结"与"解"：回顾2008，展望2009》，载于台湾"国家政策研究基金会"2009年《国政研究报告》。

34. 古允文：《挥别"乱"与"急"的2008年：社会福利政策的回顾与展望》，载于台湾"国家政策研究基金会"2009年《国政研究报告》。

35. 林长华：《台湾社会福利制度与"台湾福利国"》，载于《台湾研究集刊》1993 年第 2 期。

36. 李珍、孙永勇：《新加坡中央公积金管理模式及其投资政策分析》，载于《东北财经大学学报》2004 年第 4 期。

37. 王冠中：《新加坡人民行动党改善民生的实践及启示》，载于《东南亚研究》2008 年第 4 期。

38. 杨伟、吕元礼：《新加坡中央公积金制度改革分析》，载于《东南亚纵横》2008 年第 8 期。

39. 季明明：《国家社会福利保障体系的成功典范——新加坡中央公积金制度研究》，载于《改革》2000 年第 2 期。

40. 蓝庆新：《香港社会福利制度研究及启示》，载于《亚太经济》2006 年第 2 期。

41. 张著名：《香港社会工作的内容、特点及启示》，载于《福建省社会主义学院学报》2001 年第 2 期。

42. 曹云华：《香港的社会保障制度》，载于《社会学研究》1996 年第 6 期。

43. 张丽：《香港社会保障制度变迁》，载于《中国社会科学院近代史研究所青年学术论坛·1999 年卷》。

44. 张广芳：《香港社会福利保障制度探微》，载于《人口研究》1997 年第 3 期。

45. 王继：《试论香港社会保障模式选择的客观基础》，载于《复旦学报》（社会科学版）1999 年第 5 期。

46. 任春雷、朱琳琳：《略论香港社会保障理念的选择及其启示》，载于《经济论坛》2004 年第 17 期。

47. 李征：《论香港社会保障模式的形成原因及启示》，载于《理论探讨》2006 年第 6 期。

48. 王晓丹：《印度的农村建设》，载于《南亚研究》2006年第2期。

49. 冯国忠、吴红雁：《印度医疗保障体制主要内涵及对我国的启示》，载于《上海医药》2007年第5期。

50. 张奎力：《印度农村医疗卫生体制》，载于《社会主义研究》2008年第2期。

51. 宗义湘、王俊芹、刘晓东：《印度农业国内支持政策》，载于《世界农业》2007年第4期。

52. 肖璐：《浅析印度退休金制度及其改革》，载于《全国商情·经济理论研究》2006年第8期。

53. 中国改革研究院课题组：《印度乡村治理考察报告》，载于《转轨通讯》2006年第1—2期。

54. 任大鹏：《印度的农业和农村发展政策》，载于《世界农业》2002年第11期。

55. 张乐：《印度社会保障体系概述》，载于《南亚研究季刊》2006年第2期。

56. 宋士云、李成玲：《1992—2006年中国社会保障支出水平研究》，载于《中国人口科学》2008年第3期。

57. 中国人民大学复印报刊资料：《社会保障制度》2007年第1期—2009年第12期。

58. 郑秉文教授访谈：《海外社会保障模式的改革重点》，载于《社会科学报》2007年4月19日。

59. 李燕：《建设新农村·国外的借鉴之九——印度的农村金融体系》，载于《经济日报》2006年12月22日。

60. 《中共中央、国务院关于深化医药卫生体制改革的意见》，载于《人民日报》2009年4月7日。

第三部分

1. M. Ramesh, *Social Policy in East and Southeast Asia*, Routledge Curzon, 2004.

2. Mukul G. Asher, Wasana Karunarathne, "Social Security Arrangement in Singpore: An Assessment", *International Seminar on Pensions*, 5 -7 March, 2001, Sano-shoin Hall, Hitotsubashi University, Tokyo, Japan.

3. Belinda Yuen, "Squatters No More: Singapore Social Housing", in *Global Urban Development* Vol. 3, Issue1, November 2007.

4. Gordon Johnson, *Modern Asian Studies*, University of Cambridge.

5. Hafiz Akhand and Kanhaya Gupta, *Economic Development in Pacific Asia*, Routledge Press.

6. Sai Ma and Meerai Sood, "A Comparison of the Health Systems in China and India", *Center for Asia Pacific Policy*, International Programs at RAND.

7. Gosta Esping-Anderson: *The Three Worlds of Welfare Capitalism*, Cambridge, UK: Polity Press, 1990.

8. K P, Kannan and Pillai N., Vijayamohanan, *Social Security in India: The Long LaneTreaded and the Longer Road AheadTowards Universalization*, Munich Personal RePEc Archive, June 2007.

9. Kenneth Lieberthal, "Initiatives to Bridge the Gap", *Asia Policy*, No. 1, January 2006.

10. 中国社会保障网: http://www.cnss.cn。

11. 中国改革网站: http://www.chinareform.org.cn。

12. 新加坡中央公积金局网站: http://mycpf.cpf.gov.sg。

13. 新加坡建屋发展局（Housing & Development Board）网站: http://www.hdb.gov.sg。

14. 日本厚生省网站：http：//www.mhlw.go.jp/topics/nenkin/zaisei/01/index.html。

15. 日本厚生劳动省网站：http：//www.hellowork.go.jp/html/info_1_h3b.html。

16. 香港特别行政区政府社会福利署：《2007—2008 年政府财政预算案》http：//www.budget.gov.hk/2007/chi/pdf/chead170.pdf，2007。

17. 印度计划委员会网站：http：//www.planningcommission.nic.in。

18. 印度商业网站：http：//www.thehindubusinessline.com。

19. 印度妇女儿童发展部网站：http：//www.wcd.nic.in。

20. 印度人力资源发展部网站：http：//www.swadharpune.org。

21. 台湾"国家政策研究基金会"网站：http：//www.npf.org.tw/post/11/4126。

后 记

作为中央编译局重点研究项目,"亚洲国家和地区社会保障制度研究"从2007年7月立项至今,历时近4年。本课题是以处集体研究项目申报的,目的在于围绕中央所关注的重大现实问题,从比较研究的角度,以亚太地区的社会发展问题为切入点,整合研究力量,调动全处研究人员的积极性,集中研究亚洲国家和地区的社会政策与社会保障制度,在此基础上深入分析对完善我国社会保障制度的借鉴与启迪意义,更好地实现"两个服务"的职责。

通过以前参加局科研集体项目以及这次主持该项目,我深深地体会到,做集体项目必须具有良好的合作意识与团结协作精神。而正是课题组成员具备了这种良好品质,我们的课题才能顺利完成、按期结项出版。几年来,大家经历了愉快而难忘的合作。我们多次召开课题研讨会,就课题总体规划、研究思路与框架、研究进展等问题深入研讨并逐步取得共识,同时及时交流课题研究进程中取得的阶段性成果,大家相互启发。几年来,我们取得了一系列阶段性成果。继在《当代世界与社会主义》(2008年第6期)发表了一组专题研究成果外,还在《红旗文稿》、《人民日报·内参》、《学习时报》、《行政管理改革》、《编译参阅》、《东南亚纵横》、《上海党史与党建》等报刊上发表了一系列相关论文,共计15篇。一些期刊杂志和网站如人民网、新华网、《求是》理论网、中国劳动与社会保障网、国务院发展研究中心信息网、中国选举与治理网等还予以转载。

这给了我们以莫大鼓舞,激励着我们把该课题坚持不懈地深入研究下去。

经过课题组成员的不断努力,课题最终研究成果今天终于面世了。作为课题负责人,郭伟伟负责整个课题篇章结构和写作思路的总体设计,并具体负责组织、实施和协调工作。具体写作分工如下:导言、第一章:郭伟伟;第二章:朱艳圣;第三章:张文镝;第四章:浦启华;第五章:孙敏、庄俊举。郭伟伟承担了书稿最后的统稿、审校及修改工作。

本书在写作和出版过程中,得到了中央编译局科研基金和出版基金的重点资助,并得到了局、所两级领导的指导、鼓励和帮助。俞可平副局长在百忙之中欣然为本书作序,这对我们是极大的支持与鼓励!在此表示衷心的感谢!同时感谢中央编译出版社领导对本书的支持,感谢责任编辑盛菊艳同志在本书的出版过程中所做的大量认真细致的工作。

郭伟伟
2011 年 6 月

图书在版编目(CIP)数据

亚洲国家和地区社会保障制度研究/郭伟伟等著.
—北京:中央编译出版社,2011.6
ISBN 978－7－5117－0922－6

Ⅰ.①亚…
Ⅱ.①郭…
Ⅲ.①社会保障制度－研究－亚洲
Ⅳ.①D730.7
中国版本图书馆 CIP 数据核字(2011)第 120356 号

亚洲国家和地区社会保障制度研究

出 版 人	和 龑
责任编辑	盛菊艳
责任印制	尹 珺
出版发行	中央编译出版社
地　　址	北京西单西斜街 36 号(100032)
电　　话	(010)66509360(总编室)　(010)66509246(编辑室)
	(010)66161011(团购部)　(010)66130345(网络销售)
	(010)66509364(发行部)　(010)66509618(读者服务部)
网　　址	www.cctpbook.com
经　　销	全国新华书店
印　　刷	北京中印联印务有限公司
开　　本	787 毫米×1092 毫米　1/16
字　　数	295 千字
印　　张	23.75
版　　次	2011 年 6 月第 1 版第 1 次印刷
定　　价	69.00 元

本社常年法律顾问:北京大成律师事务所首席顾问律师　鲁哈达
凡有印装质量问题,本社负责调换,电话:(010)66509618